메타버스
세상을
선접하라

메타버스 세상을 선점하라

지은이 황안밍, 옌샤오펑
옮긴이 김미선
펴낸이 이규호
펴낸곳 북스토리지

초판 1쇄 인쇄 2022년 8월 01일
초판 1쇄 발행 2022년 8월 10일

출판신고 제2021-000024호
10874 경기도 파주시 청석로 256 교하일번가빌딩 605호
E-mail b-storage@naver.com
Blog blog.naver.com/b-storage

ISBN 979-11-92536-00-2 03320

가상과 현실이 공존하는 평행세계

메타버스 세상을 선점하라

황안밍, 옌사오펑 지음 I 김미선 옮김

메타버스 세상을 어떻게 볼 것인가?

메타버스에서는 당신이 상상하는 거의 모든 것을 할 수 있다. 친구나 가족이 함께 모여 일하고, 공부하고, 놀고, 쇼핑하고, 창조한다. 또한 미래의 당신은 홀로그램 형태로 순식간에 사무실로 출근할 수도, 친한 친구와 함께 콘서트에 참석할 수도, 부모님과 거실에서 옛이야기를 나눌 수도 있다. 어디에 살든 상관없이 우리 모두 메타버스 세상을 누리며 보다 중요한 일에 더 많은 시간을 투자할 수 있고, 통근 시간과 탄소 배출을 줄일 수 있다.

_마크 저커버그 페이스북 창업자 겸 CEO

미래에는 디지털 세상이나 가상세계가 물리 세계보다 수천 배 더 클 것이다. 상하이와 뉴욕이 새로 생기고, 공장과 건물 모두 디지털 트윈 시뮬레이션과 이를 추적하는 실물 버전이 나올 것이다. 엔지니어와 소프트웨어 프로그래머는 새로운 소프트웨어를 시뮬레이션으로 만들어낸 후 점차 실제 상황에 적용할 것이다. 현실 세계에서 작동하는 소프트웨어는 모두 디지털 트윈에서 시뮬레이션한 다음 오프라인 버전으로 다운로드할 수 있다.

_ 젠슨 황 엔비디아 창업자 겸 최고경영자

지금 흥분되는 기회가 오고 있다. 모바일 인터넷이 10년간의 발전을 거쳐 다음 단계로 업그레이드를 앞두고 있다. 우리는 이것을 '토탈 리얼 인터넷(全真互联网)'이라고 부른다. 양적 변화에서 질적 변화에 이르는 과정으로, 온·오프라인의 일체화, 실체와 전자 방식의 융합을 의미한다. 가상세계와 실제 세계의 거대한 문은 이미 열렸다. 가상에서 현실로 들어가든, 현실에서 가상으로 들어가든 이용자가 더 실감나는 경험을 할 수 있도록 매진하겠다.

_ 마화텅 텐센트 그룹 창업자 겸 최고경영자

메타버스는 우리 시대의 회색 코뿔소이다. 이러한 컴퓨팅 플랫폼의 이전은 인터넷 업계 전반에 큰 변화를 가져올 것이다. 하드웨어에서 운영체제에 이르기까지 모든 업계의 판도가 바뀔 것이고, PC에서 모바일로 이어졌던 혁명과 유사한 격변은 또다시 일어날 것이다. 새로운 거물급 기업이 부상하고, 일부 대응이 느린 공룡 기업은 쓰러질 수밖에 없을 것이다.

_ 탄핑 알리바바 다모 아카데미 XR랩장

머리말

2021년, '메타버스' 개념이 글로벌 과학기술 분야를 뜨겁게 달구면서 수많은 거대 IT기업과 자본, 그리고 스타트업들의 관심이 폭발했다. '메타버스'라는 단어가 처음 등장한 시기는 모바일 인터넷이 출현하기 전으로 거슬러 올라간다. SF 작가 닐 스티븐슨Neal Stephenson은 1992년 자신이 쓴 소설 『스노크래시Snow Crash』에 '메타버스Metaverse'라는 다중 이용자 온라인 가상세계를 처음으로 묘사했는데, 그 속에서 이용자는 '아바타Avatar' 형태로 활동한다.

'메타버스'라는 용어는 어휘 분석을 통해서도 쉽게 이해할 수 있다. 영어 'Metaverse'는 초월을 뜻하는 'Meta'와 우주를 뜻하는 Universe의 'verse'가 결합된 합성어로 가상현실, 증강현실 등 디지털 기술을 이용해 구축한 가상의 시공간을 말한다. 메타버스는 현실 세계의 모습을 고스란히 옮겨 놓은 사회, 경제 시스템을 갖추고 있으며, 현실 세계의 이용자는 디지털 '신분'을 지닌 상태로 존재할 수 있다. 스티븐 스필버그Steven Spielberg 감독의 영화 「레디 플레이어 원Ready Player One」은 바로 이 '메타버스' 이야기를 담고 있다.

메타버스는 인터넷을 기반으로 태어났지만, 결코 단순한 인터넷

메타버스 세상을 선점하라

공간만은 아니다. 다양한 디지털 기술의 발전과 상용화를 바탕으로 이용자와 네트워크 그리고 각종 단말장치를 망라하는 영속적이고도 거대한 가상현실 시스템이다. 그리고 이 가상현실 시스템은 현실 세계를 반영하고 그와 평행하게 존재한다. 현실 세계와 똑같은 디지털 공간에서 이용자는 가상의 신분을 빌려 게임을 할 수 있을 뿐만 아니라, 소셜 네트워크를 즐길 수 있고, 플랫폼의 자금을 빌릴 수도 있다.

또한 작품을 가상자산으로 바꿔 진정한 몰입형 '인터렉티브 Interactive'('상호간'의 뜻을 지닌 'Inter-'와 '활동적'의 뜻을 지닌 'active'의 합성어로 쌍방향이라는 의미-옮긴이) 경험을 해볼 수도 있다.

디지털 시대의 진화 과정에서 메타버스의 등장은 필연적이다. 2021년은 메타버스의 원년으로 볼 수 있다. 이는 인류 사회가 물리적 공간에서 디지털 공간으로 발걸음을 옮겨 마침내 가상과 현실이 교차하는 디지털 평행세계로 진입하고 있음을 의미한다. 5G, 블록체인, VR/AR/MR, 공간 컴퓨팅, AIoT(지능형 사물인터넷), 빅데이터, 3D 엔진 등 첨단 기술의 심도 있는 융합으로 메타버스의 '디지털 베이스'를 구축해낸 것이다.

대담한 상상을 한번 해 보자. 현실 세계와 유사한 가상 공간 속에서 우리의 '아바타'가 일을 하고 창작이나 거래도 하면서 살아간다. 그리고 모든 활동이 현실적 요인에 구애 받지 않는다. 그러면 개인의 인지, 경험, 나아가 가치관에 지각 변동이 일어날 수밖에 없을 것이다.

이때 다음과 같은 질문들이 생긴다. 현실 세계와 가상 공간 사이의 경계가 점점 모호해진 이후에 이용자의 실제 정체와 가상의 정체가 자유자재로 전환될 수 있을까? 메타버스에서의 사회적 관계가 개인의 현실 생활에 영향을 미칠까? 메타버스의 경제 시스템은 어떻게 현실 세계의 경제 시스템과 병행하여 존재할 수 있을까? 가상 공간과 현실 세계의 제도는 어떻게 호환될 수 있을까? 그 속에 존재하는 것의 형태는 사람일까 아니면 다른 것일까? 존재 의미는 또 무엇일까? 메타버스는 기술에 의해 태어났지만, 이러한 질문들에 관한 논의는 기술 범주에 그치지 않고 메타버스의 비즈니스 모델, 문명 생태라는 문제까지 이어진다.

경제학자 주쟈밍朱嘉明 교수에 의하면 메타버스가 지니는 의의는 다음과 같다.

첫째, 정보 혁명, 상호접속 혁명, 인공지능 혁명, VR, AR, ER, MR, 게임 엔진 등 가상현실 기술 혁명의 성과를 흡수하여 전통적인 물리 세계와 평행한 홀로그램 디지털 세계의 가능성을 인류에게 제시한다. 둘째, 정보과학, 양자과학, 수학, 생명과학의 상호작용을 유발하여 과학 패러다임을 변화시킨다. 셋째, 전통적인 철학, 사회학, 나아가 인문과학 체계에까지 새로운 전환점을 마련한다. 넷째, 블록체인 기술, NFT 등 디지털 금융 성과를 융합하여 디지털 경제 전환 모델을 다양화시킨다. 이로써 메타버스는 인간 사회가 궁극적으로 디지털 전환을 실현할 수 있는 새로운 경로를 제시하고, '포스트휴먼 사회'와 전방위적으로 결합하여 대항해 시대, 산업혁명 시대, 항공우주 시대에 버금가는 위대한 역사적 새 시대를 열 것이다.

디지털 문명의 고차적 형태인 메타버스는 전 세계적으로 새로운 기술과 자본의 흐름을 가속화할 뿐만 아니라 인류 사회 경제 시스템, 거버넌스 체계, 윤리적 가치 등에 광범위하고도 중대한 영향을 미치고 있다. 머지않은 미래에 우리는 메타버스에서 업무, 학습, 소셜, 엔터테인먼트, 소비 등을 즐기며 입체적이고 몰입감 넘치는 경험을 하게 될 것이다.

이 책은 과거에서 현재로 이어지는 메타버스의 발전 과정을 체계적으로 소개하고, 메타버스의 기술 구조, 산업 생태, 실천 경로를 포괄적으로 설명하고 있다. 아울러 메타버스 분야에서 글로벌 IT기업의 활약과 판도를 상세하게 정리하였으며, 메타버스 산업 사슬 안에서의 창업과 투자 기회를 깊이 있게 연구했다.

또한, 메타버스가 게임, 소셜, e커머스, 마케팅, 건축, 디자인 등 각 분야에서 활용되는 모습을 보여줌으로써 독자들에게 메타버스의 미래상을 제시하고자 한다. 본문은 '개념편', '산업편', '기업편', '응용편', '미래편' 등 총 5개 부분으로 구성되어 있다.

개념편: 메타버스의 기원과 발전, 본질 논리 및 변천 과정을 서술하면서 메타버스 산업의 미래 발전 추세를 예측하고, 메타버스의 핵심적인 특징과 요소를 자세히 파헤쳐 독자의 이해를 돕는다. 또한, 메타버스의 실현 경로를 둘러싸고 그 바탕에 깔려 있는 기술 원리와 기반 시스템을 면밀하게 분석한다.

산업편: 산업 생태적 관점에서 메타버스 밸류체인Value Chain(가치 사슬) 7개 층, 즉 경험층(Experience), 발견층(Discovery), 창작자 경제층(Creator Economy), 공간 컴퓨팅층(Spatial Computing), 탈중앙화층(Decentralization), 휴먼 인터페이스층(Human Interface), 인프라층(Infrastructure)을 중점적으로 정리했다. 아울러 하드웨어, 소프트웨어, 콘텐츠, 거래 등 네 가지 측면에서도 상세하게 분석함으로써 독자들이 메타버스 트렌드에서 절호의 경제적 기회를 잡을 수 있도록 돕는다.

기업편: 2021년, 메타버스는 글로벌 IT업계와 자본시장을 뜨겁게 달궜다. 본 편에서는 페이스북Facebook, 엔비디아NVIDIA, 마이크로소프트Microsoft, 유니티Unity, 디센트럴랜드Decentraland, 텐센트Tencent, 바이두Baidu, 알리바바Alibaba, 바이트댄스ByteDance 등 글로벌 IT 공룡들의 메타버스 분야 사업 현황과 판도를 통해 이 분야 관련 투자자와 스타트업들에게 레퍼런스를 제공한다.

응용편: 메타버스는 '미래의 디지털 생존'으로 간주될 만큼 인간 사회의 경제 시스템과 비즈니스 모델에 지대한 영향을 끼칠 것이다. 본 편에서는 각 산업과 메타버스의 심도 있는 융합을 촉진하기 위해 블록체인, 게임, e커머스, 마케팅, 건축 등의 분야에서 메타버스가 어떻게 응용되고 있는지 면밀히 분석하고, 메타버스의 상업적 가치를 전망한다.

미래편: 메타버스의 발전은 인류 사회의 디지털 문명이 지속적으로 업그레이드되고 있음을 보여준다. 본 편은 과학기술 진화의 관점에서 과학기술 문명과 인간 사이의 관계를 탐구함으로써 인류 사회가 디지털 문명으로 가는 길에 대해 독자들이 사색해보는 기회를 갖게 한다.

농업 문명과 산업 문명 시대를 지나, 우리는 디지털 문명으로 나아가고 있다. 디지털 문명은 인류에게 새로운 기술, 이념, 비즈니스 모델을 가져다 줄 뿐만 아니라, 경제 전환과 사회 변혁도 가져다 준다.

메타버스가 헬스 케어 분야에 적용될 경우, 의료 자원의 불균형을 효과적으로 해결할 수 있고, 산업 생산 분야에 적용될 경우, 산업 분야의 안전사고 발생률을 크게 낮출 수 있다.

메타버스 시대가 아직은 본격적으로 실현되지 않았지만, 그것이 가져올 여러 가지 문제점과 변화하게 될 문명 생태에 대해 우리 모두 신중하게 고민할 필요가 있다.

 목차

PART 2 산업편 메타버스의 생태 지도

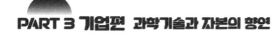

PART 3 기업편 과학기술과 자본의 향연

PART 4 응용편 메타버스의 응용 사례

PART 5 미래편 SF와 현실의 경계

PART 1

개념편
메타버스의 신기원

제1장

메타버스: 가상과 현실의 벽을 허물다

01
『스노크래시(Snow Crash)』계시록: 메타버스 열풍

2021년, '메타버스' 개념이 글로벌 과학기술 분야를 뜨겁게 달구면서 수많은 거대 IT기업과 자본, 스타트업들의 관심을 불러 모았다.

메타버스는 현실 세계 밖의 독립된 공간이지만 현실 세계를 반영하는 가상 공간을 말한다. 이 공간은 클라우드, 블록체인, 디지털 트윈 Digital Twin(현실 세계의 기계나 장비, 사물 등을 컴퓨터 속 가상세계에 구현한 것-옮긴이) 등 신기술 개념을 종합적으로 구상화하고 있다.

모바일 인터넷 사용자가 포화된 상태에서 메타버스는 차세대 인터넷 트렌드를 주도할 전망이다.

메타버스는 인터넷을 기반으로 탄생했지만 결코 단순한 인터넷 공간만은 아니다. 메타버스가 구축하려는 것은 각종 디지털 기술의 발전과 상용화를 바탕으로 사용자와 네트워크 그리고 각종 단말장치를 망라하는 영속적이고도 거대한 가상현실 시스템이다.

그리고 이 시스템은 현실 세계와 서로 연결되고 평행하게 존재하기 때문에, 이용자의 경험과 인식에 놀랄 만한 변화가 일어나게 된다.

■ 『스노크래시』의 계시: 공상과학이 현실로

'메타버스Metaverse'라는 용어는 어휘 분석을 통해서도 쉽게 이해할 수 있다. 영어 Metaverse는 초월을 뜻하는 'Meta'와 우주를 뜻하

메타버스 세상을 선점하라

는 'Universe'의 'verse'가 결합된 합성어로 가상현실, 증강현실 등 디지털 기술을 이용해 구축한 가상의 시공간을 말한다.

이곳은 현실 세계를 고스란히 반영하는 사회와 경제 시스템을 갖추고 있고, 현실 세계의 이용자는 디지털 신분을 지닌 채 그 안에 존재할 수 있다.

'메타버스' 개념은 2021년에 주목받았지만, 처음 등장한 시기는 모바일 인터넷이 출현하기 전으로 거슬러 올라간다. 1992년, SF작가 닐 스티븐슨Neal Stephenson은 자신이 쓴 소설『스노크래시Snow Crash』에 '메타버스'라는 다중 이용자 온라인 가상세계를 처음으로 묘사했고, 그 속에서 이용자는 '아바타Avatar' 형태로 활동한다.

소설의 주인공인 히로 프로타고니스트Hiro Protagonist는 현실 세계에서 피자 배달원이다. 미국을 장악한 마피아들에게 전문적으로 피자를 배달하며 살아가고 있다. 하지만, 일을 하지 않을 때 그는 특수한 고글을 쓰고 '아바타' 형태로 메타버스에 들어가 현실 세계와 유사한 활동(식사, 대화와 같은) 혹은 특별한 활동(스파이 임무 수행)을 한다.

소설이 묘사하는 메타버스 속 상황과 현실 세계는 일정한 유사성을 띄고 있으면서도 차이점이 꽤 있다. 예를 들면 현실과 똑같이 많은 사람들이 거리 한복판을 오간다. 그런데 그곳의 주요 간선도로와 운행 규칙은 '세계 컴퓨터 멀티미디어 규약 협의체'에 의해 정해진다. 또한 '아바타'는 토지 개발 허가증을 구매해야만 건물이나 공원 등을 지을 수 있다.

소설 속의 '아바타'는 같은 이름의 헐리우드 영화 「아바타^{Avatar}」에 영감을 주었다. 제임스 카메론^{James Cameron} 감독이 영화 속에서 구현한 세계는 사실상 '메타버스'와 '아바타'라는 두 개념을 더욱 구체화한 형태인 셈이다.

영화 「아바타」에서 인간은 과학기술에 힘입어 아바타로 변신할 수 있다. 또한 외계 행성 판도라에 들어가 자원을 채굴한다. 그곳에서는 현실 세계와 똑같은 일을 하는 것은 물론이고, 현실 세계에서 불가능한 일까지도 할 수 있다. 예를 들면, 영화의 주인공은 현실 세계에서 부상을 입어 휠체어에 의지하는 전직 해군 요원인데 판도라 행성에서는 자유자재로 움직일 수 있다. 그뿐만 아니라 이 클라우드 디지털 세계의 작동 원리는 더 이상 현실 세계에 구애 받지 않고 시간마저도 거슬러 올라갈 수 있다.

「아바타」 외에도 스티븐 스필버그^{Steven Spielberg} 감독이 연출한 영화 「레디 플레이어 원^{Ready Player One}」도 '메타버스'에 관한 이야기를 담고 있다.

메타버스는 인터넷을 기반으로 탄생했기 때문에 인터넷과 공통점이 있다. 즉 발전과정에서 어떤 것으로부터도 통제를 받지 않는다는 점이다. 또한 메타버스와 현실 세계가 평행하기 때문에 현실 세계를 반영한다는 공감각적 특징도 가지고 있다.

■ 메타버스 열풍: 글로벌 자본 흐름의 변화

2021년, 메타버스 개념이 전 세계적인 열풍을 일으키자, 글로벌 거대 IT기업과 자본이 주목하기 시작했다. 구체적인 내용을 정리해보면 〈표 1-1〉과 같다.

회사	메타버스 진출 분야
텐센트	소셜: 위챗, QQ ｜ 게임: 로블록스, 에픽게임즈 ｜ 콘텐츠: 텐센트 범엔터테인먼트 생태 체인 ｜ 인프라: 위챗페이, 텐센트 클라우드, 텐센트 미팅 등
페이스북	VR 설비: 오큘러스 VR ｜ 소셜 플랫폼: 호라이즌 ｜ 암호화폐: 리브라 ｜ 소셜: 인스타그램, 왓츠앱, 페이스북
구글	인프라: 구글 클라우드, 안드로이드 플랫폼 ｜ 게임: 스타디아 ｜ 콘텐츠: 유튜브, VR 등
엔비디아	인프라: 옴니버스 오픈 플랫폼, 그래픽 카드, 컴퓨팅 플랫폼 등
에픽게임즈	게임: 포트나이트 ｜ 인프라: 언리얼 엔진
바이트댄스	소셜: 틱톡 ｜ 게임: 누버스, 오하유, 코드첸쿤 ｜ 인프라: 오션엔진, 페이수 등

<표 1-1> 글로벌 IT기업의 메타버스 분야 진출 현황

중국에서는 바이두Baidu(百度), 텐센트Tencent(腾讯), 바이트댄스 ByteDance(字节跳动)가 메타버스 분야에 진출하였다.

2021년 4월, 바이트댄스는 메타버스 개념 회사인 코드첸쿤(代码 乾坤)에 1억 위안(한화 약 190억 원)을 투자하였고, 8월에는 10억 위안을 들여 중국 내 가상현실 헤드셋 1위 업체 피코Pico를 인수하면서 본격적으로 AR 분야에 뛰어들었다. 텐센트는 왕자 메타버스, 큐브 메타버스, QQ 메타버스, 플라잉카 메타버스 등 20여 개 메타버스 관련 상표를 등록했다. 바이두는 2021년 8월 '바이두 세계대회 2021'에서 엄청난 수량의 칩과 집적회로, 방대한 데이터를 사용하여 새로운 국면의 '바이두 월드'를 선보였다.

해외 여러 인터넷 기업들의 메타버스 분야 진출 경쟁 또한 치열하다. 2021년 7월, 페이스북 공동 창업자이자 최고 경영자인 마크 저커버그Mark Zuckerberg가 페이스북을 메타버스 기업으로 탈바꿈시키겠다는 비전을 발표했다. 10월 29일에는 페이스북 커넥트Facebook Connect 개발자 대회에서 회사명을 '메타Meta'로 변경한다고 공식 선언했다. 저커버그는 페이스북 커넥트 행사에서 메타버스에 대한 비전을 다음과 같이 상세하게 밝혔다.

"우리는 데스크탑에서 인터넷과 모바일로, 문자에서 사진과 비디오로 변화해왔는데, 이게 끝이 아니다. 차세대 플랫폼과 미디어는 보다 몰입감 넘치고 구체화된 인터넷이 될 것이다. 그 안에서 여러분은 단지 보기만 하는 것이 아니라 경험할 수 있다. 우리는 그것을 메타버스라 부른다."

마이크로소프트는 글로벌 파트너 대회에서 기업의 메타버스 솔루션을 발표하고, 기업 고객의 디지털 세계와 현실 세계 융합을 지원하는 데 힘쓰고 있다. 게임 업체인 에픽게임즈Epic Games는 메타버스 사업 개발을 위해 10억 달러를 투자받았다.

이 밖에 구글Google, 넷이즈NetEase, HTC(대만의 스마트폰 및 VR 전문 개발 및 제조사) 등 IT업체도 메타버스 분야에 대거 뛰어든 상태다. 블룸버그에 따르면 2024년에는 메타버스 시장 규모가 8000억 달러(한화 약 1000조 원)에 이를 것으로 전망된다.

또한 중국의 팡저우方舟 투자는 가상세계가 2025년까지 4000억 달러의 이익을 창출해낼 것으로 예측하였다.

■ 메타버스 혁명: 디지털 세계와 물리 세계의 융합

글로벌 대기업들이 잇달아 메타버스에 투자하는 것은 미래의 발전 가능성을 보았기 때문이다.

이를 논하기에 앞서 메타버스의 개념을 다시 한 번 짚어보고자 한다. 현재 메타버스에 대한 해석은 매우 분분한데, 벤처 투자가 매튜 볼Matthew Ball의 다음과 같은 말은 우리의 이해를 돕는다.

"메타버스는 3D 세계(지속적이면서도 실시간인)와 시뮬레이션으로 이루어진 방대한 네트워크다. 신분, 대상, 데이터와 권리의 연속성을 지원하며, 무한한 수의 이용자가 실시간으로 접속할 수 있다. 그 안에서 모든 이용자는 몰입의 극치를 경험할 수 있다."

미국 미시간 주립대학교 언론정보학과 부교수인 라빈드라 라탄 Rabindra Ratan의 견해에 의하면 메타버스의 3가지 핵심 요소는 존재감, 상호운용성 그리고 표준화다. 구체적 내용은 〈표 1-2〉와 같다.

핵심 요소	구체적 내용
존재감	이용자의 경험을 말한다. 즉 가상 공간에서 타인과 함께한다는 느낌을 갖는 것이다. 이러한 감각의 구현은 가상현실 기술과 장비의 도움을 필요로 한다. 주요 목적은 온라인 상호운용성 향상이다.
상호운용성	상호운용성이란 가상자산이 가상 공간에서 자유롭게 유통되는 것을 말한다. 암호화폐와 대체불가패스 등 블록체인 기술의 지원으로 디지털 상품은 가상과 현실의 경계를 넘나들 수 있다.
표준화	메타버스 플랫폼과 서비스 상호운용성 실현의 관건이다.

<표 1-2> 메타버스의 3가지 핵심 요소

현재까지 메타버스는 개념 차원에 머물러 있기 때문에, 향후 어떠한 공간으로 발전하게 될 것인가에 대해서는 포괄적으로 묘사하기 어렵다. 그러나 한 가지 보편적인 인식은 있다. 미래에는 메타버스가 하나의 거대한 공공 네트워크 공간이 될 것이며, 이 공간에서 디지털 가상과 물리적 현실이 강력하게 융합될 것이라는 점이다. 일단 메타버스는 '게임'의 형태로 존재할 것이다. '게임'은 유저에 의해 만들어지며 게임 내에서 사용하는 장비나 아이템은 곧 자산이다. 메타버스는 현실 세계와 평행한 공간이기 때문이다. 다른 한편으로는 현실을 가상 공간에 비추는 형태로 존재할 것이다. VR/AR 등 기술에 힘입어 보다 명료한 방식으로 디지털화가 이루어질 수 있다.

이렇듯 미래에는 디지털 가상과 물리적 현실이 상호작용하면서 메타버스의 내실이 더욱 풍부해지고 두 공간이 완벽하게 융합될 것으로 전망된다.

　　　　　　　　　　　　　　메타버스 세상을 선점하라

02
「레디 플레이어 원(Ready Player One)」
속의 '오아시스'

메타버스는 가상의 시간과 공간이 결합하여 디지털화된 형태로 인간 사회와 병행하는 평행우주다.

로블록스Roblox는 메타버스가 갖추어야 할 8대 요소로 신분(Identity), 친구(Friends), 몰입감(Immersive), 저마찰(Low Friction), 다양성(Variety), 어디서나(Anywhere), 경제(Economy), 문명(Civility)을 꼽고 있다. 정리하자면 표 〈1-3〉과 같다.

8대 요소	주요 내용
신분(Identity)	가입한 유저들은 메타버스에서 가상 신분(ID)을 얻는다
친구(Friends)	소셜 네트워크가 존재하고 그 안에서 교류한다
몰입감(Immersive)	다른 게임과 마찬가지로 몰입감을 창조한다
저마찰(Low Friction)	지연되지 않고 현실과 동기화되어 원활하게 진행된다
다양성(Variety)	내용이 풍부하고 형식이 다양하다
어디서나(Anywhere)	단말기를 이용해 언제 어디서나 즐길 수 있다
경제 (Economy)	메타버스 자신만의 경제 시스템을 갖추고 있다
문명(Civility)	메타버스 자체적으로 가상 문명을 창조한다

<표 1-3> 로블록스가 꼽은 메타버스 8대 요소

■ 「레디 플레이어 원」에 들어 있는 메타버스 요소

위에서 언급한 메타버스가 갖추어야 할 8대 요소는 영화 「레디 플레이어 원」이 구체적으로 보여주고 있다. 이 영화는 현실 세계에서 의지할 곳 없는 남자 주인공이 가상세계를 통해 색다른 경험을 하게 되는 이야기를 그리고 있다.

영화가 묘사하는 공간 '오아시스'는 메타버스와 유사한 형태를 지니고 있다. 게임을 기반으로 만들어진 이 초대형 디지털 커뮤니티는 현실 세계를 반영한 인간 사회 문명을 갖추고 있다. 또한 현실 세계와 관련은 있지만 상호 독립적인 경제 시스템을 갖추고 있으며, 참가자들은 그 안에서 다른 이용자들과 소셜 네트워크 활동을 할 수도 있다.

앞서 언급한 8대 요소와 영화의 줄거리를 맞춰 보면 다음과 같다. 주인공 웨이드Wade는 현실 세계에서 빈민가에 살지만(어디서나), VR 기기만 장착하면 가상게임 공간인 '오아시스'에 들어가(몰입감) 아바타 파시벌Parzival이라는 새로운 정체성(신분)을 가질 수 있다. 실망스러운 현실 세계와 달리 '오아시스'에서는 여자 친구 아르테미스Artemis(친구)를 만날 수 있을 뿐만 아니라 원하는 곳 어디든 자유롭게 다닐 수 있고(다양성), 노동 등으로 소득(경제)을 얻을 수도 있다. 또한 이곳 '오아시스'에는 자체적인 독특한 문화와 가치체계(문명)가 형성돼 있다. 다만 '오아시스'가 현실 세계와 완전히 동떨어진 것은 아니라서 파시벌이 다치면 현실 세계의 웨이드도 동시에 통증을 느낄 수 있다(저마찰).

현재까지 메타버스는 대부분 게임을 시작으로 하여 점차 인터넷, 디지털 엔터테인먼트, 소셜 네트워크 등과 융합되고 있으며, 미래에는 비즈니스 및 경제 활동 분야와의 통합까지 가능하다. 이것이 메타버스가 많은 관심을 끄는 중요한 이유다.

기술적 측면에서는 몰입도와 참여도, 영속성을 추구하기 때문에 전통적인 인터넷 시장에 대한 요구가 매우 높다. 이를 충족시키기 위해 메타버스를 위한 플랫폼, 인프라, 프로토콜, 툴 등이 많이 등장할 것이다. 또한 5G 네트워크가 빠르게 발전하고 VR/AR, 클라우드 등의 기술이 고도화됨에 따라 메타버스는 개념 차원을 넘어 실제 제품과 응용으로 변모가 가능하다.

본질적으로 메타버스는 가상 활동을 담아내는 플랫폼이라고 볼 수 있다. 이 플랫폼에서 이용자는 소셜, 엔터테인먼트, 창작, 교육, 거래 등 다양한 유형의 활동을 펼친다. 즉, 디지털 세계에서 친구를 사귀고, 작품을 창작하고, 사회 활동에 참여한다. 심지어는 감정까지 이입하여 소속감을 얻을 수도 있다. 이러한 많은 참여자의 노력으로 메타버스는 다양한 소비 콘텐츠를 제공할 수 있고, 각종 기술 지원을 통해 몰입형 인터랙티브 경험을 선사할 수 있는 안정적이고 신뢰할 만한 경제 시스템을 갖추게 된다.

메타버스의 겹겹이 쌓인 층을 하나씩 벗겨내 보면 결국 그 핵심은 인간의 자산 권익과 사회적 정체성에 대한 신뢰라는 것을 알 수 있다. 즉, 현실 세계의 기본적인 논리를 복제함으로써 든든한 기반을 갖추고, 모든 이용자가 창조에 참여할 수 있도록 지원하며, 그들의 노동 성과를 강력하게 보장하는 근거를 마련하는 것이다. 이렇게 되면 메타버스는 이용자에게 현실 세계와 다를 바 없는 노동, 생산, 거래 등의 경험을 제공할 수 있다. 예를 들면 이용자가 메타버스에 집을 짓고 그것을 시장가격에 맞춰 거래하는 일 등이 가능하다.

이러한 역할을 미루어 볼 때 메타버스는 단순히 게임과 소셜 플랫폼만으로 여겨져서는 안 된다. '자아 정체성'에 대한 사회의 주류 인식을 뒤엎고, 인류 문명을 가상 시공간으로 발전시키는 것까지 포함하는 개념으로 봐야 한다.

현재 메타버스 관련 기술은 주로 게임에 적용되고 있지만 인류 문명이 가상세계 안에 자리 잡아감에 따라 그 개발 목표는 대형 게임 플랫폼을 만드는 데에서 그치지 않을 것이다. 메타버스의 원대한 목표는 인간의 주관적 경험을 최대한 만족시키는 것이다.

■ 메타버스의 4대 핵심 속성

메타버스의 최종 형태에 대하여 업계 관계자들은 아직까지 상세한 묘사를 하지 않고 있다. 그러나, 그 특징에 관한 분석을 통해 우리는 4가지 핵심 속성을 도출해 낼 수 있다. 구체적 내용은 〈표 1-4〉와 같다.

현재 인터넷의 발달은 우리의 이전 생활 방식을 완전히 뒤바꾸고 있지만, 그렇다고 사람들이 완전히 현실 생활에서 벗어나지는 않는

핵심 속성	구체적 내용
가상과 현실의 동기화	거의 실제와 같은 상호작용을 하기 위해서 가상 공간은 현실 사회와 고도로 동기화되고 연결되어 있어야 한다. 현실과의 동기화는 메타버스 형성을 위한 기본 조건이다. 현실에서 벌어지는 모든 사건들이 가상세계로 동기화될 때 이용자는 메타버스에서 실제에 근접한 피드백을 얻을 수 있다.
오픈소스와 창작 활동	오픈소스는 두 가지 의미를 지닌다. 하나는 기술 오픈소스고, 다른 하나는 플랫폼 오픈소스다. 메타버스는 '표준'과 '프로토콜'을 통해 코드를 패키징하고 서로 다른 모듈을 만들어 모든 이용자가 창작 활동을 할 수 있도록 지원한다. 보다 자연스러운 가상세계를 구축함으로써 메타버스의 경계를 끊임없이 확장해 나가는 것이다.
영속성	메타버스는 오픈소스 방식으로 계속해서 운행된다. 일시 정지하거나 끝나지 않는다.
폐루프 (closed-loop) 경제 시스템	메타버스에도 통합 화폐가 있고, 이용자는 일을 하여 획득할 수 있다. 또한, 그것을 사용해서 소비할 수 있고, 일정 비율에 따라 실생활 화폐로 맞바꿀 수도 있다. 경제 시스템은 메타버스 존재와 발전의 중요한 원동력이다.

<표 1-4> 메타버스의 4대 핵심 속성

다. 다시 말해, 인터넷이 만들어낸 새로운 생활 패턴은 사이버 공간에서 독립적으로 작동되는 동시에 실생활과 긴밀하게 연결되어 있어 어떤 면에서는 현실 세계를 반영하고 있다.

03
메타버스의 본질과 기본 논리

로블록스가 구현한 UGC(User Generated Contents, 사용자 생성 콘텐츠) 방식의 가상세계 플랫폼, 「동물의 숲(どうぶつの森, Animal Crossing)」 속의 가상 소셜, 「포트나이트Fortnite」의 온라인 콘서트 등을 구현시킨 중요한 토대는 끊임없는 기술 혁신이다.

관련 핵심 기술은 '새로운 콘텐츠'를 탄생시킬 뿐만 아니라 '새로운 경험'을 선사한다.

■ 메타버스의 탄생 배경

인터넷, 특히 모바일 인터넷의 급속한 발전은 많은 분야에 새로운 기회를 가져다 주었다. 일례로 전 세계인들이 함께 도전하는 '포켓몬고Pokémon GO' 등과 같은 여러 가지 가상 콘텐츠를 탄생시켰다.

또한 코로나19의 세계적인 확산으로 스타들의 콘서트, 졸업식 등 오프라인 장면들이 대거 디지털 플랫폼으로 옮겨갔는데 이것들은 모두 UGC, 3D 엔진 등의 기술을 활용해 구현할 수 있었다. 오프라인 장면의 디지털 마이그레이션digital migration(다른 하드웨어나 운영체제로 자료를 이식하는 것-옮긴이)은 게임, 소셜, 엔터테인먼트 등 분야에서 메타버스의 잠재력을 유감없이 드러냈다.

메타버스가 주목을 받는 이유는 크게 두 가지로 볼 수 있다.

첫째, 생산의 효율성 및 엔터테인먼트 경험에 대한 요구가 높아지고 있다는 점이다. 둘째, 5G, AI, 블록체인 기술, VR/AR 등의 기술이 발전해 정착될 가능성이 높아졌다는 점이다. 2020년 초 발발한 코로나19 사태 국면에서도 커다란 역할을 해내고 있는데, 방역 요구에 부응하기 위해 많은 일상 장면이 온라인으로 이동하면서 메타버스의 본질에 대한 고민 또한 깊어지고 있다.

정보기술과 정보매체의 발전 과정을 분석해 보면 처음에는 그저 사람들이 세상을 인식하는 방법을 변화시키지만, 나중에는 의식적으로 세상을 바꾸고 재창조하려 시도한다는 것을 알 수 있다.

종이 미디어 시대에서 방송 시대로, 그리고 다시 인터넷 시대로 접어들면서 메타버스를 만들기 위한 도구와 플랫폼이 점차 완성되어가고 있고, 그 경로도 명확해지고 있다.

■ 메타버스 구축의 원동력

현실 세계를 본떠 메타버스를 구축하려면 사람 간의 관계, 생산자료, 교역 시스템, 법률 관계 그리고 환경 및 기술 생태계를 갖추어야 한다. 본질적으로 메타버스는 바로 이 5가지 요소를 혁신시킴으로써 현실을 투영하는 동시에 현실로부터 독립하는 또 하나의 세계를 구축한다. 메타버스 구축 주체는 다원화된 특징을 보인다. 서로 다른 국가의 서로 다른 기업과 조직이 개방성이라는 원칙 아래 휴대 가능하고 상호 운용할 수 있는 가상세계를 공동으로 만들어낸다.

인류가 세계의 본질에 대한 탐구를 하는 과정에서 기술 발전과 수

요의 업그레이드가 번갈아 이루어지는데, 수요 측은 공급 측에 직접적인 영향을 끼친다. 수요 측의 수요가 충분히 강렬해야만 공급 측이 다각화된 해결 방안을 모색하고 번영된 생태계를 창조할 수 있다.

그리고 더 나아가서는 업계의 지속적인 업그레이드를 촉진하고, 기존의 생산 방식과 생활 방식을 지속적으로 변화시켜 사람들에게 새로운 경험을 줄 수 있다.

- **공급 측**: 기술 조건을 끊임없이 발전시키고 산업 정책으로 강력하게 지원한다. 구체적인 예로 5G 기지국이 전국적으로 세워지고, 블록체인이 전역에 확산되고 있다. 또한 VR/AR 등의 기술이 빠르게 발전하고 관련 법규 등이 잇따라 만들어지는 것도 메타버스 구축을 위한 좋은 토대가 되고 있다.

- **수요 측**: 사람들의 오락과 소셜에 대한 욕구가 변곡점을 맞이하여 Z세대(Generation Z, 1990년대 중반에서 2000년대 초반에 걸쳐 태어난 젊은 세대)는 정신적 오락 소비를 더 선호하게 되었다. 게다가 코로나19의 영향으로 온라인 재택근무, 온라인 게임, 온라인 수업 등이 더욱 공고히 자리 잡아가고 있다.

■ 메타버스의 생태 지도

산업 분야에서 메타버스의 혁신은 단계별로 이루어지는데 크게 다음과 같이 4단계로 나뉜다.

(1) 하부 구조: 블록체인, NFT 등

메타버스가 온라인 게임이나 인터넷 커뮤니티 등의 가상세계와 가장 크게 다른 점은 현실 세계에 상응하는 경제 시스템을 가지고 있기 때문에 이용자가 더욱 몰입감 있는 경험을 할 수 있다는 것이다.

온라인 게임과 같은 가상 형식이 진정한 평행 세계가 되지 못하고 오락의 도구로 국한될 수밖에 없는 이유는 첫째, 게임에서 플레이어가 얻은 가상자산이 자유롭게 유통되기 어렵고 현실 세계와 크게 상관이 없기 때문이다. 또 다른 이유는, 가상세계 속 이용자의 운명은 거의 전적으로 사업자의 손에 달려 있어서 일단 운영자가 앱을 닫는 선택을 하면 이용자는 '빈털터리'가 되기 때문이다.

NFT(Non-Fungible Token, 대체 불가능한 토큰)와 블록체인 기술의 발전은 앞서 언급한 문제를 비교적 잘 해결할 수 있다. 이를 바탕으로 이용자는 현실 세계와 연계한 경제 시스템을 통해 메타버스에서 획득한 가상자산을 현실 세계에서 유통할 수 있다. 게다가 제3의 플랫폼으로부터도 자유로울 수 있다. 이는 바로 그동안 온라인 게임 시장에서 소홀하게 여겨졌던 부분이다.

(2) 백엔드(back-end) 인프라: 5G, GPU, 클라우드, AI 등

NFT, 블록체인 등으로 구성된 하부 구조 외에도 AI, 5G, GPU, 클라우드 등의 기술 뒷받침이 필요하다. 인터넷이 성장을 견인하는 여러 산업에서 '소프트웨어가 모든 것을 정의한다'고 볼 수 있다. AI, 5G, GPU, 클라우드 등 백엔드 기술 인프라 구축은 메타버스 실현 가능 여부를 결정하는 열쇠일 뿐 아니라 메타버스가 제대로 정착할 수 있도록 돕는 (정밀도와 데이터량에 대한 제어 등을 통해) 핵심 작업이다.

지금까지 가상현실 분야의 발전 경로는 두 가지 타입으로 나뉜다. 즉 단일 장치 지능과 커넥티드 클라우드 컨트롤connected cloud control 이다. 그중 단일 장치 지능은 상호 인식과 디스플레이 등 세분화된 영역을 감지하는 데 초점을 맞췄고, 커넥티드 클라우드 컨트롤은 콘텐츠 저장 및 처리 등과 관련된 스트리밍 서비스에 초점을 맞췄다.

다만, 5G 등 기술 발전으로 단일 장치 지능과 커넥티드 클라우드 컨트롤이 융합될 전망이며, 클라우드 컴퓨팅 등 기술과 함께 메타버스 산업의 비약적인 발전을 촉진할 것으로 기대된다.

(3) 프런트엔드 기기: AR/VR, 웨어러블 기기 등

이용자가 메타버스에 들어가 몰입 경험을 하려면 VR/AR, 웨어러블 기기 등이 필요하다. 이것들은 메타버스 산업 구조의 프런트엔드 기기 단계를 담당한다. 인터넷 거대 기업과 IT 신생 기업들이 늘어나면서 VR/AR, 웨어러블 기기 등의 산업 발전은 이미 급물살을 탔고, 더 많은 이용자를 배출해내고 있다.

이용자 사용 습관 및 산업 연계에 대한 수요로 인해 VR/AR, 웨어러블 기기 등은 몇 가지 추세로 발전하게 된다. 즉, 하드웨어 무선화, 소프트웨어 클라우드화, 디바이스 교류 애플리케이션화라는 세 가지 트렌드를 따르게 될 것이다. 동시에 이동통신 기술의 발전과 고도화에 따라 가상현실 제품의 종류와 형태는 점점 더 다양해질 것이다. 이

것은 관련 소비 시장의 발전으로 이어져 더욱 성숙한 비즈니스 모델을 탄생시킨다.

(4) 응용 분야: 게임, 스마트 의료, 산업 디자인, 스마트 교육 등

메타버스는 원형적인 개념에서 한걸음 더 나아가 다른 여러 분야에서 거대한 잠재력을 발휘할 수 있다. 구체적으로 살펴보면, 그 응용 과정은 〈표 1-5〉와 같이 3단계를 거친다.

단계	구체적 내용
기초 응용 단계	게임, 소셜, 엔터테인먼트 등의 분야 탐구 응용 분야는 비교적 제한적이며, 내용이 풍부하지 않다. 상호작용 방식 또한 단일하다.
연장 응용 단계	의료, 건축, 교육, 교육 등 더 많은 분야로 탐구 영역 확장 응용 콘텐츠와 상호작용 방식이 다원화된다.
응용 생태 단계	앞선 탐구를 토대로 메타버스 파노라마 형태의 소셜은 가상현실의 가장 궁극적인 응용 형태 중 하나가 될 것이다.

<표 1-5> 메타버스 응용의 3단계

메타버스와 온라인 게임은 가장 대표적인 결합이지만, 메타버스 응용은 온라인 게임 분야에만 국한되지 않는다. 미래에는 관련 기술이 진보할수록 더 많은 수직적 분야가 메타버스의 응용 공간이 될 것이다. 현재, 산업 분야에서 세분화된 산업디자인계나, 헬스케어 분야에서 세분화된 원격수술, 수술 전 연습, 이론수업 등의 영역에서 잠재력을 보여주고 있다.

04
변천 과정: 메타버스의 궁극적 형태

메타버스 개념이 돌풍을 일으키는 가장 큰 이유는 5G, VR, AR 등 첨단 기술이 쓰일 수 있는 공간과 무한한 가능성(기술이 세상을 바꿀 수 있다는)을 제공하기 때문이다. 현재 기술 수준으로 기능이 완벽하고 경험감이 최고에 달하는 메타버스를 만들기는 어렵지만 단계별로 추진하는 것은 가능하다. 이 과정에서 기술 수준에 따라 투자수익률과 투자수익률 주기가 현격한 차이를 보일 수 있다. 구체적으로 살펴보면, 메타버스의 진화 과정은 다음의 세 단계로 나뉜다.

■ 제1단계 (2021-2030년): 가상과 현실의 결합

이 단계에서 현실 세계의 생산 과정과 수요 구조가 아직 크게 바뀌지 않았기 때문에 온·오프라인 융합형 비즈니스 모델은 지속적으로 진화할 것이다. 의류 구매의 경우 기존 e커머스 쇼핑 모드에서 이용자는 사진 정보, 사용자 리뷰를 통해 평면적인 정보만을 얻는다. 그러나, 모델이 옷을 입고 입체적으로 보여주는 짧은 영상과 라이브 커머스가 등장한 이후부터 이용자 수신 정보의 정확도가 크게 향상되었다.

앞으로 온라인 쇼핑 분야에 VR/AR 기술이 널리 활용되면, 이용자는 쇼핑 과정에서 자신이 옷을 입었을 때 나타나는 효과를 직접 보고 그에 걸맞는 합리적 쇼핑 의사결정을 할 수 있게 된다. 이러한 몰입형

메타버스 세상을 선점하라

쇼핑 경험은 마치 풍부한 감각 경험의 형태처럼 보이지만, 실제로는 블록체인과 유사한 기능을 통해 이용자들이 보다 사실적이고 유용한 정보를 얻고, 가상경험과 현실 세계의 상호작용을 완성할 수 있도록 돕는 것이다.

이 단계에서 메타버스는 주로 소셜, 게임 등의 분야에 초점을 맞추고 있다. 그중에서도 몰입감은 이용자 경험을 극대화시키는 중요한 요소다. 이를 위해 소프트웨어 툴은 소셜 플랫폼(UGC 플랫폼 생태계와 가상관계망 구축을 지원하는)을 기반으로 개발되고 있으며, 하드웨어 시스템은 이미 애플리케이션이 보편화된 모바일 기기에 의존하고 있다. 아울러 VR/AR 등 기술이 빠르게 발전함에 따라 이용자에게 새로운 엔터테인먼트 경험을 선사할 것으로 기대된다.

■ 제2단계 (2030-2050년): 가상과 현실의 공존

디지털화 기술의 발달로 가상세계가 더욱 사실적으로 변하고 물리적 세계의 생산 과정이 전복된다. 이 단계에서 VR/AR 등의 디스플레이 기술과 클라우드 기술을 바탕으로 메타버스의 응용은 더욱 다양해질 것이다.

예를 들면, CRI(Complete Reality of Internet, 온 · 오프라인 일체형 인터넷)를 바탕으로 한 스마트시티, 한층 성숙된 디지털 자산 금융 생태계, 점진적 폐쇄 루프 체제의 가상 소비 시스템 등은 생산성과 삶의 효율성을 높이고자 하는 인류의 열망을 충족시킬 것이다.

이 단계에서는 가상 네트워크에 투입되는 시간이 60% 정도로 예측된다. 이런 상황이 발생하는 데는 크게 두 가지가 이유가 있다.

첫째, 인공지능, 빅데이터, 산업지능화 등의 기술이 생산성을 크게 향상시켜 현실 세계의 노동 수요가 크게 감소하기 때문이다. 둘째, 가상세계의 콘텐츠가 풍부해 오락, 소비뿐만 아니라 업무나 일상의 욕구를 충족시킬 수 있기 때문이다. 따라서 사람들이 가상 네트워크에서 보내는 시간은 점점 더 늘어날 수밖에 없다. 또한, 이 단계에서는 인공지능, 바이오시밀러Biosimilar(생물의 세포나 조직 등의 유효 물질을 이용하여 제조하는 약인 바이오 의약품의 복제약-옮긴이), 기초엔진 등이 상용화되어 현실에서 활용될 예정이다.

■ 제3단계 (2050년 이후): 가상이 곧 현실인 세상

앞선 두 단계의 축적을 거친 이번 단계의 메타버스는 가상 공간과 현실 세계를 구별할 수 없는 수준으로 구현하게 된다. 이용자 수와 이용 기간 또한 비약적으로 증가한다. 구체적 모습은 SF 영화「레디 플레이어 원Ready Player One」이 보여주는 장면을 참고하면 어느 정도 상상할 수 있다.

이 단계가 도래하는 시점은 2050년 이후로 예상된다. 기술의 진보 및 이용자 수요 증가로 인해 메타버스의 발전 속도는 점점 빨라질 것이 분명하나, 그 발전 추세는 여전히 불확실성이 크다.

그렇지만 메타버스의 궁극적인 형태는 개방성과 폐쇄성의 완벽한 조화일 가능성이 높다. 거대 독점 기업이 나타나는 대신 슈퍼 플레이어가 등장할 수도 있다. 슈퍼 플레이어들은 폐쇄성과 개방성 사이에서 균형을 찾을 것이다. 이러한 균형은 능동적일 수도 있고, 수동적인 (국제기구의 강력한 요구에 의해 균형을 추구할 수밖에 없는) 형태일 수도 있다.

　종합해보면 우리가 도달하게 될 메타버스는 개방 시스템과 폐쇄 시스템이 공존할 뿐만 아니라, 크고 작은 세계의 상호 네스팅Nesting(서브루틴 중에 다른 서브루틴을 짜넣는 것-옮긴이)이 가능할 것이다.

　결국 서로 다른 스타일과 영역의 메타버스는 상호 중첩되어 규모와 영향력 범위가 더 커지고, 이용자의 신분 및 자료는 범우주적 동기화되어 사람들의 생산 방식, 생활 방식, 조직 지배 방식 등이 모두 전복될 것이다.

제2장

핵심 요소: 메타버스의 미래 모습

01
가상과 현실이 교차하는 몰입형 경험

인간의 욕구를 단순하게 구분하면 물질적 욕구와 정신적 욕구로 나눌 수 있다. 이 분야 연구에서 가장 유명한 것이 매슬로우Maslow의 '욕구단계 이론'이다. 매슬로우는 인간의 욕구를 생리적 욕구, 안전 욕구, 소속 욕구, 존경 욕구, 자아실현 욕구 등 5단계로 구분한다. 그중에서 생리적 욕구와 안전 욕구는 물질적 욕구로, 소속 욕구, 존경 욕구, 자아실현 욕구는 정신적 욕구로 분류한다. 인간은 물질적 욕구가 충족된 후에야 차상위 단계인 정신적 욕구를 추구하게 된다. 메타버스의 발전도 이 법칙에 따른다.

예를 들어 탈중앙화된 경제 시스템은 재산에 대한 안전 욕구를 해결할 수 있고, 입체화된 소셜 네트워크는 소속 욕구를 충족시킬 수 있다. 몰입형 경험, 개방된 창조 시스템, 다양한 문명의 형태는 존경 욕구와 자아실현 욕구를 만족시킨다.

메타버스는 이처럼 사람들의 욕구를 충족시키는 몰입형 경험을 제공함으로써 사실감을 전달할 수 있다. 즉, 이용자는 그 안에서 몰입형 쇼핑, 교육, 여행, 학습, 게임 등을 즐기며 마치 현실에 있는 듯한 느낌을 받게 되는 것이다.

메타버스가 이용자들에게 제공하는 몰입형 경험은 관련 기기와 게임 기술 덕분인데, 2020년부터 게임 기술을 활용한 몰입형 장면

메타버스 세상을 선점하라

구축 시도가 시작됐다.

일례로 2020년 4월에는 래퍼 트래비스 스캇Travis Scott이 「포트나이트」 게임과 함께 대규모 가상 콘서트를 개최해 큰 반향을 일으켰다. 콘서트는 겨우 10분간의 짧은 시간이었지만, 애니메이션 형식을 이용하여 더할 나위 없이 멋진 시청각 향연을 펼쳤다. 이 콘서트에서 건물보다 더 크게 몸집을 키운 '트래비스 스캇'은 공연을 하며 섬을 누비다가, 후반부에 로봇 인간으로 변신하는 등 현실에선 불가능한 환상적인 퍼포먼스를 보여주었다. 집계에 의하면, 1200만 명 이상의 게이머들이 동시 접속할 정도로 폭발적인 호응을 얻었다고 한다.

2020년 5월, UC버클리UC Berkelay 대학은 「마인크래프트Mine-craft」 게임 안에 3D 버클리 캠퍼스를 조성한 후 학생들을 초대하여 졸업식을 거행하였다. 총장이 인사말을 하고 학위 수여식을 진행하기도 했다. 하지만 아쉽게도 참가자들은 스마트폰, PC 등 기기를 통해서만 가상 캠퍼스에 들어갈 수 있어서 실제 상황에 와 있다는 느낌을 받을 수 없었다. 몸소 느껴지는 현장감을 제공하기 위해서는 게임 기술을 활용해 가상 장면을 구축해야 할 뿐만 아니라 몰입형 기기도 필요하다.

■ 몰입형 인터랙티브 디바이스: 극한의 장면을 만드는 경험

몰입형 인터랙티브 디바이스를 통해 이용자는 메타버스에서 원활한 인터랙티브(실제적이면서도 지속적인) 경험을 얻는 동시에 현실 세계에 대한 감각을 유지할 수 있다. 따라서 메타버스에 있어 VR, AR 및 뇌 인터페이스 기술 기반의 디바이스는 몰입감을 조성하는 데 필수적인 도구이다. 가상세계를 현실 세계와 융합하여 현실 세계보다 더 실감나는 장면으로 만들기 위해서는 〈표 2-1〉과 같이 아바타, 모션 캡처 Motion Capture, 제스처 인식, 공간 감지, 디지털 트윈 등의 기술에 의존해야 한다.

몰입형 기술	기업 현황
아바타	언리얼(Unreal), 삼성, 아이플라이텍(iFLYTEK, 중국명 科大讯飞) 등은 모두 적극적으로 아바타 기술을 연구 개발하고 있다. 그중, 언리얼이 개발한 메타휴먼 크리에이터(Metahuman Creator)는 인간의 피부와 모발의 질감을 상당 부분 복원시켜주며, 다양하고 미세한 표정까지도 부각시킬 수 있다.
모션 캡처	인체의 각종 세부 동작을 디지털 형태로 옮겨 영상 속에 재현하는 기술을 말한다. 과거에는 사람의 신체 각 부위에 연결 기기를 부착한 후, 복잡한 고급 카메라로 인체의 움직임을 포착해야 했기 때문에 많은 장비를 사용할 수밖에 없었다. 그러나 현재는 휴대전화 한 대만으로도 완성할 수 있을 만큼 매우 간편하고 편리하다.
제스처 인식	페이스북이 출시한 무선 VR 헤드셋 '오큘러스 퀘스트(Oculus Quest)'는 이미 제스처 인식을 지원하고 있다. 또한, 「하프라이프: 알릭스(Half-Life: Alyx)」 등과 같은 게임들도 제스처 인식을 통한 콘텐츠를 제작하기 시작하여 이용자들이 더욱 실감나는 가상 경험을 즐길 수 있다.
공간 감지	가상 공간의 리얼리티를 높이려면 인체 자체의 상호작용 외에도 주변 환경과의 상호작용이 필요하다. 공간 감지 분야에서는 이미 SLAM, LiDAR 등 공간위치인식 기술이 AR 하드웨어 및 콘텐츠 개발 분야에서 폭넓게 활용되고 있다. 기술이 계속 발전하면서 감지의 정확도도 높아지고 있다. 중국 화웨이(华为) 허투(河图)의 경우, AI 알고리즘을 이용해 실제 지구와 매우 유사한 3차원 디지털 지구를 만들었다.
디지털 트윈	이용자가 낯선 환경에 들어가도 정확한 위치를 파악할 수 있도록, 오포 사이버리얼(OPPO CyberReal)은 SLAM, AI 등의 알고리즘 기술을 이용해 고정밀 실시간 위치 기능과 파노라마 인식 기능을 개발했다. 이 과정에서 디지털 트윈 기술은 핵심적 역할을 하였다.

〈표 2-1〉 메타버스의 몰입형 기술

■ 크로스 플랫폼 게임: 메타버스 콘셉트의 본격적인 정착

'크로스 플랫폼Cross Platform 게임' 개념의 재등장으로, 경쟁이 과열된 온라인 게임 분야에 새로운 발전의 장이 열렸을 뿐만 아니라 메타버스 콘셉트가 본격적으로 정착되기 시작했다. 개념에서 출발한 메타버스가 서서히 자리 잡을 수 있게 된 배경에는 이동통신 기술, AI, VR/AR 등의 기술적 지원 측면도 있고, 다른 한편으로 각 세부 영역에서 풍부한 응용이 가능했기 때문이다.

게임 산업에서 메타버스는 필연적으로 성장할 수밖에 없다. 플랫폼의 경계를 허무는 것만이 더 많은 이용자를 확보하고 보다 몰입감 있는 경험을 선사할 수 있기 때문이다. 물론 커뮤니티 링크 구축도 게임 산업이 이용자 니즈를 능동적으로 충족시키는 데 효과적이다.

로블록스 플랫폼에는 세 가지 핵심 요소가 있다.

첫째, 개발자의 게임 판매에 편리를 제공하기 위한 안정적인 경제 시스템이다. 둘째, 개발자의 게임 창작을 지원하는 딥러닝 기술 도구이다. 셋째, 다양한 소셜 활동을 지원하는 클라우드 게임이다.

이용자 창작 방식에 힘입어 현재 로블록스 플랫폼에서 경험할 수 있는 게임은 1800만 종에 이른다. 이용자에게 몰입형 경험을 선사하고 소셜 활동을 지원하는 로블록스의 이용자 창작 주도 방식은 곧 메타버스의 원형이기도 하다.

이용자가 창조하고 작동시키는 콘텐츠 생태계

메타버스는 이용자가 창조하고 작동시키는 세계이다. 여기서 말하는 창조는 두 가지 의미를 내포하고 있다.

첫 번째는 이용자가 다양한 플랫폼을 바탕으로 자신만의 세계를 만들어 성취감과 귀속감을 얻는 것을 말한다. 두 번째는 이용자가 개발 도구로 플랫폼을 만들어 경제적 수익을 얻는다는 뜻이다.

현재 몇몇 기업들의 노력으로 로블록스 스튜디오Roblox Studio, 유니티Unity, 옴니버스Omniverse 등 메타버스 개발 도구들이 탄생했다.

■ 로블록스 스튜디오 (Roblox Studio)

로블록스 스튜디오는 개발자들이 로블록스의 세계에서 다양한 종류의 게임을 개발할 수 있도록 지원하는 멀티 프로그래밍 언어 개발 도구이다. 개발한 게임을 직접 홈페이지에 올릴 수도 있다.

또한 로블록스 스튜디오는 본질적으로 개발자 허브, 교육 허브, 스튜디오 자습서, 개발자 포럼, 데이터 분석 도구 등을 포함한 오픈형 게임 엔진이다. 게임 개발자를 전폭적으로 지원할 뿐만 아니라 학습 비용이 매우 저렴하고 이용이 전면 무료다. 게임 개발 외에 개발자들에게 배포 채널도 제공한다.

■ 유니티 (Unity)

유니티는 유니티 테크놀로지스Unity Technologies가 개발한 크로스 플랫폼 2D/3D 게임 엔진으로 VR/AR 개발자들에게 줄곧 기술 지원을 해오고 있다. 2019년에 나온 VR/AR 콘텐츠 중, 60%의 VR과 90%의 AR이 유니티를 활용해 개발된 것으로 파악된다.

유니티는 출시 이후 세계 각국에서 유행하며 꾸준히 성장하고 있는데, 월간 파워 유저가 20억 명에 달한다. 글로벌 게임 시장에서 2019년 매출 상위 100대 게임사 중 93개사가 유니티를 이용하고 있다. 또한, 상위 1000대 모바일 게임의 53%가 유니티를 활용해 개발되고 있으며, 중국 게임 시장의 경우 76%나 유니티를 사용한다.

앞으로도 유니티의 활용 범위와 이용자 규모는 지속적으로 성장할 것으로 보인다.

■ 옴니버스 (Omniverse)

옴니버스는 엔비디아의 컴퓨터 그래픽 및 시뮬레이션 플랫폼이다. 실제 세계를 시뮬레이션 하여 가상의 디지털 트윈 세계를 만든다. 현실 세계에서 하기 어려운 테스트와 실험을 이 가상의 디지털 트윈 세계에서 하면 기업의 생산 비용을 절감할 수 있고, 개발 효율성을 향상시킬 수 있다.

03
입체적 소셜 네트워크 시스템

페이스북, 바이트댄스 등 인터넷 거대 기업이 메타버스 분야에 진입하면서, 메타버스는 소셜 3.0으로 구성되고 있다.

인터넷 기술의 발전과 함께 웨이보^{Weibo}, 위챗^{WeChat}, 페이스북과 같은 소셜 플랫폼이 사람들의 일상에 파고들면서 의사소통을 위한 중요한 도구가 되었고, 인터넷 세계에서 가장 중요한 데이터 원천이 되었다.

수년간의 발전을 거쳐 소셜 네트워크는 이미 2.0 시대를 지나 3.0 시대로 넘어간다. 기회를 선점하기 위해 소셜 네트워크 거대 기업들이 저마다 메타버스 분야에 포진하기 시작했다. 예를 들어 바이트댄스는 중국 최대 가상현실 업체인 피코^{Pico}를 90억 원(한화 약 1조 6200억 원)에 인수했고, 페이스북은 오큘러스^{Oculus}를 20억 달러(한화 약 2조 3000억 원)에 인수했다. 페이스북이 인수한 20억 달러 중 4억 달러는 현금, 나머지 16억 달러는 페이스북 주식이었다. 그리고 현재 주식 가격은 네 배로 뛰었다.

그렇다면 과연 소셜 3.0은 무엇일까? 쉽게 말해 입체적인 소셜 네트워크 체계다. 우선 소셜 네트워크의 세 가지 발전 단계를 구체적으로 살펴보자.

■ 소셜 1.0 시대

소셜 1.0 시대에서는 주로 낯선 사람끼리 사귄다. 뚜렷한 오락적 속성이 존재하며, 서로 간의 진정한 사회적 관계는 거의 존재하지 않는다. 대표적인 응용 프로그램이 ICQ[1]와 같은 소셜 소프트웨어이다.

이 소프트웨어는 이용자의 자료를 저장할 수 없어, 사용할 때마다 신분을 바꿀 수 있다. 소셜 네트워크가 발전하면서 1.0 시대 후반에는 사진 업로드, 게시물 업데이트 등의 기능을 갖추어 이용자의 정체를 드러낼 수 있는 기반을 마련하기도 했다.

■ 소셜 2.0 시대

소셜 1.0 시대에서 2.0 시대로 넘어가는 중요한 지표는 페이스북, 교내 인터넷 사이트의 등장이다. 대표적인 특징은 이용자가 온라인 환경에서 실제로 소셜 활동을 한다는 것이다.

중국에서는 위챗이 소셜 네트워크 2.0 시대를 대표한다고 볼 수 있다. 이러한 소프트웨어의 등장으로 실제 사회적 관계는 소셜 네트워크에 압도되기 시작했고, 낯선 사람과의 관계는 점차 지인 관계로 변화해갔다. 온라인 상의 정체성은 더 이상 가상이 아니라 실제가 된 것이다.

---

1   'I Seek You'의 약자. 친구, 동료, 동호인 등 온라인상에서 서로 호출·대화할 수 있도록 하는 시스템. 가장 많이 사용하는 방법은 인스턴트 메시지다. – 옮긴이

■ 소셜 3.0 시대

소셜 네트워크가 2.0 시대에서 3.0 시대로 넘어가는 과정에서 메타버스의 역할은 지대하다. 소셜 3.0 시대의 전형적인 특징은 훨씬 입체적이고 몰입감이 강하다는 것이다. 이용자마다 하나의 실물 이미지를 가지고 현실보다 풍부한 엔터테인먼트, 레저, 오피스, 게임 등을 경험할 수 있다는 점에서 대형 3D 온라인 세상이라고 볼 수 있다.

소셜 3.0은 1.0 과 2.0에 비해 커버리지coverage와 융합의 강도가 상상을 초월할 정도다. 가장 기본이 되는 인간이라는 요소 외에도 게임, 영상, 음악, 가상 소비재, 가상 부동산, 가상 경제 시스템, 사무 및 회의 시스템등 다양한 콘텐츠를 포함하고 있다.

04
탈중앙화 경제 시스템

메타버스는 독자적인 경제 시스템과 자체 화폐를 가지고 있다. 이 경제 시스템은 국가로부터 통제를 받으며, 법정 통화를 기반으로 한 내부 유통 화폐(플랫폼 중심화에 의해 통제되는)를 보유한다.

이 경제 시스템에서 수익 창출, 소비, 차입, 대여, 투자 등 이용자의 경제 활동은 오프라인 공간과 가상 공간 사이를 자유롭게 넘나들며 이루어진다. 이용자의 생산 활동, 직업 활동 소득은 동일한 화폐로 교환되고, 이용자는 이를 사용하여 플랫폼 내에서 소비 활동을 하거나, 일정 비율로 현실 세계의 화폐와 교환할 수 있다.

메타버스에서 경제 시스템은 그 발전의 중요한 원동력이다. 또한, 메타버스는 가상 경제가 실물 경제를 대체하는 결과를 초래하지 않고, 오히려 실물 경제에 새로운 활력을 불어넣을 수 있다는 점에 주목해야 한다. 메타버스는 현실 세계에 상응하는 가상세계이므로 그 발전 방향과 운용 역시 일정한 규칙을 따라야 한다. 동시에 자율적인 세계이기 때문에 어떠한 개인이나 회사의 통제도 받지 않는다.

이때 블록체인 기술을 활용한 NFT는 무단 복제 등과 같은 문제에 효과적인 솔루션을 제공한다. 탈중앙화 네트워크 기반은 안정적이고 효율적이며 규칙이 투명하다는 특징을 가지고 있기 때문에 메타버스의 가치 귀속, 유통, 현금화, 가상신원 인증 등의 문제를 해결할 수 있다. 블록체인은 가상세계와 현실 세계의 중요한 연결 고리로 작용하고, NFT는 메타버스 경제 시스템 운용의 중요한 운반체가 된다. 현재 절대다수의 플레이어와 이용자들은 가상 사이버 세계에서 오락 활동을 즐기고 있을 뿐 그 안에서 진정으로 생활하고 자신의 인생을 보내지는 않는다. 그 이유는 일단 가상세계에서 취득한 자산을 현실 세계에서 유통할 수 없고, 그것으로 물품이나 서비스를 구매할 수 없기 때문이다. 또한 이용자가 가상세계에서 취득한 자산은 본질적으로 자신이 아닌 운영자의 손에 달려 있다는 점도 장애 요인이 된다. 사업자가 시스템을 폐쇄하면 자산은 사라지기 때문이다.

블록체인은 다음의 두 가지 해결책을 제시하여 메타버스 발전을 위한 토대를 마련했다. 첫째, 자산이 가상세계와 현실 세계에서 동시에 유통될 수 있도록 경제 시스템을 지속적으로 정비한다. 둘째, 탈중앙화를 이뤄 어떤 개인이나 기업의 통제를 받지 않고 자산을 안전하게 보장한다. NFT는 유일성, 복제 불가능성, 분리 불가능성이라는 특성을 바탕으로 디지털 자산을 기록하고 거래하는 데 활용할 수 있다.

블록체인에서 디지털 암호화폐는 두 종류로 나눌 수 있다. 하나는 자체 메인넷Main Net을 보유해 거래 장부 데이터의 보안을 유지하는 오리지널 코인Coin으로 비트코인, 이더리움 등이 있다. 또 하나는 다른 블록체인을 기반하여 파생된 것으로 스마트 계약을 활용해 장부 데이터를 기록하고 보안을 유지한다. 이더리움 기반으로 발행된 토큰Token이 대표적이다.

토큰은 또한 두 종류로 세분화할 수 있다. 하나는 동질화된 토큰, 즉 FT(Fungible Token)로 서로 대체할 수 있으며, 무제한 접근할 수 있다. 예를 들어 비트코인의 경우, 누구의 손에 쥐어져도 본질적으로 아무런 차이가 없다. 이것이 바로 동질화다. 또 다른 하나는 비동질화 토큰, 즉 NFT(Non-Fungible Token)로 유일성과 분리 불가능성을 지닌 토큰이다. 암호화 고양이, 토큰화된 디지털 티켓 등이 이에 속한다. 일련번호가 붙은 지폐에서 같은 번호가 존재하지 않듯이 완전히 똑같은 두 개의 NFT도 존재하지 않는다.

이렇게 해서 NFT는 원형 디지털 자산의 소유권 표시 방법을 제공하는데, 이 점이 FT와 비교하면 독특하다. 유일성을 지니고, 복제와 분리가 불가능한 특성 덕분에 NFT는 게임 아이템, 예술품 등 디지털 자산을 기록하고 거래할 수 있는 소장 속성을 갖게 됐다.

NFT의 지원으로 메타버스에서 플레이어는 현실 세계에 있는 것처럼 가상 제품을 생산하고 거래할 수 있다. 이용자들이 게임 플랫폼을 벗어나 자유롭게 거래할 수 있게 된 것이다. NFT는 메타버스에서 이용자의 권리를 실체화할 수 있고, 프로그램은 NFT를 인식하여 이용자의 권한을 확인할 수 있다. 미래에는 NFT가 가상세계의 확실한 증빙이 되므로 그 안에서의 권리가 탈중앙화 하는 것을 촉진시킬 것이다. 예를 들어 NFT의 지원을 받으면 가상자산권은 제3의 기관에 등록될 필요가 없으므로 재산권 이전과 권리행사가 편리하게 이루어진다. 제3자의 참여가 필요 없기 때문에 데이터 자산 거래 흐름의 효율성 또한 크게 높아진다.

05
다원화된 메타버스 문명 생태

모든 새로운 콘텐츠 분야는 실질적으로 메타버스가 발전하는 과정에서 모색되고 있는데, 그 최상위 형태는 다원화된 메타버스 문명 생태다.

넓은 의미의 '문명'은 인류 사회의 긴 발전과정에서 대다수 사람들에게 인정받고 받아들여질 수 있는 인문정신과 발명 및 창조의 종합이자, 인류사회가 높은 단계로 진화하면서 나타나는 상태를 말한다. 문명 생태는 서로 다른 자연 행위와 사회 행위, 예를 들면 언어, 문자, 도구, 종교, 가정 및 국가 등을 망라한다.

따라서 메타버스도 현실 세계를 반영한 가상 공간이므로 우리는 그 발전 추세에 대해 여러가지 상상을 해 볼 수 있다. 미래에 메타버스 이용자는 마치 그 속에 살고 있는 주민처럼 필요에 따라 관련 규칙을 세워 풍부한 디지털 자산을 창출할 수도 있고, 커뮤니티 등 서로 다른 조직 구조를 만들 수도 있다. 궁극적으로는 황하 문명, 메소포타미아 문명 등과 같은 문명 생태계로 진화할 수 있다.

문명은 인간의 사회적 행위와 자연적 행위의 총체이다. 서로 다른 메타버스는 서로 다른 물리 세계의 문명 형태를 반영하고, 이용자가 다른 인생을 경험하도록 지원한다. 따라서 각기 다른 메타버스는 저마다의 독자적인 문명을 형성한다. 예를 들어, 로블록스가 자신만의 문명 체계를 만들면 이용자들은 그 안에서 여러 명이 모여 하나의 커뮤니티를 결성하고, 여러 커뮤니티는 하나의 도시를 조성하여 마침내 모두가 각종 규칙을 준수하며 공동 생활을 하는 하나의 고유한 문명 사회로 진화한다.

메타버스에 존재하는 서로 다른 문명의 형태는 현실 세계 문명의 복잡성을 그대로 드러낸다. 현실 세계에서 다면성을 가진 사람들이 각기 다른 분야에서 다른 행위를 하는 것처럼, 메타버스에서도 가상 이미지로 생활하고, 일하고, 공부하고, 노는 동안 전혀 다른 자신을 표현하거나 다른 삶을 경험할 수 있다.

메타버스 개념이 차츰 정착됨에 따라 인류는 자아 인지라는 새로운 시각을 갖게 되었다. 5G, AI, 블록체인 등의 기술과 인간의 상상력을 바탕으로 완전히 새로운 디지털 공간을 구축해나가는 이때, 우리는 메타버스에 관하여 다음과 같은 몇 가지 질문을 던져볼 필요가 있다.

- 이용자의 실제 신분과 가상 신분은 어떤 연관이 있으며, 자유자재로 변환할 수 있는가?
- 메타버스에서의 경제 시스템은 어떻게 현실 세계에서의 경제 시스템과 병행하며 존재할 수 있는가?
- 이용자 존재 형태는 '인간'인가 아니면 다른 어떤 것인가? 존재의 의미는 또 무엇인가?
- 메타버스 세계의 규칙, 도덕 등은 현실 세계와 완전히 동떨어져 있는가?

이와 같은 문제들이 논의하고자 하는 것은 메타버스 관련 기술만
이 아니라 메타버스 비즈니스 모델 및 문명 생태까지도 포함한다.

농업 문명, 산업 문명을 거쳐 우리는 이미 디지털 문명 시대로 접
어들었다. 디지털 문명은 인류에게 새로운 기술, 이념, 비즈니스 모델
뿐만 아니라 경제 전환과 사회 변혁도 가져다 준다.

메타버스를 예로 든다면 헬스 케어 분야에 적용될 경우, 의료 자
원의 불균형을 효과적으로 해결할 수 있고, 산업 생산 분야에 적용될
경우, 산업 분야의 안전사고 발생률을 크게 낮출 수 있다.

메타버스 시대가 아직 본격적으로 실현되지는 않았지만, 그것이
가져올 수 있는 다양한 문제점과 앞으로 만들어질 문명의 생태에 대
해 우리 모두가 신중하게 생각하지 않을 수 없다.

제3장

디지털 도약: 메타버스로 향하는 기술 경로

01
네트워크 환경: 메타버스의 통신 기반

기술적인 측면에서 메타버스는 크게 5가지 부문 즉, 네트워크 환경, 가상 인터페이스, 데이터 처리, 인증 메커니즘, 콘텐츠 생산으로 구성되어 있다. 그 내용은 〈표 3-1〉과 같다.

기술 구성	구체적 내용
네트워크 환경	XR 설비의 해상도는 4K 이상, 재생 빈도는 120Hz 이상이다. 네트워크 지연 현상은 극히 짧아서 높은 몰입도에 대한 요구를 충족시킬 수 있다. 이를 위해 높은 대역폭, 짧은 지연, 적은 에너지 소모가 가능한 5G 또는 6G 통신 기술에 의존한다.
가상 인터페이스	메타버스는 VR, AR, MR 등의 기술에 의존하여 몰입도와 확장성을 강화한다.
데이터 처리	인공지능은 메타버스 내 방대한 콘텐츠 생산 및 구현 그리고 심의에 관한 수요를 충족시키고, 클라우드 컴퓨팅은 실시간 그래픽 처리를 가능하게 한다.
인증 메커니즘	블록체인 탈중앙화 네트워크를 바탕으로 가치 귀속과 유통 및 현금화 등의 문제를 해결한다.
콘텐츠 생산	디지털 트윈 시스템을 기반으로 풍부한 시뮬레이션 환경을 갖춘다.

<표 3-1> 메타버스의 기술 구성

VR/AR 기술의 급속한 발전은 거대 기업들이 산업 전반을 주도하도록 만든 한편 기존 네트워크 인프라에 새로운 도전을 가져왔다.

VR/AR의 네트워크 대역폭 요구에 따라 네트워크 인프라를 〈표

메타버스 세상을 선점하라

3-2〉와 같이 4가지로 분류할 수 있다.

	비디오 해상도 조건	대역폭 요구	MTP[2] 지연
초보적 몰입 (Entry-level Immersion, EI)	풀비전 4k, 2D 영상	20~50Mbps	〈40ms
부분적 몰입 (Partial Immersion, PI)	풀비전 8k, 2D 영상	50~200Mbps	〈30ms
4G		100Mbps	10ms
깊은 몰입 (Deep Immersion, DI)	풀비전 12k, 2D 영상	200Mbps~1Gbps	〈20ms
완전 몰입 (Fully Immersion, FI)	풀비전 24k, 2D 영상	2~5Gbps	〈10ms
5G		1~20Gbps	≦1ms

〈표 3-2〉 VR/AR 대역폭 및 지연 관련 요구 조건과 4G/5G 비교

4G 네트워크 환경에서는 초보적 몰입과 부분적 몰입이 가능하고, 5G 네트워크 환경에서는 깊은 몰입과 완전 몰입이 가능하다.

현재 중국 내 사업자들은 자국의 5G 분야의 앞선 우위를 바탕으로 10G PON(Passive Optical Network, 수동 광통신망) 포트 설치를

---

2 'Multicast Transport Protocol'의 약자. 한 곳에서 특정의 복수 통신단에 데이터 전송(멀티캐스트)을 지원하는 프로토콜이다. - 옮긴이

가속화하여 실내 광대역 전송 속도를 1Gbps까지 끌어올리고 있다. VR/AR을 실내에서 활용하기에 좋은 네트워크 환경을 조성하려는 것이다. 또한 기가바이트급 광네트워크 등 인프라의 범위가 확대됨에 따라 사용자 경험도 지속적으로 향상되고 있다.

VR/AR, 초고화질 영상 등의 응용이 생활 곳곳에 녹아들면서 가장 대표적인 기가바이트 애플리케이션 모델을 형성하게 될 것이다.

클라우드 VR은 클라우드 컴퓨팅(인터넷상의 서버를 통하여 IT 관련 서비스를 한 번에 사용할 수 있는 컴퓨팅 환경), 클라우드 렌더링(클라우드 컴퓨팅 기술을 활용해 영상에 사실감을 더하는 일) 등 기술이 VR과 접목된 것이다. 우선 고속, 저지연, 고안정성의 5G 네트워크 또는 전광전송망(All Optical Network)의 기가급 가정용 광대역을 이용하여 핵심 데이터를 클라우드에 업로드한다. 이것을 강력한 하드웨어를 통해 음성영상 신호로 출력하고, 코딩을 통해 압축한 후 디바이스로 전송하면, VR 헤드셋을 통해 구현된다.

클라우드 VR은 세 가지 장점을 지닌다.

첫째, 데이터 처리 및 렌더링이 모두 클라우드상에서 이뤄지기 때문에 이용자가 고급 장비를 보유할 필요가 없어 사용 비용이 절감된다. 둘째, 디바이스와 단말기 사이의 연결선이 없고, 디바이스 성능에 대한 요구사항이 줄어들기 때문에 VR 헤드셋을 경량화할 수 있어 이용자 경험을 극대화할 수 있다. 셋째, 다양한 생태 요소를 통합하고,

메타버스 세상을 선점하라

VR 콘텐츠 저작권을 보호할 수 있다.

이러한 세 가지 장점을 바탕으로 클라우드 VR은 많은 기업들의 관심을 끌고 있다. 현재 차이나모바일, 텐센트, 차이나텔레콤을 비롯해 화웨이, 스보윈視博云(영문명 Cyber Cloud) 등이 클라우드 VR 관련 제품을 개발하고 있다.

02
가상 인터페이스: XR에서 메타버스까지

XR의 3대 핵심 기술은 VR, AR, MR이다. 이중에서도 VR과 AR은 메타버스와 인간의 실생활을 연결해주는 매개체로 여겨진다.

VR(Virtual Reality, 가상현실)은 컴퓨터 등 차세대 정보기술로 현실 세계를 가상 공간에 재구성하여, 이용자가 현실 세계와 실시간으로 상호작용할 수 있도록 지원한다. 이를 통해 이용자는 폐쇄적이면서도 몰입감 넘치는 경험을 할 수 있게 된다. VR 기술에는 헤드셋, 위치추적 장비, 모션캡처 장비, 인터랙티브 장비 등의 역할이 필요하다.

그중 VR 헤드셋이란 헤드업 디스플레이 장비를 말하는데, 시각과 청각을 막아 외부 세계에 대한 감지를 차단한 채 가상 환경에 몰입할 수 있도록 돕는다. 이용자가 VR 헤드셋을 착용하면 좌우 눈이 다른 이미지를 보게 되는데 이 이미지 정보가 신경을 거쳐 뇌로 전달돼 입체감이 생긴다. 현재 VR 헤드셋은 외장형 헤드셋, 일체형 헤드셋, 모바일 박스 헤드셋 등 세 종류가 있다.

위치추적 장비는 실생활의 어떤 물체와 연동하여 그 위치를 추적할 수 있다. 예를 들어 야구 방망이, 라켓, 골프채, 좌석 시트 등의 물체에 HTC(대만의 스마트폰 및 VR 전문 개발 및 제조사) 바이브 트래커Vive Tracker를 부착하면 VR 환경으로 가져갈 수 있다.

모션캡처 장비는 센서를 이용하여 인체 손가락 관절의 다양한 움직임을 포착해 가상현실 세계에서 정교한 상호작용을 가능하게 한다.

중국의 스타트업 덱스타 로보틱스Dexta Robotics는 그립 동작뿐만 아니라 터치 피드백 시스템을 활용하여, 사용자가 물체를 쥘 때 물리적 속성(예: 경도, 크기, 모양 등)까지 느낄 수 있도록 하는 모션캡처 장비 덱스모DEXMO를 개발했다.

현재 시중에 나와 있는 대부분의 가상현실 헤드셋은 여전히 시각과 청각의 가상 경험에 집중하고 있으며, 일부 제품만이 가상과 현실의 상호작용을 가능하게 한다. 예를 들어 VR 러닝머신 버츄익스 옴니Virtuix Omni는 사용자의 운동 데이터를 실제 게임으로 동기화하여 가상과 현실의 상호작용을 가능하게 하고, 테슬라 VR 햅틱Haptic(가상 공간에서 촉감을 느낄 수 있게 하는 장치) 테슬라슈트Teslasuit는 바람이 스치는 느낌, 총알을 맞는 충격감 등을 게임 내 이용자가 직접 느끼는 상황을 연출할 수 있다.

현재까지 VR의 응용 분야는 게임과 동영상 등 엔터테인먼트 분야에 집중돼 있다. 코로나19의 여파로 2020년 이후 게임 플랫폼 스팀Steam의 VR 이용자 비율은 더욱 더 증가하고 있다. 동시에 「바이오하자드Biohazard」, 「스타워즈Star Wars」, 「워킹데드The Walking Dead」 등의 게임도 VR 버전을 공개하였고, 일부 대형 스포츠 이벤트가 '넥스트VR NextVR' VR 생중계 플랫폼을 통해 생중계를 시도하기 시작했다. 또한 아이치이iQIYI 등과 같은 중국 내 일부 동영상 사이트에도 VR 코너가 개설되었다.

게임을 기점으로 VR의 응용 분야는 끊임없이 확장되어 점차 소셜 분야까지 포함하게 되었다.

일례로 2020년에는 페이스북이 만든 VR 소셜 플랫폼 호라이즌 Horizon이 내부 테스트를 마쳤다.

소셜 분야 외에도 교육 및 훈련 분야가 있다. 예를 들어 중국 동방트랜드운전학원(东方时尚驾校)은 수업 보조용으로 VR 운전자 교육 시뮬레이터를 구매했다. 상용 오피스 분야에서는 페이스북이 인피니트 오피스Infinite Office를 출시해 키보드와 VR 세계를 접목했다.

이를 통해 사용자가 키보드 타이핑으로 업무를 볼 수 있도록 지원하고, VR 기기에 일정한 생산력을 부여한다. 이외에도 VR 부동산 둘러보기, VR 자동차 시승, VR 커머스, VR 광고, VR 실습 등 업무와 접목한 이벤트를 선보이며 VR 활용 영역을 크게 넓히고 있다.

AR(Augmented Reality, 증강현실)은 실제 장면과 가상 장면을 융합한 정보기술로, 이용자가 가상세계에 있어도 '리얼'한 느낌을 가질 수 있도록 현실 경험을 강화한다. MR(Mixed Reality, 혼합현실)과 유사하지만, 다른 점은 MR이 가상과 현실의 연결 전환을 더욱 강조한다. 최근 몇 년간 AR, MR은 VR과 마찬가지로 많은 기업의 관심을 끌면서 마이크로소프트사의 홀로렌즈2HoloLens2 증강현실 안경, 헤드셋 제조사 메타Meta의 메타2 증강현실 안경 등 대표적인 제품들이 등장하고 있다. AR, MR 모두 가상 정보가 실제 세상과 융합된 이후의 모습을 '보여주는' 제품이다.

VR과 비교하면 AR, MR의 응용 범위가 더 넓다. 예를 들어, 공장 노동자는 AR 또는 MR 소프트웨어를 사용해서 제품을 스캔하면 규격이나 크기가 제품 모델에 맞는지 판단할 수 있다. 군부대는 이를 이용하여 적군, 적군 차량, 민간인 등 특정 목표를 식별해 내어 사상자를 최소화할 수 있다. 외과 의사도 수술 과정에서 장기와 조직을 인식할 때 AR이나 MR의 도움을 받으면 수술 성공률을 높일 수 있다.

그 밖에도 AR 기술을 이용해 집에서 옷을 입어볼 수 있고, 다양한 헤어 메이크업을 시도할 수 있다. 오프라인 매장 쇼핑 과정에서 마음에 들었던 상품의 정보를 바로 받아 구매 여부를 결정할 수 있을 정도로 생활의 편의성이 크게 향상된다.

03
데이터 처리: AI 컴퓨팅 파워 인프라

메타버스에서 컴퓨팅 파워는 하나의 인프라다. 메타버스 내의 이미지 콘텐츠, 블록체인 네트워크, 인공지능 기술의 적용을 강력하게 지원한다.

컴퓨팅 파워가 뒷받침되어야만 메타버스 내 이미지 콘텐츠가 영상화되고, 이러한 영상은 컴퓨터그래픽으로 구현한다. 이때 컴퓨터그래픽은 모델 속 데이터를 매 화소마다 렌더링해야 할 만큼 계산량이 많다.

현재 이용자가 보는 3D 화면은 대부분 다각형으로 조합되어 있으며, 화면 속 인물의 행동 하나하나가 빛의 변화에 따라 컴퓨터 계산 결과와 결합해 실시간으로 렌더링되고 있다. 전체 렌더링 과정은 꼭짓점 처리, 프리미티브primitive[3] 처리, 격자화, 조각 처리, 화소 조작 등 5단계를 거친다.

메타버스 내 가상 콘텐츠 제작과 경험, 보다 사실적인 모델링과 상호작용 모두 컴퓨팅 파워의 지원이 필수적이다. 컴퓨팅 파워의 발전은 게임의 공이 크다. 게임 이용자는 고화질을 추구할 뿐만 아니라,

---

3 컴퓨터 그래픽스에서 그래픽스 프로그램에 의해 개별적인 실체로 그려지고 저장, 조작될 수 있는 선·원·곡선·다각형과 같은 그래픽 디자인을 창작하는 데 필요한 요소다. - 옮긴이

기기의 성능에 대해서도 비교적 높은 수준의 요구를 하기 때문이다. 이러한 요구는 게임과 그래픽 카드의 발전으로 이어져 '플라이휠 효과(Flywheel Effect)[4]'를 나타냈고, 메타버스 가상 콘텐츠 제작을 가능케 하는 탄탄한 하드웨어 기반을 구축했다.

컴퓨팅 파워에 힘입어 AI기술은 콘텐츠 제작을 강력하게 지원한다. 메타버스를 구축하려면 다양한 장르의 우수한 콘텐츠를 대량 제작해야 하는데, 전문 창작 비용은 대다수 기업이 감당할 수 있는 수준을 넘어섰다. 하나의 3A 대작(AAA 대작은 일반적으로 고비용, 대규모, 고품질 게임을 말함-옮긴이)에 수년간 수백 명의 팀워크가 필요하고, UGC 플랫폼 콘텐츠의 경우 제작 비용이 낮기는 하지만 품질을 제대로 보장받지 못한다. 이런 가운데 인공지능 보조 콘텐츠 창작이 대세로 떠오르고 있다. 인공지능이 콘텐츠 제작에 참여하면서 콘텐츠 창작자의 구조를 바꿔 진정한 콘텐츠 창작 민주화를 이루겠다는 것이다.

인공지능 보조 창작 도구는 코딩, 드로잉, 애니메이션 등의 작업을 자동으로(정확히 말하면 고급 명령을 생산 결과로 변환해주는 원리로) 수행해 누구나 콘텐츠 창작자가 될 수 있도록 한다. 또한 메타버스 안에서 소통 능력과 의사결정 능력을 갖춘 NPC(Non-Player Character,

---

4 아마존의 창업자 제프 베조스가 제시한 저비용 구조를 주요 동력으로 한 경영 전략을 말한다. 즉, 기업의 성장을 일련의 순환 과정으로 인식해, 개선된 고객 경험과 고객 증가가 트래픽 · 판매자 · 상품군을 늘리는 선순환을 만든다는 것이다. - 옮긴이

비플레이어 캐릭터)가 소셜 활동에 참여함으로써 콘텐츠는 더욱 풍부해진다.

현재 블록체인에 널리 쓰이고 있는 컨센서스 메커니즘으로 'PoW(Proof of Work, 작업 증명)'가 있다. 컴퓨팅 파워 경쟁을 통해 승패 가이드라인을 결정함으로써 낭비를 줄이자는 것이다. 네트워크의 신뢰성과 보안성을 유지하기 위해서는 PoW 메커니즘의 제약을 바탕으로 악의적 공격에 대한 감시와 징계가 필요하다.

04
인증 메커니즘: 가상 디지털 자산 및 거래

블록체인은 메타버스 데이터와 정보의 기반을 형성한다.

블록체인은 블록체인식 데이터 구조를 이용한 데이터 검증, 분산형 노드 컨센서스 알고리즘을 활용한 데이터 업데이트, 암호학을 활용한 데이터 보안, 스마트 계약을 활용한 데이터 편집 및 제어 등 새로운 분산형 인프라와 컴퓨팅 패러다임이다. 엄밀히 말하면, 블록체인은 새로운 기술이 아닌 여러 가지 기존 기술의 집합이다.

구체적으로는 다음과 같은 것들이 포함된다.

- **컨센서스 메커니즘**: 블록체인에 흔히 사용되는 컨센서스 메커니즘은 PoW(Proof of Work, 작업 증명), PoS(Proof of Stake, 지분 증명), DPoS(Deposit-based Proof of Stake, 위임지분 증명), PBFT(Practical Byzantine Fault Tolerance, 프랙티컬 비잔틴 장애 허용), Paxos[5], DPoP(Delegeted Proof of Participation, 위임참여 증명) 등이 있다. 블록체인 시스템은 중앙이 없는 분산형 시스템이기 때문에 각 노드에서 데이터 처리에 대한 합의를 도출하고 프로

---

[5] 레슬리 램포트 (Leslie Lamport)가 1990년에 제시한 네트워크 내 합의 문제 해결을 위한 알고리즘이다. - 지은이

토콜에 따른 데이터 상호작용을 엄격히 하도록 미리 규칙을 설정
해야 한다.

- **암호학 기술**: 암호학 기술은 블록체인의 핵심 기술이다. 현재 블록
  체인에 적용된 주요 암호학 알고리즘으로는 해시 알고리즘, 대칭
  암호화, 비대칭 암호화, 디지털 서명 등이 있다.

- **분산저장**: 블록체인은 분산원장으로서 각각의 노드는 모두 독립적
  이고 완전하게 블록 데이터 정보를 저장할 수 있다. 분산저장은
  전통적인 중앙화 저장과 비교할 때 두 가지 장점을 가지고 있다.
  첫째, 데이터 정보를 각 노드마다 백업하여 원포인트 오동작으로
  인한 데이터 손실을 피할 수 있다. 둘째, 각 노드의 데이터를 독립
  적으로 저장하여 데이터가 악의적으로 지워지는 것을 방지할 수
  있다.

- **스마트 계약**: 스마트 계약 덕분에 이용자는 제3자 없이 거래를 할
  수 있다. 한쪽이 약정된 목표를 달성하면 거래가 자동으로 이루어
  지며, 전체 거래 과정이 추적 가능하고 되돌릴 수 없다.

NFT는 메타버스 데이터 저장의 기초를 이룬다. 앞서 언급한 바와
같이 블록체인에는 두 가지 디지털 화폐가 있는데 하나는 오리지널 코
인이고 다른 하나는 토큰이다. 토큰은 두 종류로 나눌 수 있는데, 하나
는 동질화 토큰이고 다른 하나는 비동질화 토큰이다. 비동질화 토큰
은 호환이 불가능하므로, 하나하나가 모두 유일무이하다. 2021년 3월
11일, 세계적인 미술품 경매회사인 크리스티Christie's는 NFT 형식의

작품 「매일: 첫 5000일(Everydays: The First 5000 Days)」을 경매에 붙였다. 시작가는 100달러에 불과했지만 최종 낙찰가 6934만 6000 달러(한화 약 800억 원)에 거래되어 많은 사람들을 놀라게 했다.

동질 토큰의 생성과 거래를 규율하기 위해 ERC20(Ethereum Request for Comment 20) 표준이 나왔다. 이 표준은 토큰 총량, 명칭, 계좌이체 기능 등에 관한 사항을 규정해 토큰 간 상호 교환이 가능하도록 했다. 게임 중 이용자는 캐시 대신 동질 토큰으로 계좌이체를 할 수 있다. 단, 캐시의 가치는 동일하고 분할이 가능하지만, 게임 아이템과 스킨은 속성이 다르기 때문에 판매가도 다르다.

비동질 토큰의 생성과 거래를 규율하기 위해서는 ERC721 표준이 나왔다. 이 표준은 대체 불가능한 토큰 소유권의 기준을 반영하여 모든 토큰은 유일성을 지니고 있음을 보여준다. 비동질 토큰의 최소 단위는 1이고 소수점이 없어 분할할 수 없다는 것이 동질 토큰과 다른 점이다.

ERC721 표준은 스마트 계약이 구현해야 하는 최소 인터페이스에 대해 정의하고, 유일 토큰에 대한 관리, 거래를 지원한다. 각각의 토큰은 유일한 식별자를 가지고 상호 대체 불가한 특성을 띠기 때문에 디지털 자원의 희소성을 지니게 된다. ERC721에는 토큰 메타데이터metadata(데이터에 관한 구조화된 데이터로, 다른 데이터를 설명해 주는 데이터-옮긴이)에 표준이 있어야 한다는 규정이 없고, 보완 기능 추가에 대한 제약 조건도 들어 있지 않다.

세계 최초 NFT 프로젝트는 2017년 탄생한 '크립토 키티Crypto Kitties'라는 게임이다. 이 게임에서 고양이 한 마리는 NFT 토큰 하나에 해당하며 유일성을 지닌다. 따라서 복제나 가져가는 것이 불가하고 파기할 수도 없다. 또한 모든 고양이마다 고유의 모양과 속성을 가지고 있다.

05
콘텐츠 생산: 디지털 트윈과 복셀 모델링

디지털 트윈은 현실 세계의 사물을 참조하여 가상 공간에 쌍둥이를 만들어내는 것을 말한다. 센서로 본체의 작동 상태, 외부 환경 데이터를 디지털 쌍둥이에게 실시간으로 매핑mapping[6]할 수 있다.

산업 분야에 주로 적용되던 기술이 메타버스에 적용되면서 보다 다양하고 실감나는 환경을 조성하고 몰입감 있는 경험을 만들 수 있다.

UGC(User Generated Content)는 사용자가 콘텐츠를 생성한다는 뜻으로 메타버스 내 주요 콘텐츠 생산 방식이다. 현재 이 방식은 주로 3차원 모델링으로, 매우 리얼한 모델을 구축할 수 있지만 2차원 시각에서 3차원적 효과를 내는 것뿐이고 분할이 불가능해 메타버스를 구축하는 데 적합하지 않다. 또한, 기술 진입 장벽과 비용이 높아 일반 사용자에게는 부담이 크다. 메타버스 세계에서 콘텐츠 생성이 어렵지 않아야 한다는 요구를 충족시킬 수 없다.

복셀voxel(부피(volume)와 픽셀(pixel)을 조합한 혼성어) 모델링을 이용하면 실제 우주 법칙에 무한히 근접하는 메타버스를 구축할 수

---

6 3D 그래픽의 게임을 개발할 때, 3D 모델의 겉면에 세부적인 표현을 하거나 텍스쳐(Texture)를 펴 바르는 작업을 말한다. 이중에서도 텍스쳐를 펴 바르는 작업은 다른 말로 텍스처링(Textuering)이라고 부르기도 한다. – 옮긴이

있다. 복셀 모델링 과정에서, 블록은 가장 작은 단위이며, 속성이 같은 블록은 FT로 볼 수 있다. 서로 다른 수와 속성의 FT는 각기 다른 배열 방식에 따라 조합되어 NFT를 형성하고, 이들 NFT는 서로 짜맞추어서 새로운 NFT를 형성한다. FT와 NFT는 대립되면서도 각자 통일성을 갖는데, 이는 복셀 모델링이 실제 우주 법칙을 모방하는 기초가 된다. 이러한 특성이 뒷받침되면 각각의 블록이 개별적으로 바뀔 수 있고, 시간의 변화에 따라 미세한 조정이 가능하다.

시각 효과 측면에서 보면 복셀 모델링이 창출하는 세계는 현실 세계에 비할 바가 못 되지만, 블록의 해상도를 향상시킴으로써 보다 실제적이고 입체적인 시각 효과를 나타낼 수 있다. 블록 해상도를 높이는 주요 방식은 블록의 부피를 줄이고 블록 수를 늘리는 것인데 이렇게 하면 더욱 정교한 화면을 만들 수 있다. 블록의 해상도를 높이는 것뿐만 아니라 광선 추적 등의 기술을 이용하여 화면을 렌더링하는 것 역시 실제에 가까운 그래픽 및 광영상 효과를 창출할 수 있다.

물론 이때 하드웨어의 저장 능력과 컴퓨팅 파워에 대한 요구 수준은 비교적 높다. 마치 현실 세계에 집을 짓는 일처럼 복셀 모델링이 구축하는 것은 3차원 입체 세계이기 때문에 이용자가 실제 생활하는 느낌으로 가상세계를 맘껏 누비며 창작할 수 있도록 해야 한다.

PART 2

산업편
메타버스의 생태 지도

제4장

생태 파노라마: 메타버스 밸류체인 7개 층

01
경험: '비물질화'된 가상세계

    메타버스는 구체적인 응용이나 기술이 아니라 하나의 생태계이자 가상환경이다. 이 환경은 현실 환경과 유사하기 때문에 인간의 성장과 발전을 도울 수 있다. 한마디로, 메타버스가 지닌 의미가 매우 다양해서 그 구축 과정은 각 분야에 지대한 영향을 미칠 것이다. 이러한 영향이 가장 직접적으로 나타나는 게 기존 업종이 도태되고 새로운 업종이 탄생하는 현상이다.

    메타버스의 가치사슬은 사람들이 찾는 다양한 인터랙티브 경험과 이를 만족시키기 위해 필요한 다양한 기술을 포함한다.

    메타버스는 구축 과정에서 현실 세계의 운행 논리를 적용하기 때문에, 정서적 요구와 자유로운 시장이 그대로 이식된 디지털 세상이 될 것이다. 따라서 메타버스의 운행 논리는 '디지털 개체+사회 논리+경제 논리'로 요약된다.

    메타버스는 현실 세계에 상응하는 거울세계다. 현재 관련 산업 참여는 주로 게임, 소셜, 창작 분야를 중심으로 이루어지고 있다.

    비머블Beamable의 창업자인 존 래도프Jon Radof는 메타버스 밸류 체인Value Chain 7개 층으로 경험(Experience), 발견(Discovery), 창작자 경제(Creator Economy), 공간 컴퓨팅(Spatial Computing),

탈중앙화(Decentralization), 휴먼 인터페이스(Human Interface), 인프라(Infrastructure)를 제시했다. 보통 이런 분야와 관련된 기업은 모두 메타버스 산업 참여에 있어 기본적으로 유리하다.

우선 7개 층 가운데 경험층에 대해 구체적으로 살펴보자.

많은 사람들은 메타버스를 하나의 3차원 공간으로 생각하지만, 실질적으로 그것은 3D 공간도 아니고 2D 공간도 아니다. 심지어 형체를 갖춘 일원화된 우주도 아닌, 현실 공간, 거리 및 사물에 대한 '비물질화'이다.

현재 게임은 메타버스의 가장 주된 표현 형식이다. 예를 들어, 콘솔 게임console game인 '포트크래프트Fort Craft', VR 버전의 '비트세이버Beat Saber', PC 버전의 '로블로스罗布乐思(Roblox에서 출시한 중국 전용 Roblox 플랫폼. 줄여서 Luobu라고 함-옮긴이)' 같은 것이 있다. 이외에도 음성비서 알렉사Alexa, 화상회의 플랫폼 줌Zoom, 오디오 소셜 플랫폼 클럽하우스Clubhouse, 홈 트레이닝 플랫폼 펠로톤Peloton 등 많은 앱이 등장했다.

현실 공간의 '비물질화'는 이용자가 기존에 쉽게 얻지 못했던 경험을 쉽게 얻을 수 있게 해준다. 이 분야에서 게임은 전형적인 예이다. 게임 내에서 플레이어는 스타, 레이서, 협객, 사무라이, 신선 등 어떤 캐릭터도 될 수 있다. 이러한 경험은 실생활의 여러 장면으로 이어질 수 있다. 예를 들면, 콘서트 앞좌석 관람은 누구나 원하지만 모든 사람이 그 표를 살 수 있는 것은 아니다. 하지만 가상세계에서는 이용자가 자신만의 이미지를 생성해서 콘서트장에 가면 어느 위치에서나 최상의 관람 경험을 할 수 있다.

앞으로 게임은 콘서트, 연극 등 일상 속의 오락적 요소를 더 많이 포함하게 될 것이다. 현재 포트크래프트Portcraft, 로블로스罗布乐思, 렉룸Rec Room 같은 게임들이 그 분야를 향해 노력하고 있다. 이러한 엔터테인먼트 요소가 가미되면 게임은 물론 온라인 커뮤니티도 더욱 활발해질 것이다. 동시에 게임은 여행, 교육 등의 산업으로 확장되고, 가상경제 논리를 활용해 이들 산업을 재구성할 것이다.

위에서 말한 생활 장면 요소는 메타버스 경험층의 또 다른 콘텐츠인 '콘텐츠 커뮤니티 복합체'를 구성한다. 기존에는 이용자가 콘텐츠의 소비자 역할에 머물렀다. 메타버스에서는 콘텐츠의 생산자이자 전파자로 이용자의 역할이 바뀐다. 이전의 숏폼short-form(모바일 기기를 이용해서 즐기는 1~10분 이내의 짧은 영상), 웨이보Weibo 등은 이용자 생성 콘텐츠라는 한 가지 개념만을 강조해왔다. 그러나 메타버스에서는 콘텐츠 생성 방식이 다변화되어 이용자 스스로 창작할 수도 있고, 이용자끼리의 상호작용에서 창출될 수도 있다. 이러한 콘텐츠는 또한 이용자의 커뮤니티 내 대화에 영향을 미쳐 결과적으로 콘텐츠가 콘텐츠를 생성하는 효과를 가져온다. 따라서 메타버스에서의 몰입감은 3차원 공간이나 서사 공간의 몰입감만을 말하는 것이 아니다. 소셜 몰입감과 그것이 상호작용을 유발해서 콘텐츠 창출을 촉진하는 방식 또한 의미한다.

02
발견: 메타버스 소셜 생태계 구축

발견층의 주요 기능은 메타버스로 사람들을 끌어들이는 것이다. 하나의 거대한 생태계로서 메타버스 안에는 수많은 비즈니스 기회가 존재하기 때문에 기업에 의해 발굴, 활용될 수 있다. 넓은 의미에서 보면, 발견 시스템은 두 가지 메커니즘을 포함한다.

(1) 능동적 발견 메커니즘

능동적 발견 메커니즘은 이용자가 자발적으로 찾는 것이다. 주로 실시간 디스플레이, 커뮤니티 구동형 콘텐츠, 앱스토어, 콘텐츠 배포, 검색엔진, 바이럴 영상, 다수의 지인들이 찾는 앱 등이 있다.

(2) 수동 입력 메커니즘

수동 입력 메커니즘은 이용자가 명확한 요구를 제시하지 않는 범위 내에서 콘텐츠를 전달하는 것으로, 주로 디스플레이 광고, 대중 발송형 광고, 공지 등을 포함한다. 인터넷 사용자들은 위에서 언급한 콘텐츠에 익숙하기 때문에 발견층의 몇 가지 구성 요소에 초점을 맞추면 된다. 메타버스에 있어서 이러한 요소들은 매우 중요하다.

우선 커뮤니티 구동형 콘텐츠는 다른 마케팅 형태에 비해 비용 효율이 뛰어나다. 사람들은 자신이 참여하는 활동에 관심을 기울일 때

그 활동을 자발적으로 전파한다. 메타버스 언어 환경에서 콘텐츠 자체가 쉽게 교환, 공유된다면 일종의 마케팅 자산이 될 수 있다.

이런 점에서 NFT는 이미 등장하여 정형화된 기술로 두 가지 장점을 가지고 있다. 첫째, 탈중앙화된 거래소에서 비교적 쉽게 거래할 수 있다는 점이고 둘째, 직접 창작자가 참여하는 경제 시스템을 지원한다는 점이다.

다음으로, 발견 수단으로서 콘텐츠 시장은 앱 시장을 대체할 것이다. 커뮤니티를 둘러보는 주요 방식인 실시간 디스플레이 기능은 현재 사람들의 움직임에 초점을 맞춘다. 메타버스에서는 이 점이 매우 중요하다.

스팀Steam, 배틀넷Battle.net, 엑스박스 라이브Xbox Live, 플레이스테이션Play Station 등 일부 게임 플랫폼은 실시간 디스플레이 기능을 활용한다. 이들 게임 플랫폼에서는 이용자들이 친한 친구의 최근 게임 기록을 확인할 수 있다. 또한, 폴 데이비슨Paul Davison과 로한 세스Rohan Seth가 공동 개발한 실시간 오디오 소셜 소프트웨어 클럽하우스Clubhouse는 이용자의 관심 리스트에 따라 어느 방에 들어갈지가 크게 좌우되는 또 다른 가능성을 보여준다.

현실 세계를 비물질화한 것처럼, 메타버스는 사회 구조 또한 디지털화하려고 노력 중이다. 인터넷 초기 단계에는 몇몇 개별 공급업체의 소셜 미디어만을 맴돌며 벗어날 수 없었다면, 탈중앙화된 신분 생태계에서는 대중이 권력을 장악할 수 있고, 이용자는 경험을 공유하는 동안 다른 곳으로 옮겨갈 수도 있다. 예를 들어, 클럽하우스의 방만들기, 렉 룸의 파티하기 등은 유저들이 서로 다른 게임 사이를 옮겨가며 친구와 함께 색다른 재미를 경험하게 하는데, 이것이야말로 콘텐츠 커뮤니티 복합체가 마케팅 분야에서 지니는 중요한 역할이다.

창작자에게 있어서 메타버스 발견층의 가장 중요한 기능은 바로 '다양한 활동의 실시간 존재 확인 기능'이다.

예를 들어 게임 스토어 디스코드Discord의 SDK(Software Development Kit, 소프트웨어 개발 키트)는 서로 다른 게임 환경에 적용할 수 있다. 이 앱을 폭넓게 활용하면 비실시간 소셜 네트워크를 실시간 소셜 활동으로 바꿀 수 있다. 소셜 리더에게 일정한 권한을 부여하여 그로 하여금 활동을 주도하게 하는 것이 하나의 흐름이 될지도 모른다.

03
창작자 경제: 창의 혁명을 일으키는 기술

메타버스에서는 이용자가 몰입감, 사교성, 실시간성을 갖춘 경험을 누릴 수 있을 뿐만 아니라 창작자의 수도 급격히 증가할 수 있다. 창작자 경제층은 사람들이 좋아하는 경험을 만드는 기술을 모두 포함하고 있어 창작자가 활용할 수 있다. 초기 창작자 경제 모델은 비교적 단조로우며, 후속 발전 과정에서 서서히 풍부해진다.

구체적으로 살펴보면 메타버스 창작자 경제층의 발전은 파이어니어 시대, 엔지니어링 시대, 크리에이터 시대 등 세 개의 시대를 거친다.

■ 파이어니어 시대

파이어니어 시대는 제로(0)부터 시작하는 시대다. 이 시대에는 창작자가 아무런 도구 없이 스스로 창조할 수밖에 없다. HTML 코딩을 활용한 첫 사이트 만들기, 쇼핑 플랫폼에 쇼핑 카트 프로그램 기입하기, 프로그래머가 게임과 그래픽 장치에 직접 코드 기록하기 등이 그 예다.

■ 엔지니어링 시대

파이어니어 시대를 지나 창작자가 초보적인 성공을 거두면 이 대

열에 합류하는 구성원 수는 급속히 증가한다. 제로(0)부터 만드는 것은 프로세스가 번거롭고 효율이 낮을 뿐 아니라 코스트가 높아 이용자의 니즈를 충족시킬 수 없다. 이 경우 초기 개발자는 엔지니어에게 SDK(소프트웨어 개발 키트)와 미들웨어[7]를 제공해 개발 프로세스를 단축시키고 엔지니어의 업무량을 줄인다.

예를 들어 현재 가장 효율적인 웹 프레임워크 중 하나인 루비 온 레일즈Ruby on Rails는 개발자들이 손쉽게 웹사이트나 맞춤형 웹 애플리케이션을 만들도록 돕는다. 게임 분야에서는 OpenGL, DirectX와 같은 그래픽 라이브러리가 프로그래머들이 3D 그래픽 렌더링을 빠르게 수행할 수 있도록 지원하여 작업량을 획기적으로 줄였다.

■ 창작자 시대

창작자 시대로 접어들면서 창작자의 수가 기하급수적으로 증가하고 있다. 이 단계에서 디자이너와 창작자는 코딩 문제로 시간을 낭비하고 효율성을 떨어뜨리는 것을 원하지 않는다. 코딩하는 사람들도 다른 발전 가능성을 원한다. 풍부한 도구, 템플릿, 콘텐츠 시장을 바탕으로 창작자는 개발 과정을 재정의하게 될 것이다. 즉 전통적인 코딩 중심의 상향식 개발 과정을 아이디어 중심의 하향식 개발 과정으로 뒤바꿔버릴 것이다.

---

7 분산 컴퓨팅 환경에서 서로 다른 기종의 하드웨어나 프로토콜, 통신환경 등을 연결하여, 응용프로그램과 그 프로그램이 운영되는 환경 간에 원만한 통신이 이루어질 수 있게 하는 소프트웨어를 말한다. - 옮긴이

이 단계에서 이용자는 코딩를 알지 못해도 몇 분 안에 쇼피파이 Shopify에서 하나의 쇼핑몰을 시작할 수 있다. 웹사이트는 윅스Wix나 스퀘어스페이스Squarespace에서 만들고 유지 보수할 수 있으며, 3D 그래픽은 유니티Unity와 언리얼Unreal 등 게임 엔진을 이용해 제작할 수 있다.

메타버스에서 이러한 경험들은 보다 생생해지고 업데이트 속도는 더욱 빨라진다. 현재까지 메타버스에서 창작자 구동 경험은 로블록스, 렉룸, 만티코어Manticore 등의 플랫폼을 통해 이뤄졌다.

이들 플랫폼은 완벽한 도구 체계를 갖추고, 발견층, 소셜 네트워크, 화폐화 기능을 보유했기 때문에 이용자 경험 창출을 강력하게 지원하며 창작자층을 빠르게 키워가고 있다.

04
공간 컴퓨팅: 디지털 트윈의 거울 세계

공간 컴퓨팅층은 실제 세계와 가상세계 사이의 경계를 없애고 둘을 융합시킨다. 조건이 맞으면 기기 속 공간과 공간 속 기기가 상호 침투할 수 있다. 이는 곧 창작자가 공간을 컴퓨터로 가지고 들어갈 수도 있고, 직접 설계한 시스템이 화면과 키보드의 제약을 뚫을 수도 있다는 의미다.

공간 컴퓨팅 기술은 현실의 물리 세계를 참조하여 디지털 트윈 세계를 구축할 수 있다. 이를 통해 현실 세계를 디지털 가상세계와 연결시킨다. 메타버스에 거주하는 모든 주민들은 디지털 세계 구축에 참여할 수 있으므로 건설자인 동시에 이용자이며, 저마다 메타버스의 발전에 힘을 보탤 수 있다.

요컨대 공간 컴퓨팅 기술은 디지털 세계와 현실 세계의 완벽한 만남을 실현시켜 두 세계가 서로를 감지하고 이해할 수 있게 해준다. 공간 컴퓨팅층에는 3D 엔진, VR/AR/MR, 음성 및 제스처 인식, 공간 매핑, 디지털 트윈 등의 기술이 포함된다.

2D/3D 게임 엔진 유니티의 경우, 현재 개발을 지원하는 주류 플랫폼이 모바일, PC, 스위치, PS5, Xbox 등 20개가 넘는다. 유니티는 탄생 이후 지금까지, 개발자들이 개발한 게임을 어느 플랫폼에서나

출시할 수 있도록 이들 플랫폼의 업데이트 유지 보수에 주력해왔다. 그중에서도 XR 분야의 많은 주류 개발 플랫폼은 유니티에 개방되어 있는데, VR 분야의 Oculus, Windows Mixed Reality, Steam VR, AR 분야의 ARCore, ARKit, MR 분야의 HoloLens, Magic Leap 등이 포함된다.

디지털 트윈 기술이 발전함에 따라 사물인터넷 연결 대상에 실물은 물론 그 가상 트윈까지 포함되고 있다. 이로써 실물 대상 공간과 가상 대상 공간은 끊임없이 융합되고, 허구와 실제가 혼재된 하이브리드 공간이 만들어질 수 있다. 사물인터넷도 차세대 디지털 트윈 인터넷으로 발전되어 메타버스의 핵심이 될 것이다.

VR 기술이 지속적으로 발전하고 이용자 니즈가 고도화됨에 따라 가상현실 기술의 적용 범위는 다양한 산업으로 확장되어 새로운 매체 감지, 새로운 패러다임에서 널리 활용될 것이다. 이 같은 상황에서 가상현실 단말기는 점차 다변화되고 상호 융합될 것으로 보인다.

VR은 완전히 새롭게 각광 받는 소비 분야가 되어 이용자들이 보다 생생한 소셜 활동을 경험하고, 더욱 몰입감 있는 오락 활동과 쇼핑 활동을 즐기게 만들 것이다.

기술이 발전하고 데이터가 축적될수록 디지털 트윈 앱은 고도화된다. 이용자 한 사람 한 사람이 언제든지 접촉할 수 있는 데이터 상호작용과 의사결정 능력을 갖게 될 뿐만 아니라 일반 이용자가 모두 전문가 수준이 될 수 있다.

메타버스 세상을 선점하라

결론적으로 메타버스가 가상세계를 현실 세계와 연결하기 위해서는 데이터가 매우 중요한 역할을 한다. 빅데이터를 기반으로 인공지능 기술과 긴밀하게 결합해 사실성을 높여야 하기 때문이다.

메타버스는 인터넷, 사물인터넷, 빅데이터의 장점을 십분 발휘하고, 물리망 센서로 다양한 정보를 수집하여 이용자의 상호작용감과 경험감을 증진시킬 것이다.

05
탈중앙화: 블록체인, 디파이(DeFi)와 NFT

블록체인 기술은 메타버스 인프라 구축에 동력을 제공하는 필수 불가결한 도구이다. 이 기술은 커뮤니티 기반 디지털 제품에 의존해서 탈중앙화 경제 시스템을 구축하고, 이용자가 분산된 오픈소스 세계에서 자신이 수행하는 작업을 제어할 수 있다고 느끼게 만든다.

블록체인 기술은 탈중앙화된 결제·정산 플랫폼과 가치 전달 메커니즘을 만들어 메타버스의 가치 귀속 문제를 명확히 하며, 안정적이고 효율적인 경제 시스템을 구축한다. 이를 통해 규칙의 투명성이 높아지고, 각각의 규칙이 안정적으로 시행된다. 탈중앙화된 가상자산은 콘텐츠에서 벗어나 플랫폼을 초월하여 유통되며, 실제 자산의 일부 기능도 갖추게 되어 훨씬 더 리얼해진다.

향후 블록체인 기술은 메타버스를 구축하는 기반 기술로서 많은 역할을 하게 될 것이다. 〈표 4-1〉을 통해 좀더 구체적으로 알아보자.

블록체인 기술의 지원으로 금융 자산은 더 이상 집중적인 통제와 관리를 받을 필요가 없다는 점이 디파이DeFi(Decentralized Finance, 탈중앙화 금융)에서 확인됐다.

2021년 8월, 오픈시OpenSea의 이더리움 거래액이 34억 달러에 달했고, 몇몇 NFT를 통해 이더리움 가격을 더욱 상승시켰다. 대부분

블록체인 기술	주요 역할
관리 조직	DAO(Decentralized Autonomous Organization, 탈중앙화 자율조직)의 역할 아래 커뮤니티가 생태계 관리권을 장악할 수 있다. 시스템 규칙의 경우, 블록체인의 스마트 계약에 기록되면, DAO의 구성원은 코드를 업데이트해서 규칙을 수정하거나 자체 보유 토큰 수량(즉 보유 투표권)에 따라 수정을 신청할 수 있다.
층별 분포	구조적으로 보면, 메타버스는 여러 개의 층으로 나누어지는데, 층별 구분은 블록체인상에서 이루어진다. 생태계의 안전을 보호하고 네트워크 지연을 단축시키기 위해서다.
허가가 불필요한 신분	이 기능을 통해 모든 사람이 메타버스의 오픈 네트워크를 즐길 수 있다.
증강탈중앙화 경제	메타버스의 중요한 특징은 바로 탈중앙화이다. 블록체인은 메타버스의 완전한 탈중앙화를 위해 인프라를 제공한다.
상호 조작성	메타버스는 무한 공간이기 때문에 블록체인은 몇 개의 다른 메타버스를 연결할 수 있고, 이용자는 다자간 협상과 상품 교환이 가능하다.

<표 4-1> 블록체인 기술의 역할

의 NFT가 이더리움 블록체인에 생성되기 때문에 NFT에 대한 관심이 높아지고 가격이 치솟으면서 이더리움도 함께 주목받고 있다.

메타버스의 각종 구성에서 NFT와 암호화폐는 매우 중요한 역할을 담당하고 있다. 탈중앙화 경제, 디지털 비즈니스의 주요 기반이 되기 때문이다. 예를 들어, 모든 유형의 NFT는 디센트럴랜드 Decentraland[8]에서 거래된다. 지금까지 게임 분야 최대 가상현실 부동

---

8 2017년 8월에 설립된 블록체인 기반의 가상현실 플랫폼. 이용자 소유의 탈중앙화된 최초의 가상세계다. – 지은이

산 거래는 디센트럴랜드에서 발생했는데, 2021년 6월 디센트럴랜드에 있는 한 토지가 100만 달러에 팔렸다.

NFT는 소장성이 있다는 점이 독특하다. 이러한 특성을 바탕으로 콘텐츠 창작자는 가치를 설정할 수 있다. NFT는 블록체인 표준을 갖춘 독특한 디지털 작품으로 제품의 유일성을 보장한다. ERC-721은 이더리움 블록체인으로 공개된 첫 번째 토큰 표준으로, 각각의 표준이 자산의 소유권을 추적할 수 있는 스마트 계약이다. 경쟁이 치열해지자 NFT 시장에서 일정한 점유율을 차지하기 위해 바이낸스 스마트 체인Binance Smart Chain, 솔라나Solana, 아발란체Avalanche 등 다른 프로토콜들도 자체 표준을 내놓고 있다.

NFT와 블록체인이 등장하면서 탈중앙화 시장과 게임 자산 앱을 중심으로 한 혁신 활동이 쏟아질 것으로 보인다. 원거리 엣지(Far Edge) 컴퓨팅의 지원으로 클라우드 컴퓨팅은 주택, 차량 등의 분야에서 널리 활용될 수 있으며, 네트워크 지연을 감소시킬 것이다. 또한 기능이 막강한 응용 프로그램 운영을 위한 강력한 네트워크 지원으로 장치의 작업 부담을 증가시키지 않게 된다.

06
휴먼 인터페이스: 혁명적인 상호작용 경험

휴먼 인터페이스층에서 마이크로머신 장비는 인간의 신체와 밀접하게 결합된다. 이로써 인체는 점차 반기계 인간과 유사한 구조를 갖추게 될 것이다.

페이스북이 선보인 무선 VR 헤드셋 오큘러스 퀘스트Oculus Quest를 예로 들어보자. 이 헤드셋은 VR 기기로 재구성된 스마트폰처럼 인식되어 사용자의 손을 해방시켜 준다. 이처럼 제약을 없애는 것이 스마트 제품의 미래 발전 방향이 될 수 있다. VR 헤드셋에 이어, 스마트폰의 모든 기능은 물론 VR/AR 앱까지 갖춘 스마트 안경을 곧 만나게 될 것이다.

메타버스와 현실 세계를 연결하는 다리인 VR 기술은 메타버스의 몰입감을 실현하는 관건이다. VR의 키워드는 '엔터테인먼트 경험'에, AR은 '효율성 향상'에 있다. VR은 AR보다 앞서 발전하는데, 엔터테인먼트가 자연적으로 급속하게 확산되는 속성이 있어 더 많은 사람들에게 빠른 속도로 다가가기 때문이다. 하지만 AR 기술이 점점 완벽해질수록 AR 시장 점유율도 높아질 것이다.

센서의 크기가 작아지고 에지 컴퓨팅edge computing(네트워크 가장자리에서 먼저 데이터를 처리한다는 의미-옮긴이) 시스템의 지연이 짧아질수록 미래 메타버스의 휴먼 인터랙티브 디바이스는 점점 더 많은 응용과 체험을 탑재할 것이다. 현재 VR/AR 헤드셋은 메타버스 진입 단말 장비로 간주되고, 스마트 웨어러블 기기, 뇌-컴퓨터 인터페이스(모든 사고의 중추인 뇌와 컴퓨터의 직접 소통 방식 중 하나. 신체의 움직임 없이 상상만으로 기계에 명령을 내릴 수 있게 함-옮긴이) 등은 몰입감을 높일 수 있는 장비로 보는 것이 일반적이다.

자연과 인간을 이해하는 '궁극의 영역'이라 불리는 뇌과학에서, 과학자들은 뇌과학연구계획(이하 뇌계획) 프로젝트의 의의가 인간 게놈 프로젝트를 능가한다고 보고 있다. '뇌-컴퓨터 인터페이스'는 바로 '뇌계획' 공정의 산물로 차세대 대화형 게임의 주요 출발점이 된다.

뇌-컴퓨터 인터페이스는 기존의 PC, 휴대폰 등 스마트 단말기는 물론 한창 연구 개발 중인 VR/AR 기기보다 훨씬 놀라운 경험을 이용자에게 선사한다. 현재 시중에 나와 있는 모든 게임에서 플레이어의 캐릭터가 하는 공격, 점프 등의 동작은 프로그래머가 미리 설정해 놓은 것이다. 플레이어는 키를 눌러 동작을 촉발하기만 하면 게임과의 상호작용이 이루어진다. 이런 모드에서는 플레이어가 어떤 게임 스킬을 쓰든 사전 설정 동작이 바뀌지 않는다.

뇌-컴퓨터 인터페이스를 통하면 플레이어는 생각만으로 게임을 제어하고 더욱 자유롭게 게임을 조작할 수 있다. 메타버스에서 프로그래머는 더 이상 게임 내 캐릭터의 동작을 미리 설정할 필요가 없다. 플레이어는 미리 설정된 동작의 한계에서 벗어나 더욱 극한의 상호작용 경험을 누릴 수 있다.

VR 안경은 게이머들의 몰입감을 높여주기도 하지만 동시에 멀미를 일으키기도 한다. 플레이어가 게임 속 아이템과 상호작용을 할 때 시각과 촉각의 분할이 일어나 어지러움을 느끼기 때문이다. 그러나 뇌-컴퓨터 인터페이스 신호를 양방향으로 전송하면 이 문제가 해결된다. 심지어는 게임 속 아이템과 상호작용할 때 실제 터치감과 아이템의 무게까지 느낄 수 있다.

다시 말해, 뇌-컴퓨터 인터페이스는 플레이어가 가상세계에서도 눈으로 보고, 손으로 만지고, 귀로 들을 수 있게 만든다. 이 시나리오가 현실화되면 인간이 가상세계에 거주하는 것도 현실화될 수 있다.

다중 형태 인터랙티브 디바이스, 고정밀 센서 소자, 다중 타입 단말 컴퓨팅, 고품질 인터랙티브 전송, 고급 지능 인터랙티브 알고리즘, 지능 감지 알고리즘의 지원으로 뇌-컴퓨터 인터페이스 기술은 장면, 소자, 수요 등 여러 차원에서 메타버스 발전의 촉매제 역할을 할 수 있다.

이외에도 의류 산업에 적합한 3D 프린팅 웨어러블 기기, 피부에 인쇄할 수 있는 마이크로 바이오 센서, 소비재급 뉴럴 인터페이스 등 또 다른 창의적인 제품들이 나올 수 있다.

07
인프라: 메타버스의 기술 기반

■ 네트워크 (통신)

고속, 저지연, 광접속의 특성을 갖춘 5G는 인간과 기계의 상호 연동을 가능하게 하는 네트워크 인프라다. 메타버스는 데이터 전송 규모, 속도, 안정성을 막론하고 데이터 전송 능력 전반에 대한 요구가 높다. 5G 네트워크는 이 같은 요구를 충족시켜 가상현실 장비의 체험감을 증강시킬 수 있다.

■ 칩 (컴퓨팅 파워)

메타버스 콘텐츠, 네트워크, 블록체인, 그래픽 디스플레이 등의 기능을 구현하기 위해서는 강력한 컴퓨팅 파워의 지원이 필수적이다. 클라우드 컴퓨팅 측면에서 DPU(Distributed Processing Unit, 분산 처리 유닛) 칩은 각종 고급 네트워크, 스토리지, 보안 서비스를 분류(分流, 갈라져 흐르게 함), 가속 및 격리함으로써 클라우드, 데이터 센터 또는 엣지 등 제반 작업의 진행 효율을 높일 수 있다. 단말 컴퓨팅 측면에서는 이종 칩(Heterogeneous Chip, 서로 다른 두 종류 또는 여러 종류의 마이크로프로세서 또는 마이크로컨트롤러의 구조를 결합한 칩)의 지원으로, SoC에서 CPU, GPGA, DPU, ASIC 등의 칩이 협동 작업할 수 있으며, 컴퓨팅 파워를 향상시켜 이용자에게 더욱 업그레이드된 양질의 경험을 선사할 수 있다.

■ 클라우드 컴퓨팅과 엣지 컴퓨팅

이용자는 클라우드 컴퓨팅과 엣지 컴퓨팅을 통해 풍부한 컴퓨팅 자원을 제공받아 보다 편리하고 빠르게 메타버스에 진입할 수 있다. 여기서 말하는 클라우드는 주로 IDC, 컴퓨팅 클러스터Cluster를 포함하고, 엣지는 주로 휴대폰, PC 등의 단말기와 Wi-Fi 액세스 포인트Access Point, 셀룰러 네트워크Cellular Network 기지국, 라우터Router 등의 인프라를 포함하는데, 상호 보완이 가능하다.

■ 인공지능

인공지능은 메타버스에서 폭넓게 활용되고 있다. 메타버스의 자산과 풍부한 콘텐츠를 만들고, 메타버스 구축을 위한 소프트웨어와 프로세스를 개선하는 일 등이 이에 포함된다.

이 밖에도 메타버스 구축에는 더 많은 복잡한 기술 지원이 필요하다. 예를 들면, 영상 처리 기술을 지속적으로 최적화하여 메타버스의 체험감을 높여야 한다. 사물인터넷 활용 범위가 넓어지면서 메타버스는 자동차, 가전 등의 분야를 아우르는 인터페이스로 다변화될 수 있다.

다시 말해, 메타버스 생성과 발전에는 칩, 통신, VR/AR, AI, 블록체인 등 기반 기술의 발전과 숙성이 필수적이다. 기반 기술의 뒷받침은 게임, 엔터테인먼트, 소셜 등의 기능을 풍부하게 하는 동시에 이용자가 일정한 자율권 갖고 UGC 플랫폼을 구축하여 다양한 가상 경험을 즐기도록 지원할 수 있다. 이러한 경험은 게임, 소셜, e스포츠, 연극, 쇼핑 등 다양한 분야에서 가능하다.

메타버스는 발전 과정에서 거의 모든 첨단 기술을 집약한다. 메타버스의 발전에 있어 첨단 기술의 집약은 많은 혜택과 도전으로 이어지고 있다. 혜택은 메타버스와 관련해서 상상을 초월하는 제품을 만들어낼 수 있다는 것이다. 도전은 메타버스의 핵심가치가 경험이라는 점에 있다. 이는 기술 융합 과정에서 예상 경험치에 도달하지 못하면 심각한 타격을 입을 것이다.

메타버스는 많은 기술을 집대성해야 하기 때문에 '나무통 원리'[9] 현상을 보인다. 우선, 5G와 같은 통신 기술은 메타버스의 가장 기본적인 요구사항을 만족시킬 수 있다. 그 다음으로, UGC 콘텐츠, 3D 엔진, 컴퓨팅 파워 등의 기술은 단기적인 발전 요구를 만족시키면서 지속적으로 보완될 것이다. 최종적으로 VR/AR 등의 가상 기술은 메타버스의 기본적 요구사항을 만족시키려면 여전히 더 발전해야 한다.

현재, 메타버스의 제품 공급이 사용자 수요를 충족시키지 못하고 있다는 점은 주로 통신과 가상현실의 연결 고리에서 나타나고 있다. 통신 부분은 일부 게임의 부호율(code rate, 단위 시간 동안 전송되는 비트의 수)을 조정하여 적절한 해결책을 찾아야 하고, 가상현실 디바이스가 실제에 가까운 경험을 제공하기 위해서는 최첨단 기술이 뒷받침되어야 한다.

---

9 높이가 다른 여러 개의 나뭇조각을 이어서 통을 만들면 가장 짧은 나무 조각의 높이에서 물이 새기 때문에 그 높이까지만 물을 담을 수 있다는 이론으로 미국의 관리학자 로렌스 피터(Laurence J. Peter)가 제기하였다. - 옮긴이

제5장

산업생태: 메타버스 시대의 돈이 되는 트렌드

인터넷 산업이 비교적 짧은 기간 내에 호황을 누릴 수 있게 된 이유를 두 가지 법칙으로 설명할 수 있다.

- **플라이휠 효과**: 정지 상태에 있는 플라이휠이 돌아가기 위해서 처음에 반드시 많은 힘을 들여야 하지만 플라이휠이 작동하면서부터 그 속도는 점점 빨라진다. 인터넷 산업 생태계가 충분히 건강하게 성장하는 단계로 접어들면 바로 이 '플라이휠 효과'가 나타난다. 그러면 생태의 자발적 촉진과 양질의 콘텐츠 자기증식이 지속 발전하는 단계로 진입하게 된다.

- **네트워크 효과**: 정보 상품에 대한 이용자의 욕구 충족 정도는 그것을 이용하는 이용자 수와 밀접한 관련이 있다. 이용자 규모가 비교적 작을 때 이용자가 얻는 정보에 한계가 있을 뿐만 아니라, 필요로 하는 운영 비용도 매우 높다. 그러나 이용자 수가 증가할수록 네트워크가 지니는 가치 또한 기하급수적으로 증가한다.

메타버스 산업도 인터넷 산업과 유사한 속성을 가지고 있기 때문에 위에서 언급한 두 가지 법칙이 적용된다.

메타버스 분야의 콘텐츠가 품질과 종류 면에서 충분히 이용자를 끌어들이면, 네트워크 효과의 영향으로 성장의 한계비용이 계속 낮아질 것이다. 이때부터 메타버스 산업은 플라이휠 효과의 영향을 받아 빠르게 성장하는 단계로 접어들게 된다.

현재의 기술만으로 인터넷 산업이 메타버스로 나아가는 데는 여전히 많은 시간이 필요하다. 하지만 의심할 여지없이 메타버스는 인터넷 발전의 중요한 방향이며, 거대한 성장 잠재력을 가지고 있다. 이런 상황에서 글로벌 IT업계의 거물들이 인터넷 미래를 선도하고자 앞다퉈 메타버스 산업에 뛰어들고 있다.

자본의 관점에서 볼 때, 메타버스 분야의 투자 기회는 〈표 5-1〉과 같이 크게 세 가지로 나눌 수 있다.

3개 분야	구체적 내용
하드웨어 분야	메타버스가 개념 차원에서 벗어나 현실화될 때 필요한 하드웨어 예) VR/AR 등
콘텐츠 분야	미래에 메타버스를 폭발적으로 성장시킬 콘텐츠 생태 예) 글로벌 최대 다중접속 창작 게임사 로블록스 등
금융거래 분야	메타버스 경제 시스템이 필요로 하는 기반 지원 예) NFT 등

<표 5-1> 메타버스 분야의 투자 기회

01
하드웨어 분야: 개념과 현실의 매개체

메타버스에서 실감나는 경험을 즐기려는 이용자의 몰입감 요구를 충족시키려면 고성능 하드웨어 장치의 지원이 필수적이다. 즉, 하드웨어는 메타버스 구축에 중요한 토대다.

일반적으로 하드웨어는 범용 하드웨어와 전용 하드웨어 두 종류로 나눌 수 있다. 전자는 주로 컴퓨팅 파워와 전송 네트워크를, 후자는 VR/AR 디바이스 등을 포함한다.

■ 범용 하드웨어 기반

메타버스 범용 하드웨어의 경우, 네트워크 전송의 주요 기능은 두 가지다. 이용자 상호작용의 지연을 낮추는 것과 이용자에게 최대한 실감나는 경험을 제공하는 것이다.

현재, 네트워크 전송 분야에서 가장 대표적인 기술은 5G다. 컴퓨팅 파워 측면에서 메타버스의 생성, 운영, 유지, 보수에 요구되는 수준은 매우 높다. 더 나아가 개인 단말기 성능과 그 휴대화 정도를 향상시켜 병행하는 것도 요구되고 있다.

컴퓨팅 파워가 업그레이드되면 클라우드 컴퓨팅의 확장성이 향상되고, 컴퓨팅 클러스터와 엣지 컴퓨팅 자원을 통합 적용할 수 있다. 그 결과 개인 단말기의 컴퓨팅 파워 문턱을 낮출 수 있게 된다.

메타버스 세상을 선점하라

현재 클라우드 게임 분야에서 활용되고 있는 클라우드 컴퓨팅은 향후 메타버스 구축을 강력하게 지원할 것이다.

■ 전용 하드웨어 기반

메타버스 전용 하드웨어는 주로 VR/AR 장비, 뇌-컴퓨터 인터페이스 장비 등을 포함하며, 이용자의 인터랙티브 경험감과 몰입감을 높이는 것이 주된 기능이다. 이 가운데 VR/AR 장비는 수년간의 발전을 거치면서 비교적 성숙되어 3D 영화, 3D 콘서트, 모의 운전 훈련, 온라인 가상 여행 등의 분야에서 다양하게 활용되고 있다.

메타버스의 본질은 가상 공간이다. 이곳에서 이용자는 가상 이미지로 존재하며 다른 이용자와 상호작용할 수 있다. 단, 이것은 관련 기술과 장비의 도움이 있어야 실현 가능한데, 네트워크가 구현한 형태를 형상화하는 것이 바로 VR/AR 기술이다. 이중 VR 기술은 이용자가 메타버스 안에서 현실 세계와 유사한 사실적이고 구체적인 경험을 할 수 있게 만든다. 그리고 AR 기술은 메타버스를 현실 세계와 비슷한 작동모드로 유지시키는 동시에 둘 사이의 융합을 더욱 공고하게 한다.

또한 메타버스의 발전은 VR/AR 산업에 더욱 커다란 발전 기회를 제공할 것이 분명하다. VR/AR 관련 기술이 발전할수록 그 기술 성숙도는 더욱 높아져 훨씬 많은 분야에 적용될 것이다. 이때, 기술의 성숙은 가격 하락을 가져와 VR/AR 이용자층이 훨씬 넓어질 것이고, 비즈니스 가치와 인터넷의 융합이 메타버스 시대를 앞당길 것이다.

뇌-컴퓨터 인터페이스 기술은 언어, 신체 등의 방식을 빌릴 필요 없이, 뇌와 전자기기의 직접적인 신호 통로를 만들어 곧바로 상호작용이 가능하게 하는 것을 말한다.

 사람이 이목구비 등 감각기관을 통해 얻은 모든 정보는 뇌로 보내야만 감지가 가능하다. 따라서 뇌-컴퓨터 인터페이스 기술은 뇌가 직접 전자기기와 연결되어 뇌 대응 영역에 자극을 줌으로써 감각 경험을 시뮬레이션할 수 있다.

 뇌-컴퓨터 인터페이스 기술이 가상현실에 성공적으로 적용된다면, VR/AR 디바이스 대신 현실 세계와 가상세계를 연결하는 최적의 디바이스가 될 가능성이 높다. 이러한 구상을 바탕으로 뇌-컴퓨터 인터페이스 기술은 일론 머스크Elon Musk의 뉴럴링크Neuralink를 비롯하여 커널Kernel, 마인드메이즈MindMaze 등 많은 기업들이 참여하여 레이아웃을 진행하고 있으며, 관련 기술은 여전히 실험 단계에 있다.

02
소프트웨어 분야: 메타버스의 기반 기술

■ 블록체인

메타버스의 기반 기술에서 블록체인은 비교적 중요한 기술이다. 여기서 말하는 블록체인은 매우 기초적인 개념에 따라 세 가지 형태로 분류되는데, 즉 퍼블릭 블록체인Public Blockchain, 컨소시엄 블록체인Consortium Blockchain, 프라이빗 블록체인Private Blockchain이다.

바로 이들 기반 기술의 지원으로 블록체인의 기초적 응용이 가능해졌다.

위의 세 가지 블록체인 기술 중 퍼블릭 블록체인은 모든 사람을 대상으로 개방되며, 누구든 참여할 수 있다. 컨소시엄 블록체인은 특정 조직과 단체만을 대상으로 개방되며, 프라이빗 블록체인은 개인이나 기업만을 대상으로 개방된다. 즉, 퍼블릭 블록체인, 컨소시엄 블록체인, 프라이빗 블록체인 이 세 가지 기술은 포용성이 순차적으로 감소하는 특징을 지니면서 모든 블록체인 기술의 근간이 된다.

메타버스 구축에 적용되는 블록체인의 핵심 장점은 탈중앙화와 가치 산정 불가능에 있기 때문에 가치와 권익을 전달하는 데 유용하다. 그래서 블록체인은 가치 인터넷이라고도 불리며, 메타버스에 더 많은 가치와 강렬한 리얼리티를 부여한다.

■ 게임화

(1) 게임 엔진

게임 엔진은 이미 작성된 편집 가능한 컴퓨터 게임 시스템을 말한다. 또는 몇몇 인터랙티브 방식의 실시간 그래픽 응용 프로그램의 핵심 구성 요소를 가리키기도 한다. 주로 렌더링 엔진, 물리 엔진, 충돌 감지 시스템, 사운드, 스크립트 엔진, 컴퓨터 애니메이션, 인공지능, 네트워크 엔진 및 장면 관리 등으로 구성된다.

메타버스에서 게임 엔진이 영향을 미치는 것은 그래픽 부분으로, 그래픽 구현 효과와 이용자 경험의 리얼리티를 직접 결정한다. 현재 일부 영화 속 특수효과는 가짜를 진짜처럼 보이게 하는데, 그것은 바로 특수효과 회사의 기술자들이 많은 시간과 노력을 투자하여 만들어 낸 것이다.

게임 엔진이 발전하면서 게임 화면도 가짜와 진짜를 혼동하는 수준까지 이르렀다. 미래에는 VR 장비를 빌려 메타버스에 들어가면 영화의 특수효과에 버금가는 장면을 볼 수 있을 것이다. 이런 장면은 이용자를 시각적으로 속여 그것이 진짜 세상인 것처럼 착각할 만큼 극강의 리얼리티를 자아낸다.

(2) 실시간 렌더링

실시간 렌더링은 게임 엔진과 관련된 기술로 일종의 렌더링 기술이다. 렌더링이란 계산이 필요한 화면 정보에 프로세서가 계산을 진행하면 디스플레이에 표시되는 과정을 말한다. 간단히 설명하면 렌더링은 컴퓨터로 하여금 필요한 화면을 그리도록 하는 것이다. 실시간 렌더링 외에 오프라인 렌더링이라고 불리는 방식이 있다.

오프라인 렌더링은 프로세서 계산 화면이 화면 표시와 다르게 진행되는 것을 말한다. 프로세서는 미리 설정한 빛과 궤적에 맞춰 렌더링한 뒤 이를 연속 재생해 애니메이션 효과를 낸다. 반면, 실시간 렌더링은 프로세서 계산 화면이 화면 표시와 동기화되는 것을 말한다. 이 과정은 기술자가 실시간으로 제어해 화면 렌더링 효과를 보장하는 방식이므로 시스템 부하 능력에 대한 요구가 높다. 많은 경우 시스템 부하 능력에 한계가 있기 때문에 기술자는 이 렌더링 효과에 대한 기대치를 낮출 수밖에 없는 경우가 많다.

(3) 모델링 기술

메타버스의 구축에는 모델링 기술과 모델링 소프트웨어 지원이 필수적이다.

2021년 4월, 엔비디아NVIDIA가 개최한 GPU 테크 콘퍼런스(GTC)에 창업자 겸 최고경영자(CEO) 젠슨 황Jensen Huang이 출연해 제품을 소개했다. 그런데 소개 도중 15초 동안 실제 젠슨 황은 사라지고, 엔비디아 옴니버스Omniverse 플랫폼을 통해 렌더링된 '버추얼 젠슨 황'이 그곳에 서 있었다. 이 행사는 엔비디아 옴니버스 플랫폼의 '가짜를 진짜처럼 꾸미는' 능력을 엿볼 수 있는 자리였다.

엔비디아 옴니버스는 엔비디아에서 공개한 컴퓨터 그래픽 및 시퓰레이션 플랫폼이다. 엔비디아는 지난 2021년 8월 10일, 3D 애니메이션 툴 기업인 블렌더Blender와 어도비Adobe의 통합 기능 지원을 받아, 엔비디아 옴니버스를 대규모 확장해 수백만 명의 신규 이용자에게 개방할 것이라고 발표했다.

(4) 인공지능

인공지능은 인간의 지능을 시뮬레이션, 연장, 확장하기 위한 이론, 방법, 기술이다. 포괄하는 기술의 종류가 매우 다양하며 거의 모든 학과에 적용되기 때문에 메타버스의 생성 및 운영을 위한 핵심 기술이라고 볼 수 있다. 앞서 언급한 실시간 렌더링도 인공지능 기술을 통해 이루어진다.

메타버스에서 인공지능 기술은 쓰이지 않는 곳이 없을 정도로 그 활용 범위가 넓다. 그러나 우리는 여기서는 메타버스를 풍부하게 하는 인공지능의 역량에 대해서 중점적으로 논의하고자 한다.

먼저, 메타버스 구축 과정에서 인공지능은 자동으로 해당 그래픽을 생성하고 기술 개발자에게 미세한 조정을 맡기는 방식으로, 메타버스 구축 기간을 줄이고 인건비를 절감한다. 다른 한편으로는 미리 설정된 스토리텔링과 기획에서 벗어나 메타버스가 플레이어의 행동에 대해 실시간으로 피드백하게 함으로써 무수히 많은 에피소드를 파생시키고, 개발비를 절감할 수 있다.

이런 모드에서 메타버스 속 가상 캐릭터는 게임 NPC(Non-Player Character, 게임 안에서 플레이어가 직접 조종할 수 없는 캐릭터)의 고유 설정에서 벗어나, 고정 모드 없이 플레이어의 피드백에 따라 반응하는, 고도로 지능적인 가상인간으로 변화하여 완전히 자유롭고 몰입도 높은 메타버스를 만든다.

■ 디스플레이

(1) 체감기술

체감기술은 사람들이 어떠한 기기도 빌리지 않고 몸짓만으로 주변의 장비, 환경과 상호작용해 인터넷상에서 입체적 의사소통이 가능하도록 강력하게 지원하는 것을 말한다. 체감 방식과 상호작용 원리에 따라 관성 센서, 광학 센서, 복합 센서 세 가지 유형으로 분류하고 있다.

그중에서도 복합 센서의 적용 범위가 가장 넓다. 손잡이에 중력 센서, 적외선 센서 및 IR(Infrared Ray) 카메라를 추가해 물체를 인식하도록 하여 몰입감 있는 게임 경험을 선사한다.

현재 닌텐도는 이 분야에서 소니와 선두를 달리고 있으며, 관련 애플리케이션 또한 다수 선보이고 있다.

메타버스 구축에서 체감기술의 활용은 중요한 부분이다. 체감기술은 VR/AR/MR 기술과 결합해 이용자가 보다 편리하게 메타버스에 진입할 수 있는 방법을 제공한다. 아울러 체감기술로 인해 인체 동작이 가상세계에 더 잘 반영되어, 실제 사람이 메타버스 안의 가상 이미지와 완벽하게 어울릴 수 있도록 한다.

(2) 홀로그램 영상

홀로그램 영상은 광학적 수단을 이용해 사물의 실제 모습을 3차원 영상으로 기록, 재생하는 기술이다. 영화 「아이언맨Iron Man」에서 아이언맨 토니Tony는 홀로그램 검사 장비를 활용한다.

2018년, 프론트 픽처스Front Pictures, 레드래빗 엔터테인먼트Red Rabbit Entertainment, PROFILTD 3개 사가 협력하여 미국 예능프로그램 '아메리카 갓 탤런트America's Got Talent'에서 선보인 '더 이스케이프The Escape' 공연도 홀로그램 영상을 사용하였다. 게임 세계에 들어간 배우가 무대에서 이륙, 추락, 회전 등의 묘기를 보이며 센세이션을 불러일으켰다.

이 공연에서 홀로그램 영상이 현실 세계와 가상세계를 연결하는 능력을 입증한 것처럼, 같은 기술을 사용하여 메타버스도 물리적 세계와 가상세계의 경계를 무너뜨려 무한한 상상 공간을 선사할 수 있다. 어쩌면 어느 날 우리는 잠결에 메타버스에 들어가 한 마리의 나비가 되어 전혀 색다른 생명 과정을 경험할지도 모르겠다. 고전에 나오는 '좡즈莊子(장자)의 나비'[10]처럼 말이다.

(3) 사물인터넷

사물인터넷(IoT, Internet of Things)은 센서, 적외선 센서, 레이

---

10 장자(莊子)가 꿈에 나비가 되어 즐기는데, 나비가 장자인지 장자가 나비인지 분간하지 못했다는 고사에서 온 말이다. - 옮긴이

저 스캐너와 같은 장비 및 RFID(Radio Frequency Identification, 무선주파수 인식), GPS(Global Positioning System, 위성위치확인시스템) 등의 기술을 이용하여 물체의 소리, 빛, 열, 전기, 역학, 화학, 생물, 위치 등의 정보를 실시간 수집해 사람과 사물을 다양한 방식으로 연결하고, 물건의 지능화 관리를 가능하게 하는 것을 말한다.

사물인터넷 응용은 유비쿼터스 네트워킹Ubiquitous Networking(언제 어디서나 어떤 단말기로든 각종 콘텐츠를 자유자재로 이용할 수 있는 네트워크 환경)을 가능하게 하고, 각종 하드웨어 장치와 결합되어 디스플레이 기반을 이루기 때문에 메타버스에서 빼놓을 수 없는 기술이다.

03

콘텐츠 분야: '게임+소셜 인터랙션'의 급성장

메타버스가 현실 세계에 가까운 가상세계가 되기 위해서는 일, 오락, 소셜, 쇼핑 등 실제 세상에서 일어나는 사람들의 기본적인 욕구를 충족시켜야 한다. 즉, 메타버스의 핵심은 몰입감과 상호작용인 만큼 이용자 경험을 중시하는 가상 게임을 접점으로 삼는 방식이 채택된다. 심지어 게임을 일, 소셜, 일상의 주요 운반체로 만들 수도 있다.

이런 상황에서 메타버스 내 대부분의 장면 응용은 가상게임 형태로 구현되기 때문에 메타버스는 가상게임의 운반체라고도 할 수 있다. 이때 메타버스에 있는 모든 응용 장면은 게임화된 특징을 갖게 된다.

현재 일부 오픈형 UGC 게임들이 이 분야에 대한 탐구를 시작했다. 대표적인 예로 마인크래프트, 로블록스가 있다.

■ 마인크래프트

마인크래프트Minecraft는 2009년 출시된 샌드박스 게임으로, 유저들이 스스로 탐색하고 자유롭게 창작할 수 있도록 지원한다. 이 게임에서 플레이어는 플랫폼이 제공하는 소재 블록과 환경 단위체(monomer, 고분자화합물 또는 회합체를 구성하는 단위가 되는 분자량이 작은 물질)를 활용해 집짓기, 광석 채취, 지도 수정, 탐험, 전투 등 다양한 활동을 펼칠 수 있고, 게임을 하는 과정에서 UGC 창작물을 완성해 게임 콘텐츠를 끊임없이 만들 수도 있다.

어떤 면에서 마인크래프트는 UGC 모델의 지원 덕분에 롱런할 수 있었다. 구체적으로 살펴보면, 이용자들의 콘텐츠 창작을 장려하기 위해 패키지를 제공함으로써 게임 개발의 문턱과 콘텐츠 제작 비용을 현저히 낮추었다. 또한 이용자들의 개인화 욕구를 극대화하고 창작 의욕을 고취시킴으로써 충성도를 강화했다. 현재 마인크래프트 중국 버전의 가입자 수가 4억 명을 넘어섰고(2021년 6월말 기준), 개발진이 12000개 이상, 플랫폼 내 프리미엄 콘텐츠가 55000개 이상 등록되고 있으며, 이러한 숫자는 꾸준히 증가하는 추세다.

■ 로블록스

2021년 3월 11일, 세계 최대 온라인 창작 게임사이자 메타버스 개념의 첫 주자로 나선 로블록스Roblox가 뉴욕증권거래소에 상장했는데, 상장 첫날 평가액만 450억 달러에 달했다. 로블록스는 가상세계, 캐주얼 게임, 자체 제작 콘텐츠를 호환할 수 있는 게임 창작 플랫폼으로, 대다수 게임물을 이용자들이 자체 개발한다. 출시 당시까지 모집한 자유 게임 개발자가 700만 명을 넘어섰으며, 개발된 게임은 1800만 종 이상, 이용자 참여 총 시간은 222억 시간이 넘는다.

이용자는 바로 이 세계 최대 다중접속 온라인 게임 창작 플랫폼에서 게임 경험을 할 수 있을 뿐만 아니라, 플랫폼이 제공하는 창작 도구를 기반으로 새로운 게임 작품을 만들거나, VR, 3D 등 디지털 콘텐츠를 개발할 수 있다. 아울러 로블록스 스튜디오를 활용해 창작한 콘텐츠를 가상화폐로 교환할 수 있다. 그 밖에도 로블록스 플랫폼은 방대한 이용자층을 보유하고 있는 만큼 소셜 기능 또한 갖추고 있다.

이용자는 스마트 기기를 사용하는 다른 게이머들과 함께 게임에 참여하거나 채팅, 개인 메시지 등의 기능을 사용해 소통할 수 있다. 이처럼 플레이어들의 참여와 창작이 주도하는 몰입형 경험 장면은 메타버스와 유사한 속성을 갖기 때문에 로블록스는 메타버스의 원형이라고 볼 수 있다.

결론적으로 말하면, 인터넷부터 메타버스에 이르기까지 콘텐츠 측면에서 거대한 변화가 일어날 것이다. 메타버스는 게임을 콘텐츠 구현의 주요 운반체로 삼아 '게임+콘서트', '게임+워크숍', '게임+졸업식' 등의 많은 패러다임을 창출하고, 각종 니즈를 가상게임과 결합함으로써 현재의 오락방식, 사교방식, 나아가 협업 방식을 완전히 뒤집고 지금까지 경험하지 못한 중대한 혁신을 이룰 것이다.

04
거래 분야: 가상자산이라는 신세계

메타버스에서는 모든 요소의 확실성, 진본성, 보존 등의 기능을 NFT가 구현해야 한다. NFT는 불가분, 대체불가, 유일무이한 특징을 가지고 있으며, 가상세계의 토지, 주택, 개인 데이터 등 자원의 귀속권 문제를 해결할 수 있다.

NFT의 핵심 가치는 바로 현실 세계의 모든 사물을 블록체인에 연결할 수 있다는 점이다. 가치가 큰 실물자산, 비즈니스 아이디어, 지식재산권부터 가치가 작은 차, 장난감, 반려동물, 사진, 웨이보, 위챗모멘트(朋友圈)까지 모든 사물을 NFT로 표현할 수 있다. 만일 현실 세계의 모든 사물이 블록체인에 투영된다면 우리가 한 번도 경험해보지 못한 상상을 초월하는 공간이 만들어질 것이다.

그동안 작품의 저작권 보호 문제는 창작자들의 골칫거리였다. 침해 문제를 따지는 일은 난이도가 높을 뿐만 아니라 비용도 상당히 많이 들었다. 하지만 NFT는 이 문제를 해결을 위한 절호의 아이디어를 제공한다.

유형자산과 마찬가지로 NFT도 매매가 가능하다. 예를 들어, 트위터Twitter의 창업자인 잭 도시Jack Dorsey는 자신의 첫 트윗을 NFT 형식으로 판매했고, 오랜 전통을 자랑하는 경매사 크리스티 측은 유명 암호화 아티스트 비플Beeple의 NFT 작품 「매일: 첫 5000일

(Everydays: The First 5000 Days)」을 6934만 6000달러(한화 약 800억 원)에 낙찰했다. 이와 같은 독특한 거래 형태와 잠재적 수익 가능성이 NFT의 열기를 끌어올리며 참여자를 대거 이끌었다. 2020년, 3억 3800만 달러였던 NFT의 전체 시가총액은 2021년에 127억 달러까지 늘어났다.

NFT와 메타버스는 상호 촉진하는 관계다. NFT는 메타버스 경제 시스템의 기본 구조를 지원하고, 메타버스는 NFT의 응용에 다양하고 풍부한 장면을 제공한다. Nonfungible.com(NFT 데이터 전문업체) 이 제공한 데이터에 따르면 메타버스는 2020년 NFT 시장에서 25% 의 점유율로 2000만 달러의 매출을 올렸으며, 2021년 1분기 매출은 3000만 달러를 넘어섰다.

메타버스에 대한 NFT의 의미는 여러 가지 측면에서 나타난다. 메타버스는 가상의 공간이기 때문에 그 속의 어떤 물체도 NFT 형태로 바꿀 수 있으며, 그 안에서 이용자가 거래하는 대상도 NFT이다. NFT 는 메타버스의 기본 거래 질서를 구축했다고 볼 수 있다.

NFT를 기반으로 한 메타버스의 어떠한 가상자산도 유일하며 거래에 이용될 수 있다는 점에서 현실 세계와 유사하다. 반면, 현실 세계에서의 자산은 도둑맞거나 도용될 가능성이 있지만, NFT가 응용된 메타버스에서의 자산은 모두 명확한 소유권을 갖게 된다는 점에서 현실 세계와 다르다.

뿐만 아니라 NFT는 기존 가상자산과도 다르다. 기존 가상자산은 특정 플랫폼에 의해 지급되는 경우가 많으며, 사용도 지급된 플랫폼에 국한된다. 하지만 NFT는 이용자 스스로 만들 수 있고, 플랫폼을 넘나들며 유통될 수 있다.

메타버스는 현실 세계를 반영하는 만큼 NFT에 풍부한 응용 장면을 제공하는 동시에 NFT를 교육, 게임, 예술 등 다양한 분야에 적용함으로써 이용자가 충분한 몰입 경험을 즐길 수 있게 한다.

제6장

이상 vs. 현실: 메타버스의 기회와 도전

01
슈퍼 레이스: 글로벌 자본시장의 열광

메타버스는 최근 몇 년 사이에 급부상한 개념이지만, 사실은 현실 확장, 블록체인, 클라우드, 디지털 트윈 등 기술 기반 위에서 개념이 구체화된 것으로 볼 수 있다.

본질적 측면에서 본다면 전통적인 사이버 공간을 바탕으로, 성숙한 디지털 기술에 힘입어 현실을 투영하면서도 독립적인 가상세계라고 볼 수 있다. 동시에 하나의 단순한 가상세계가 아니라 네트워크, 하드웨어 단말, 이용자가 연결되어 구축되는, 커버리지가 매우 넓고 영속 가능한 가상현실 시스템이기도 하다. 이 시스템에는 현실 세계의 디지털 복제물도 있고 가상세계의 창조물도 있다.

메타버스의 정의, 구축, 운행 등에 대해 아직까지 통일된 인식이 형성되지 않아 서로 다른 시각에서 분석해보면 결론 또한 확연히 다르겠지만, 기본 특성에 관한 업계의 의견은 이미 모아졌다. 메타버스에 대한 인식이 날로 높아짐에 따라 관심 역시 커질 전망이다.

■ IT 거대 기업과 정부 부처의 러브콜

2021년 하반기 이후 메타버스 개념이 폭발적으로 인기를 끌었다. 일본의 거대 소셜 게임 플랫폼 그리GREE가 메타버스 사업을 시작한다고 발표했고, 마이크로소프트는 기업 메타버스 솔루션을 발표했다.

엔비디아는 발표회에서 가상현실 역량을 과시했고, 페이스북은 회사명을 메타로 바꿔 메타버스 분야에 사업 초점을 맞췄다. 중국에서도 바이트댄스, 텐센트 등이 메타버스 분야에 적극 뛰어들기 시작했다.

　메타버스는 기업 외에도 여러 국가 정부 부처의 관심을 끌고 있다. 2021년 5월 18일, 한국 과학기술정보통신부는 국가적인 증강현실 플랫폼 구축과 사회 및 일반인 대상 가상서비스 제공에 주력하기 위해, 현대, SK그룹, LG그룹 등 200여 개 자국 기업이 참여하는 '메타버스 얼라이언스'를 출범시켰다. 7월 13일, 일본 경제산업성은 '가상 공간 산업의 미래 가능성과 과제에 관한 조사 보고서'를 발표하면서, 일본 가상 공간 산업 발전 과정에서 해결해야 할 문제들을 제시했다. 아울러 글로벌 가상 공간 산업에서 주도적인 위치를 차지할 수 있기를 희망하였다. 같은 해 8월 31일, 한국 기획재정부는 메타버스 플랫폼 개발에 2000만 달러를 투입하는 2022년 예산을 발표하였다.

　메타버스가 기업과 정부 부처의 광범위한 관심을 받게 된 주요 원인으로는 두 가지를 꼽을 수 있다.

　첫째, 메타버스는 이제 막 시작하는 단계에 있으므로 기반 기술이든 응용 장면이든 상관없이 모두 크게 발전할 가능성이 있기 때문이다. 이런 분야에서 기업의 장래는 유망하다. 따라서 다방면의 우위를 점한 IT 공룡이나 디지털 기술 관련 스타트업들이 메타버스 분야에 적극적으로 포진하기 시작했다. 전자는 자신의 우위를 바탕으로 선두를 차지하고 싶어 하며, 후자는 커브길을 도는 시점에 추격하여 자리를 잡을 생각이다. 둘째, 정부 부처가 메타버스를 추진하는 중요한 이유는 이것이 하나의 신흥 산업일 뿐만 아니라 완전히 새로운 사회 통치 영역이기 때문이다. 메타버스 산업은 발전 과정에서 일련의 문제와 도전에 부딪힐 수 있다. 그것들을 해결하여 질서 있는 발전을 담보하기 위해서는 정부의 참여와 주도가 필요하다.

따라서 일부 국가의 정부 부처들이 메타버스 분야에 관심을 갖기 시작했는데, 그 구축 과정에 참여함으로써 관련 산업 발전에 따른 문제와 해결에 대해 체계적으로 고민하기를 바란다.

■ 기술, 표준 등 분야에서의 전략

메타버스는 네트워크 공간 전체와 수많은 하드웨어 장비를 망라하는 비교적 복잡한 시스템이므로, 다양한 유형의 건설자가 함께 구축해야 하며 그 규모는 상상을 초월한다. 글로벌 경쟁에서 우위를 선점하고 메타버스 시장에서 주도권을 잡기 위해 중국도 적극적으로 뛰어들어 기술, 표준, 법률 세 가지 측면에서 준비를 해야 한다.

기술적 측면에서 메타버스의 구축과 발전은 XR, 블록체인, 인공지능 등 다양한 선진 기술에 의존해야 하지만 이들 기술은 아직까지 메타버스가 개념에서 현실로 나아가는 것을 뒷받침하기에는 역부족이다. 즉, 메타버스 산업의 발전과 성숙은 탄탄한 기초 연구 위에서 이루어져야 한다는 뜻이다. 이를 위해 중국은 관련 기업의 기초 연구 강화, 기술 혁신 향상, 핵심 기술 발전, 기술 성숙도 향상을 장려해야 한다.

반면, 기업이 메타버스를 내세워 금융 투기하는 것은 엄금해야 한다.

표준 측면에서 메타버스의 발전은 인터넷과 마찬가지로 서로 다른 생태계의 연결을 위해 통일된 표준과 프로토콜이 필요하다. 따라서, 중국은 관련 기업이 표준화에 협력하도록 장려해야 한다. 즉 기술, 하드웨어, 서비스, 콘텐츠 등의 분야에서 업계 표준을 연구하여 글로벌 표준 제정에 적극 참여할 수 있도록 지원하는 것이다.

법적 측면에서는 플랫폼 결제, 세금 징수, 규제 심사, 데이터 보안 등 일련의 문제에 직면할 수 있다. 국가 관련 부처는 메타버스 발전 과정에서 발생할 수 있는 법률문제와 해결 방안을 고민해야 한다.

또한 디지털 과학기술 분야의 입법 업무를 강화하고, 데이터, 알고리즘, 거래 등을 실시간으로 따라가며 관련 법률의 연구와 제정을 순조롭게 처리해나가야 한다.

결론적으로 말하면, 기술 발전과 사회 수요라는 두 가지 큰 시대적 흐름을 타고 메타버스의 구축과 발전은 이미 대세가 되었다. 관련 산업들이 성숙 단계로 접어드는 것은 시간 문제다.

메타버스는 현실 세계의 경계를 크게 넓혔기 때문에 실제 세계의 연장과 확장으로 볼 수 있다. 발전하는 과정에서 기회도 열리고 도전도 따라온다. 따라서 국가든 기업이든 메타버스 열풍을 이성적으로 바라보면서 관련 산업이 건강하고 지속 가능한 방향으로 발전할 수 있도록 노력을 기울여야 한다.

02
메타버스 산업의 대표주자

메타버스는 모바일 인터넷이 향후 발전해 나가야 할 방향으로, 과학기술 산업 전체의 미래를 담고 있다고도 볼 수 있다. 따라서 메타버스의 발전은 어느 한 기업의 일이 아니다. 이상적인 상태에서 메타버스는 현실 사회(과학기술 기업의 발전을 위해 넓은 무대를 제공하는)와 평행한 우주적 공간이어야 한다. 이런 가운데 세계적인 빅테크 기업들이 이 분야에 뛰어들고 있다.

현재 메타버스 분야에서 활약하고 있는 대표적 기업은 다음과 같다.

■ 대표주자 1: 게임회사

게임사 로블록스는 '메타버스'라는 말을 최초로 자사 사업 설명서에 기입한 회사다. 메타버스라는 콘셉트로 1800여 만 종의 게임을 개발한 로블록스는 일일 활성 이용자 수가 3200만 명을 넘어섰고, 한때 시가총액이 400억 달러를 넘어서기도 했다. 역동적인 개발자 생태계와 이용자 생태계를 형성하며 성공적인 비즈니스 모델을 만들어 메타버스의 발전 가능성을 입증했다.

2020년 11월, 래퍼 릴 나스엑스Lil Nas X가 로블록스와 함께 가상 콘서트를 연 바 있다. 물론 로블록스의 목표는 여기에서 그치지 않는

메타버스 세상을 선점하라

다. 장기적인 목표는 수백만 명의 이용자와 개발자들이 모여 이 메타버스에서 생활하고 일하고 공부하며, 궁극적으로는 통일된 화폐인 로벅스Robux로 거래하면서 자신만의 가상경제를 형성하는 것이다.

로블록스 외에도 게임 플랫폼인 렉룸Rec Room이 2021년 3월, 1억 달러 규모의 신규 펀딩을 완료했다. 이미 1500만 명 이상의 이용자를 확보한 VR 소셜 게임에 초점을 맞춘 플랫폼이다. 에픽게임즈 Epic Games는 같은 해 4월, 10억 달러의 자금 조달을 마쳤는데, 이 자금은 모두 메타버스 개발에 쓰일 예정이다. 2021년 현재까지 메타버스 분야에서 가장 높은 금액에 달하는 자금 조달이다.[11]

중국에서는 2021년 3월, 메타앱MetaApp이 C파이낸싱 라운드(이미 검증된 사업 모델을 확정하거나 대규모 수익 창출을 준비하는 단계의 자금 조달-옮긴이)에서 1억 달러를 유치해 중국 내 메타버스 분야 단일 융자 최대 기록을 세웠다. 또한 5월 28일, 클라우드 게임 기술 서비스업체인 해마클라우드(海马云)가 2억 8000만 위안(한화로 약 538억 6640만 원)의 신규 융자를 승인받았다.

■ 대표주자 2: IT 거대 기업

2021년 10월 28일, 페이스북은 사명을 '메타Meta'로 변경하고, 소셜 네트워크 기업에서 메타버스 기업으로 변신한다는 것을 공식 발표했다. 저커버그Zuckerberg의 비전대로라면, 메타가 소셜미디어 위

---

[11] 다음 해인 2022년에 그 두 배인 20억 달러를 투자받았다. - 옮긴이

주의 기업에서 메타버스 회사로 변신하는 데는 대략 5년이 걸릴 것으로 보인다.

마이크로소프트Microsoft의 최고경영자(CEO) 사티아 나델라Satya Nadella도 메타버스에 매우 높은 기대를 가지고 적극 참여 중이다. 특히 인프라 구축에 초점을 맞춘 '기업용 메타버스'라는 새로운 차원의 메타버스 시장을 겨냥하고 있다. 아울러 엔비디아NVIDIA는 가상 협업과 실시간 시뮬레이션을 위한 개방형 플랫폼인 옴니버스Omniverse 구축에 적극 나서고 있다.

옴니버스는 크리에이터, 디자이너, 엔지니어가 서로 공유하는 가상 공간에서 협업하는 것을 지원한다. 뿐만 아니라 개발자와 소프트웨어 제공자가 모듈화 플랫폼에서 강력한 기능의 도구를 개발하고 기능을 확장하는 것 역시 지원한다.

이미 2010년부터 VR/AR 기술 분야에서 심혈을 기울여온 퀄컴Qualcomm도 메타버스 분야 진출에 나섰다. VR/AR 기술을 연구하는 과정에서 퀄컴은 XR에 대한 인체 추적 기술, 환경 감지 기술, 사용자 상호작용 기술 등 일련의 선행 기술을 개발했다. 향후 퀄컴은 이러한 기술들을 통합해 VR/AR 업계 전반의 솔루션을 형성할 것이다.

중국에서는 이미 2017년 텐센트Tencent가 로블록스의 게임 프로젝트를 연구하기 시작했다. 텐센트는 2019년 5월 로블록스와 합작회사를 설립해 차세대 프로그래밍 인재, 과학기술 인재, 콘텐츠 크리에이터를 양성하는 '게임+교육' 모델을 공동 모색하고 있다.

화웨이Huawei의 게임 사업은 주로 기업 고객 시장에 초점을 맞춘다. 퍼블릭 클라우드를 이용해 게임 기업에 서비스를 제공하는 동시에 클라우드 게임, 게임 엔진, AI 등의 기술을 활용해 관련 사업에 활력을 불어넣는다. 다시 말해, 화웨이가 게임을 직접 개발하지 않고, 플랫폼으로서 게임업체에 기술 서비스를 제공하는 것이다.

제품 측면에서 화웨이는 VR/AR Engine 3.0 버전을 만들어 개발자들의 VR/AR 생태 구축을 돕고, 사이버버스Cyberverse 맵 기술을 발표했으며, 이를 활용해 최초의 AR 지도인 화웨이 허투HETU, 河图를 개발했다.

바이트댄스ByteDance는 중국 내 최초로 메타버스에 본격 진출한 회사다. 2021년 4월, 메타버스 게임 개발사 코드 첸쿤乾坤에 1억 위안을 투자해 관련 사업을 지원하였다. 코드 첸쿤의 스타 제품인 '重启世界(REWORLD)'는 중국에서 몇 안 되는 청소년 대상 UGC 게임 제작 플랫폼으로 로블록스와 매우 유사하다.

■ **대표주자 3: 혁신적인 기업**

메타버스에 대한 관심이 서서히 고조됨에 따라 모바일 인터넷 열기는 점차 낮아지고, 인간과 기계의 자연스러운 상호작용이 주류가 될 것이다. 이 상호작용은 사람들이 물리적 하드웨어의 제한과 신체적 한계에서 벗어나 인간과 기계의 공생 시대로 진입하도록 도울 것이다.

2018년, 중국은 AI 기술을 기반으로 뇌-기계 인터페이스 소프트하드웨어 플랫폼형 테크놀로지 기업 '브레인업BrainUp(脑陆科技)'을 탄생시켰는데, 업계로부터 '뇌과학 분야에서 가장 빠르게 자리 잡은 응용 기업 중 하나', '최대 응용 규모의 비침입형 뇌-기계 인터페이스 기업'이라 불리고 있다. 브레인업은 칭화대학교와 공동으로 범용 뇌-기계 인터페이스 기술 서비스 플랫폼인 '오픈 브레인업Open BrainUp'을 개발하는 성과를 올렸다. 기업 관계자는 "핵심 인터랙티브 기술 적용 확대에 더욱 초점을 맞춰 뇌-기계 인터페이스 기술 적용과 발전을 가속화하고, 차세대 인터랙티브 기술인 뇌-기계 인터랙티브 시대를 앞당기려는 것"이라고 설명했다.

2021년 8월 11일, 이스라엘의 입체 영상 캡처 기술 플랫폼인 테타비TetaVi가 2000만 달러의 신규 자금 조달을 완료했다. 이로써 메타버스 맞춤형 몰입식 콘텐츠 창출을 위한 볼륨 영상소프트웨어 솔루션을 제공하고 새로운 플랫폼을 구축하는 데 박차를 가할 전망이다. 전 세계 이용자들은 이제 프리미엄 몰입식 콘텐츠를 즐길 수 있게 되었다.

2020년, 미국의 이벤트 기획 플랫폼 올시티드AllSeated도 새로운 자금 조달에 성공했다. 이 회사는 주로 3D 기술을 이용하여 가상의 이벤트 장면을 창조하는데, 이벤트 기획자에게 2D/3D-CAD 제도(制图), 스케줄러, 데스크탑 설계 등의 행사 기획 도구를 제공하여 기획자가 직접 행사장의 3D 효과 도면을 설계하도록 지원한다. 아울러 이벤트 참여자를 플랫폼에 초대해 통합 관리한다.

중국에서는 최근 2년간 VR 분야에 진출한 기업들이 모두 자금 조달을 완료했다. VR/AR/MR 등 원스톱 주택 매매 서비스 소프트웨어 개발 전문기업인 디로우테크놀로지(睇楼科技)를 비롯하여, 아이치이iQiyi가 VR 프로젝트로 B라운드 파이낸싱(제품 또는 서비스가 사장에서 어느 정도 가능성을 증명하게 된 단계의 자금 조달-옮긴이)을, 시각 공간 위치결정 기술 제공업체 환창테크놀로지(欢创科技) 역시 B라운드 파이낸싱으로 8000만 위안을, 뷰티 분야 VR 기업인 완메이모바일(玩美移动)이 C라운드 파이낸싱으로 5000만 달러를 투자받는 데 성공했다. 한편, 징둥팡京东方(BOE)은 응답 시간 5ms 이하인 VR용 패널을 개발해 이미 화웨이 VR 분야에 성공적으로 응용시킨 바 있다.

메타버스를 구축하는 과정에서 우리는 신기술, 새로운 애플리케이션의 개발 및 사용을 매우 면밀히 검토하고, 그 성장력과 영향력을 합리적으로 평가해야 한다. 노력보다 선택이 중요한 때가 많기 때문이다. 기업 입장에서는 올바른 발전 방향을 선택하는 것이 성공을 거두는 데 유리하다.

03
현실적 어려움: 자본, 기술 그리고 윤리

메타버스 산업은 여전히 발전 초기 단계에 있다. 신흥 산업으로서 활기찬 생명력과 무한한 발전 잠재력을 지니고 있는 반면, 어느 정도 미성숙하고 불안정한 특징도 가지고 있다. 아직까지 현실적으로 많은 리스크가 존재하지만 기술 고도화와 제도 혁신 등의 노력으로 메타버스 산업이 건강하게 지속적으로 발전하기를 기대한다.

■ 자본 거품

메타버스 분야는 초기 단계임에도 불구하고 대량의 자본을 유치하면서 산업 전반의 열기 또한 지나치게 높아졌다. 특히 메타버스 경제 시스템의 토대인 NFT는 각 분야의 노이즈 마케팅과 자본의 통제 등이 일어나면서 과열 상태가 지속되고 있다. 이런 불확실성과 불합리성은 메타버스 산업이 정상 궤도에 오르는 데 불리하다.

메타버스는 뜨거운 사랑을 받는 동시에 여론의 과도한 거품을 일으켰다. 메타버스 산업의 실질적 발전 양상을 살펴보면, 응용 분야와 시장 진출은 주로 게임, 소셜 등 제한된 분야에 집중되어 있고, 진행이 더딘 관계로 성숙한 기술 생태계나 콘텐츠 생태계를 형성하지 못하고 있다. 산업의 풀커버링과 생태계의 충분한 개방도 단지 구상 단계에 머물러 있을 뿐이다. 미래의 메타버스는 진입구를 넓히는 것은

메타버스 세상을 선점하라

물론 기술 생태계와 콘텐츠 생태계의 조성이 계속해서 보완돼야 하는데, 이 과정이 메타버스 산업의 '탈거품화' 과정이기도 하다.

■ 기술 독식과 내부 경쟁

메타버스의 기본 구상대로라면 그 산업은 완전히 개방되고 탈중앙화되어야 한다. 그러나 기술 분야 등에서의 독식 현상 때문에 오히려 조직 구조의 중심화, 계층화, 독점화가 초래되기도 한다. 이로 인해 메타버스 전체가 여전히 상대적으로 폐쇄성을 보이고 있다.

메타버스 산업의 시작은 사실 그 내부 경쟁에서 비롯됐지만, 메타버스의 출현이 내부 경쟁 상황을 근본적으로 변화시키지는 못 했다.

인터넷이 발달함에 따라 온라인 게임과 소셜 분야 참가 기업이 갈수록 늘어나는 데다가 규제 압력의 증가, 이용자 자원 쟁탈 등의 원인으로 이 분야의 산업 발전은 이미 병목기에 접어들었다. 산업에 활력을 불어넣을 완전히 새로운 개념이 절실히 필요하다. 메타버스 개념의 열기가 소셜, 게임 분야의 자본과 이용자의 열정을 어느 정도 자극한 것은 사실이지만, 산업의 내부 경쟁 문제는 여전히 심각하다.

■ 기술 도전

VR/AR은 사람들을 가상 공간으로 안내하는 역할을 함으로써 메타버스 구현 문제를 해결하는 중요한 기술이 될 것이다. 그러나 현재 VR/AR 기술은 시각과 청각 정보만 제공할 뿐 촉각, 후각, 미각은 다루지 못하는 한계가 있다.

박진감 넘치는 가상세계를 만들려면 시각과 청각 정보만으로는 부족하고, 리얼리티를 높일 수 있는 또 다른 감지 능력이 뒷받침되어야 한다. 따라서 VR/AR 기술이 시각과 청각에서 어떻게 다른 감각 영역으로 확장될 수 있을지가 숙제로 남아 있다.

이외에도 VR/AR 기술은 음성, 제스처, 동작 등의 정보를 가상세계에 입력하고자 하는 사람들의 요구를 충족시켜야 하는데, 지금까지 등장한 VR/AR 기술은 주로 센서를 손에 쥐거나 장갑을 착용하는 방식으로, 현실감을 크게 떨어뜨리고 있다. 현실 세계에서는 사람들이 정보를 입력하는 데 센서 등의 장비가 필요 없기 때문이다. 현재 자세 인식 기술 등이 일부 등장했지만, 가려져서 인식이 안 되거나 시야가 좁아지는 등 실제 적용 과정에서는 여전히 문제점이 많다.

메타버스의 본질은 초대형 디지털 응용 생태계로 수많은 하드웨어 장치를 포함하고 있으며 거대, 복잡, 개방 등의 특징을 가지고 있다. 이 때문에 컴퓨팅 파워와 클라우드 컴퓨팅의 안정성에 대한 요구가 매우 높을 수밖에 없다.

원래의 구상에 따라 이용자가 메타버스에서 자유롭게 다양한 활동을 할 수 있도록 뒷받침하기 위해서는 탈중앙화 인증 시스템, 경제 시스템, 설계 시스템, 아바타 시스템을 완벽하게 구축해야 하고, XR 진입, 편집 가능 세계, 개방형 미션, AI 콘텐츠 생성 등의 기능을 갖추어야 한다. 또한 메타버스 시스템의 안정적인 작동을 유지하기 위해서는 그 알고리즘과 컴퓨팅 파워가 저비용이고 지속 가능해야 한다.

메타버스 세상을 선점하라

강력한 컴퓨팅 파워에 대한 요구도 기술적 도전이다. 메타버스가 만들어지고 작동하는 과정에서 물리적 세계에 대한 시뮬레이션, 장면에 대한 렌더링, 실제 세계의 인물이나 가상의 인공지능과의 상호작용 등 컴퓨터가 수행하는 임무는 매우 많다. 이는 곧 어마어마한 컴퓨팅 수요를 낳는다. 따라서 컴퓨팅 파워를 높여 메타버스 구축과 운행 수요를 충족시키는 것은 커다란 도전이다.

컴퓨팅 파워가 높을수록 에너지 소모가 높고, 에너지 소모가 높을수록 비용도 높아지는데, 이러한 비용은 결국 이용자에게 전가되어 메타버스 진입 장벽을 높일 것이기 때문이다.

■ 윤리적 제약

메타버스는 실질적으로 다른 세계에 해당하므로 끊임없이 윤리적 문제를 탐구해야 한다. 이상적인 상태에서 메타버스는 마치 '유토피아'를 방불케 할 정도로 공간 전체의 개방도, 자유도, 포용도가 높다. 그러나 개방도가 높다고 해서 경계가 전혀 없는 것은 아니며, 자유도가 높다고 해서 이용자의 모든 행위가 구속받지 않는 것은 아니다.

현실 세계가 투영된 가상 공간으로서 메타버스에서의 조직 형태, 권리 구조, 도덕 규칙 등은 규범이 필요하다.

04

사회적 거버넌스: 메타버스의 미래 도전 과제

메타버스는 무한한 확장성을 가지고 있지만, 화폐 및 결제 시스템 리스크, 중독 리스크, 프라이버시와 데이터 보호 리스크, 지식재산권 분쟁 리스크 등 많은 도전에 직면할 것이다. 하지만 이러한 도전에 사람들은 아직 대응할 준비가 되어 있지 않다.

■ 화폐 및 결제 시스템 리스크

이용자의 메타버스 내 경제 행위는 현실 세계에 경제 리스크를 초래할 수 있는데, 주요 원인은 두 가지다. 첫째, 메타버스가 독자적인 경제 시스템을 보유하고 있기는 하지만, 이 경제 시스템은 현실 세계의 경제 시스템과 연동될 수 있기 때문이다. 이용자가 사용하는 가상화폐가 비교적 높은 가치 변동을 보일 경우 현실 세계의 경제적 위험이 따를 수 있다. 둘째, 메타버스는 현실 세계로부터 독립하여 존재하는 가상 공간이므로 현실 세계 거대자본의 금융 조작을 위해 악용될 수 있고, 상대적으로 이러한 조작 행위는 더욱 은밀해져 현실 세계의 금융 감독에 큰 부담을 줄 수 있기 때문이다.

메타버스에서의 경제 활동은 NFT 등 가상자산에 의해 이루어진다. 메타버스와 NFT 모두 새로운 개념에 속하며, 아직 국가가 특별히 이것들을 위한 관련 법률과 규범을 내놓지 않았다. 그러나 중국은 가상

자산에 대한 보호가 일찍부터 시작되었는데 현실 세계의 그것과 비교하여 재산의 성격이 다르고 거래 과정에서 지켜야 할 법규도 다르다.

그중에서도 가상화폐는 거래 과정에서 엄격한 통제 정책을 따라야 한다. NFT, 게임 아이템 등 상품 속성이 비교적 강한 가상자산은 국가의 법률과 관련 법규가 아직 제정되지 않았기 때문에 거래 과정에서 규제를 덜 받는다. 현재 이들 가상상품은 주로 경매시장이나 중고매매 플랫폼을 통해 거래되고 있다. NFT는 가상화폐 성격을 띠지만, 주로 노이즈 마케팅으로 인한 시장질서 혼란에서 금융 리스크가 온다. 이런 위험을 피하기 위해 NFT와 게임 아이템을 거래할 때는 정식 자격을 갖춘 경매시장이나 제대로 된 중고거래 플랫폼을 선택해야 한다.

중국에서 가상화폐는 가상상품에 속하지만 가상자산의 속성도 갖추고 있다. 즉, 금전을 대신하여 양도와 거래는 물론 수익을 낼 수 있는 자산에 속한다. 주의할 점은 가상화폐 거래 과정에서 노이즈 마케팅을 방지하고, 토큰 파이낸싱 등 위법한 금융 활동을 엄격히 금해야 한다는 것이다.

■ 중독 리스크

메타버스는 네트워크 기반으로 만들어진 가상세계로서 이용자가 필요에 따라 현실과 가상을 자유자재로 넘나들게 만들자는 취지였지만, 여전히 높은 중독성과 그 폐해가 존재한다. 예를 들어 이용자가 가상세계에 빠져들면 사회적 교류에 대한 두려움이 커져 일상생활에 지장을 줄 수 있다. 다른 한편으로 가상세계는 운영 규칙, 행동 논리, 가치 관념 등이 현실과 다르고 대립되기 때문에 이용자가 그 세계에 너무 빠져 있으면 현실에 강한 불만을 가질 수 있다. 인터넷 게임에서 나타났던 중독성과 그로 인한 심각한 후유증이 동일하게 존재한다는 점을 고려하여 국가 관련 부처는 메타버스 게임 산업에 대한 규제를 강화하고 있다.

■ 프라이버시와 데이터 보호 리스크

메타버스는 현실 세계를 반영하고 그로부터 독립한 가상 공간이므로 이상적인 작동은 이용자의 다양한 정보에 기초해야 한다. 예를 들면 이용자의 사회적 관계, 자산 출처, 행동 경로 및 특정 상황에서의 뇌파 데이터까지 두루 포함될 수 있다. 이러한 데이터는 메타버스의 작동을 지탱하는 기초 자원이 되는 동시에 이를 기반으로 이용자에게 보다 포괄적인 서비스를 제공할 수 있게 한다. 다만 개인의 사적인 데이터가 수집 가능한지, 어떻게 저장 또는 관리되고 있는지, 유출이나 남용을 어떻게 피할지에 대해서는 좀더 연구할 필요가 있다.

인터넷 시대에 데이터 보안과 프라이버시 보호는 매우 골치 아픈 문제였는데, 메타버스 시대에도 이 문제는 이어질 것이다. 인터넷 발전의 다음 단계인 메타버스는 데이터의 양이 더 클 수밖에 없다. 게다가 메타버스는 다양한 주체가 함께 만들어가는 가상 공간으로, 이들 주체 간의 관계가 어떻게 조화를 이룰지, 어떻게 완벽하게 데이터를 보호할 수 있을지, 이용자의 프라이버시를 안전하게 보장할 수 있을지가 매우 어려운 숙제다.

메타버스는 기존 개인정보, 소비지출 등 데이터 외에 이용자의 운동 데이터, 생리 데이터, 심지어 뇌파 데이터까지 수집하는 등 데이터의 종류와 양이 상상을 초월한다. 이를 어떻게 보안하고 데이터가 유출 또는 남용되지 않도록 할 것인가는 중대한 문제다. 이를 위해 기업이나 정부는 메타버스를 구축하는 과정에서 데이터 보안에 대한 전반적인 고려를 해야 하며, 데이터가 안전하게 보호되고 유출되지 않도록 관련 시스템을 마련해야 한다.

■ 지식재산권 분쟁 리스크

모든 새로운 사물의 탄생에는 반드시 여러 가지 문제가 수반되며, 메타버스도 마찬가지다. 내용 면에서 메타버스가 직면한 주요 도전은 바로 지식재산권 분쟁이다. 즉, 이용자가 메타버스에서 창작한 작품의 저작권이 누구에게 귀속되어야 하는가의 문제다. 예를 들어, 사용자가 현실 세계에서 하나의 콘텐츠 판권을 소유하고 있는데 누군가 허락 없이 가상세계에서 이 콘텐츠를 사용하는 경우, 애초의 소유자는 권리를 주장할 수 있을까? 또 만일 가상세계 이용자가 현실 세계에 등록한 본인의 지식재산권을 이용해 콘텐츠를 창작한다면, 이것은 어떻게 판정해야 할까?

가상세계 이용자가 현실 세계의 지식재산권을 사용할 경우, 지식재산권 소유자의 허가가 필요하다는 점을 법이 명확히 규정하더라도 메타버스 시대에는 이런저런 복잡한 지식재산권 분쟁이 이어질 수밖에 없다. 지식재산권 문제는 현실 세계에서나 가상 공간에서나 줄곧 창작자들을 괴롭히는 난제였다. 가상 공간에서 블록체인 등의 기술은 지식재산권 인증과 소급 적용을 위한 해결 방안을 제시하기는 하지만, 메타버스에서의 창작은 그렇게 간단히 해결될 문제가 아니다. 왜냐하면 대량의 이용자에 의해 이루어지고, 공유 공간이기 때문이다. 즉, 여러 사람이 협업하여 창작하는 관계로 무작위성이 높고 불안정성이 강하다. 따라서 관련 지식재산 문제를 명확히 하기 위해서는 비교적 잘 정비된 규칙이 필요하다.

또한 메타버스 창작에는 물품, 캐릭터, 이미지 등 현실 세계에 등장하는 작품이나 사물이 사용된다. 이처럼 현실 세계 IP에 기반한 변형 적용은 많은 지식재산권 분쟁을 가져올 수 있으며, 기업과 콘텐츠 창작자에게 고민거리가 되고 있다. 예를 들어 기업과 콘텐츠 창작자가 메타버스 내 회사와 협업할 경우, 자신의 콘텐츠, 브랜드, 상표의 도용 여부를 주기적으로 점검해야만 하는 식이다. 또 메타버스 이용자들이 콘텐츠 제공자가 제공하는 콘텐츠를 어떻게 이용해야 침해 소지가 없는지도 고민해야 할 대목이다.

메타버스에서 이용자는 다른 이용자와 상호작용할 수 있다. 만약 그 과정에서 가치 있는 콘텐츠를 생성한다면 이 지식재산권은 누구에게 귀속되어야 할까? 현실 세계에서도 공동 저작권, 공동 소유권 문제는 이미 매우 까다로운데, 복잡한 가상세계로 들어가면 이 문제는 더욱 어려워질 수밖에 없다. 그 밖에도 가상세계에서 발생하는 콘텐츠가 현실 세계에서 인정받을 수 있을지, 인정받으려면 어떤 작업이 필요할지 한 번쯤 생각해 볼 필요가 있다. 여기에는 매우 복잡한 소유권 인증과 무결성 검증 문제가 관련되어 있다.

메타버스 세상을 선점하라

PART 3

기업편
과학기술과 자본의 향연

제7장

미국 IT기업의 메타버스 현황과 판도

01
페이스북: 새로운 사명 'Meta'와 야심찬 포부

"우리가 누구이며 무엇을 만들고 싶은지를 반영하기 위해 사명을 변경하기로 결정했다. 시간이 지나면서 나는 미래의 우리가 더 이상 소셜 플랫폼이 아니라 메타버스 회사로 여겨지기를 희망한다."

– 마크 저커버그

2021년 10월 28일, 페이스북은 사명을 메타Meta로 공식 변경하면서 바야흐로 메타버스의 구축과 발전에 초점을 맞춘 새로운 발전 단계로 들어섰다.

인터넷 시장이 포화 상태에 접어들었다. IT 거대 기업이 계속 성장하고 발전하려면 반드시 신규 수익 루트를 확장하여 제2의 성장 곡선을 찾아야 한다. 바로 이 시기에 페이스북의 명칭 변경은 인터넷 업계의 새로운 전환기를 열고, 자본에 대해 또 다른 투자 방향을 제시한다는 의미가 있다. 또 한편으로는 인터넷 기업이 직면한 어려움을 단적으로 보여주는 것이기도 하다. 이용자 성장이 어려운 현시점에서 메타버스라는 새로운 기회를 잡는 것은 필연적이라는 뜻으로 읽힌다. 이외에도 페이스북 입장에서는 '메타버스'의 거대한 깃발을 먼저 드는 것이 이용자들의 마음을 한 발 앞서 사로잡는 데 유리하다고 판단했을 수도 있다.

메타버스 세상을 선점하라

대다수 사람들의 관심사는 페이스북 개명 사건이 아니라 개명 이후 페이스북이 자사의 발전 전략을 어떻게 가다듬을 것인가에 있다.

■ 올인(all-in) 메타버스: 페이스북의 하드웨어 분야 진출

메타버스는 인터넷의 다음 단계가 될 것으로 인식되면서 각 분야의 기업들로부터 높은 관심을 받고 있다. 그중에서도 페이스북이 아마 가장 급진적일 것이다. 물론 페이스북의 이런 올인 전략은 메타버스 사업 진출에 대한 강한 결심을 보여주려는 의도로 여겨진다.

저커버그의 계획에 따르면 페이스북이 메타버스 회사로 성장하는 데는 5년이 걸리고, 몇 가지 발전 단계를 거쳐야 하는데, 그 첫 번째 단계가 하드웨어 분야다. 사실 이 분야의 참여를 위해 페이스북이 가상현실 기기 개발 주력 업체인 오큘러스Oculus를 인수한 것은 2014년으로 거슬러 올라간다.

- 2014년 3월, 페이스북은 가상현실 분야를 정조준하고 20억 달러를 들여 VR 장비업체 오큘러스를 인수했다. 오큘러스는 페이스북의 지원을 받아 이용자들에게 각광 받는 VR 제품을 선보였다.
- 2015년, 오큘러스 스튜디오Oculus Studios 프로젝트는 20여 개의 리프트Rift 전용 게임에 전액 투자했으며, Oculus VR도 일부 소규모 투자를 통해 영국의 스타트업 서리얼 비전Surreal Vision을 인수하여 원격 현장감을 갖춘 제품을 출시했다.
- 2016년에도 오큘러스 스튜디오는 1년간 30종 이상의 VR 콘텐츠

업데이트를 유지하는 투자형 '보급'을 이어갔다. 이 밖에도 VR 디스플레이, 사운드 포지셔닝, 적외선 추적 시스템을 통합한 오큘러스 리프트^{Oculus Rift} CV1을 발표했다.

- 2017년 말, 오큘러스 모든 플랫폼에서 100만 달러 이상의 매출을 달성한 VR 게임은 40여 편에 달하고, 그중 최고작은 무려 1000만 달러가 넘었다.

- 2018년, 오큘러스 고^{Oculus Go} 중국 버전인 Mi VR의 하드웨어 설계와 소프트웨어 시스템 최적화를 담당한 린치^{臨奇}테크놀로지(샤오미小米 에코 체인업체)는 페이스북 산하 오큘러스 고 출하량이 수백만 대에 달한다고 밝혔다. 그중 50% 이상이 기존에 Rift나 Gear VR 기기를 써 본 적이 없는 '새싹 유저'[12]였다.

- 2019년, 오큘러스 VR 플랫폼의 콘텐츠 총매출이 1억 달러를 넘어섰으며, 이중 2000만 달러는 퀘스트^{Quest} 생태계에서 나왔다. 네이트 미첼^{Nate Mitchell} 오큘러스 리프트 팀장은 2019년이 매우 중요한 한 해가 될 것이라고 강조했다. 오큘러스 콘텐츠 생태계에 대대적인 투자가 이루어져 양질의 VR 작품 라인업이 완성됐기 때문이다.

- 2020년, 오큘러스는 299달러에 판매되는 오큘러스 퀘스트2를 출시했다. 부드러운 화질과 어지러움 증상 완화가 소비자들의 호평을 받으며 고객시장을 사로잡았다.

---

12 원문의 '小白用户(샤오바이 유저: 컴퓨터 지식에 약한 이용자를 일컫는 인터넷 용어)'를 한국식 인터넷 용어로 변경한다. – 옮긴이

메타버스 세상을 선점하라

페이스북의 지원으로, VR 기기 시장에서 오큘러스가 차지하는 비중은 타사를 압도한다. 카운터포인트Counterpoint(글로벌 시장조사기관)가 발표한 2021년 1분기 전 세계 VR 기기 브랜드 점유율 순위에서 오큘러스 VR은 75%로 압도적인 1위를 기록, 2위 다펑大朋 VR과 3위인 소니Sony VR을 크게 앞질렀다.

페이스북이 메타로 이름을 바꾼 후, VR 헤드셋 제품 라인업도 이에 맞춰 오큘러스 앱Oculus App이 메타 퀘스트Meta Quest로, 페이스북 포탈Facebook Portal 영상 통화 기기들도 메타 포탈Meta Portal로 이름을 바꾼다. 페이스북은 VR 헤드셋 외에도 레이밴Ray-Ban사와 레이밴 스토리Ray-Ban Stories 스마트 안경을 협력 개발했다.

터치 조작 방식을 채택한 이 스마트 안경은 듀얼 500W 화소 카메라, 내장 스피커, 마이크를 탑재하여 강력한 기능을 자랑한다. 사진 촬영, 녹화, 음악 듣기, 음성 통화 등이 모두 가능한 이 안경은 메타버스 하드웨어 분야에서 페이스북의 주력 제품이다.

■ 메타버스 콘텐츠 생태계와 '게임+소셜' 하드웨어

메타버스 구축에서 하드웨어 기기는 이용자 규모를 결정짓고, 콘텐츠는 이용자 참여를 이끌어낸다. 콘텐츠 측면에서 페이스북은 'VR 게임'과 '소셜 체험'라는 두 가지 성장 포인트를 기획했다.

그중에서도 이미 성숙된 VR 게임을 최우선 순위에 둘 것으로 보이며, 앞으로 상당 기간 VR 게임은 페이스북의 사업 체계에서 중요한 위치를 차지할 것이다.

한편 게임 콘텐츠의 공백을 메우기 위해서는 투자와 인수를 통해 신규 콘텐츠를 더 많이 도입할 것으로 예상된다.

- 2017년, 페이스북은 런던 360도 영상 및 VR 콘텐츠 제작 플랫폼 인 블렌드 미디어Blend Media에 투자함으로써 해당 플랫폼의 고급 콘텐츠 라이브러리에 접근할 수 있게 되었다. 이를 활용해 플랫폼 에서 360도 영상의 수적 성장을 견인하고 있다.

- 2019년, 페이스북은 VR 게임 '비트 세이버Beat Saber' 개발사 비트 게임즈Beat Games를 인수했다. 그해 소니가 발표한 10월 PSN(플 레이스테이션 네트워크) 미국 서버 판매량 순위에 따르면 '비트 세 이버'가 PSVR 판매량 1위를 차지했다. 같은 해 이어서 클라우드 게임사 '플레이 기가Play Giga'를 인수했고, 이 인수를 통해 전 세계 적으로 VR 게임 산업 영향력을 확대했다.

- 2020년에도 페이스북은 계속해서 게임 분야에 베팅하기로 결정 하고, 산자루 게임즈Sanzaru Games와 레디 앳 던Ready At Dawn을 인 수했다. 이로써 페이스북은 VR 게임 생태계 구축에 더욱 힘을 얻 게 됐다.

- 2021년, 페이스북은 온워드Onward 개발사 다운포어 인터랙티브 Downpour Interactive와 파퓰레이션: 원Population: One 개발사 빅박스 BigBox를 인수하며 VR 게임 분야의 입지를 더욱 넓히고 있다.

페이스북은 소셜 플랫폼을 기반으로 엔터테인먼트 콘텐츠를 확장하는 등 '소셜 경험' 분야에서도 많은 시도를 하고 있다. 페이스북 메인스테이션 내 뉴스페이지는 VR 하드웨어 기기를 통해 3D 파노라마 영상을 볼 수 있도록 지원하며, 메신저의 경우 2023년까지 퀘스트 기기를 빌려 메신저 친구와 채팅으로 상호작용할 수 있을 것으로 예상된다. 또한 페이스북은 지난 2021년 8월, VR 기기를 활용해 가상현실 회의를 열 수 있도록 지원하는 원격근무 애플리케이션 '호라이즌Horizon'을 출시했다.

페이스북은 메타버스 콘텐츠에 많은 노력을 기울이고 있지만 게임과 소셜만으로는 완전한 콘텐츠 생태계를 구축할 수 없다. 메타버스를 하나의 제품으로 확대 적용하려면 반드시 모든 사람을 그 속에 몰입하게 해야 한다. 그러나 일방적인 몰입이 되어서는 안 되며, 보다 완전하고 풍부한 콘텐츠 생태계에 의존해야만 비로소 실현될 수 있다.

메타버스에 관한 구상은 매우 많지만, 실제로 착수해 실현시킬 수 있는 것은 소수에 지나지 않는다. 이용자들이 메타버스에 대한 경험감을 높이고, 메타버스와 상호작용할 수 있게 하려면 페이스북으로서는 아직 해결해야 할 문제가 많다.

메타버스 회사로 거듭나 자신만의 메타버스 제국을 만들고자 하는 원대한 포부 앞에서 명칭 변경은 시작에 불과하다. 물론 사명을 바꾸면서 로고 또한 '무한대'를 뜻하는 수학 기호(∞) 모양으로 변경했다. 이 심벌은 마치 페이스북 자신과 대중에게 무언가를 전달하려는 것처럼 보인다. 메타버스를 탐험하는 과정은 뫼비우스의 띠처럼 끝이 없고, 오직 꾸준하게 탐구하는 길뿐이라는 메시지 말이다.

02
엔비디아: 옴니버스 인프라 플랫폼

2021년 4월, 'GTC 2021 개발자 컨퍼런스'에서 엔비디아 창업자이자 최고경영자인 젠슨 황Jensen Huang이 시그니처 가죽 재킷을 입고 자신의 주방을 무대 삼아 최신 서비스를 발표했다. 이날 온라인 키노트에서 젠슨 황은 구석구석을 돌아다니며 출시할 제품을 찾아 소개했다. 1시간 48분간의 라이브 방송은 성황리에 끝났고, 여느 키노트와 다를 바 없어 보였다. 그런데 사실 그 라이브에서 젠슨 황은 14초 동안 가상으로 출연했다.

같은 해 8월 11일, 컴퓨터그래픽 및 인터랙티브 기술 최상위 연례 컨퍼런스인 '시그라프SIGGRAPH 2021' 행사에서 엔비디아는 한 다큐멘터리를 통해 '가상 젠슨 황'의 비밀을 공개했다. 젠슨 황 CEO의 주방으로 알려진 그날의 무대도 실제 주방이 아닌 가상 공간이었다. 이 14초를 위해 엔비디아는 34명의 3D 디자이너와 15명의 소프트웨어 엔지니어를 동원하였다. 제작 과정을 간략하게 설명하면, 일단 젠슨 황과 그가 입고 있는 가죽 옷을 여러 각도에서 수천 장 넘게 촬영한다. 그 다음, 데이터 마이닝data mining, 시뮬레이션 모델링simulation modeling, RTX(엔비디아가 GeForce 20 이후 제품군에 밀어주고 있는 자사 그래픽카드 브랜드명), GPU 이미지 렌더링 등을 이용하여 젠슨 황의 디지털 모델링을 완성한다. 그리고 마지막으로 AI 모델을 이용해

메타버스 세상을 선점하라

피부 재질을 세분화하여 '가상 젠슨 황'을 진짜처럼 보이게 만들어낸다. 이들 디자이너와 엔지니어는 총 21개 버전의 젠슨 황을 만들어서 그중 가장 비슷한 것을 최종적으로 골라 '가짜'가 '진짜'를 대신하는 효과를 거뒀고, 이를 3개월 넘게 비밀에 부쳤다. 엔비디아가 스스로 밝히지 않았다면 지금까지 아무도 발견하지 못했을 것이다.

엔비디아가 막대한 인력과 물량을 투입해 가상 젠슨 황을 제작하여 쇼케이스에 등장시키고, 석 달 뒤 공개한 데는 옴니버스 RTX 렌더러renderer를 선보이려는 목적이 있었다. 즉 3D 시뮬레이션과 협업 플랫폼의 막강한 기능을 외부에 증명하고, 이를 이용해 실제와 거의 흡사한 가상세계를 시뮬레이션할 수 있다는 것을 보여주기 위함이었다.

■ 옴니버스 플랫폼: 메타버스를 향한 꿈

'시그라프 2021' 컨퍼런스에서 엔비디아는 옴니버스 기반 모델링과 협업 플랫폼에 대해 구체적으로 소개하고, 이를 활용해 메타버스 사업에 참여하겠다고 밝혔다.

GPU(Graphics Processing Unit, 그래픽스 처리장치)의 발명업체인 엔비디아는 수십 년간의 발전을 거치며 사업 범위를 확장해왔다. 그 과정에서 GPU의 하드웨어 지원뿐만 아니라 하드웨어, 소프트웨어, 클라우드 컴퓨팅 등의 제반 능력을 통합하여 더욱 강력한 기능을 가진 오픈 소스 이미지 처리 플랫폼 옴니버스를 만들었다. 이 플랫폼은 다른 제조업체의 다양한 렌더링 도구와 호환할 수도 있다. 옴니버스 플랫폼의 지원으로 이미지 기술 개발자는 보다 실제에 가까운 가상세계를 실시간으로 시뮬레이션할 수 있다. 또한 건축가, 애니메이터, 자동차 엔지니어(자율주행 연구개발 관련)도 옴니버스 플랫폼을 활용해 마치 문서를 편집하는 것처럼 매우 편리하게 3D 가상 장면을 설계, 수정할 수 있다.

이 점은 바로 메타버스의 탈중앙화, 이용자 직접 제작이라는 특징과 맞아 떨어지면서 엔비디아의 메타버스 분야 진출에 중요한 첫걸음이 된다. 엔비디아는 옴니버스 플랫폼을 하나의 메타버스로 만드는 것이 목적인 만큼 이 플랫폼에 오픈소스 사용과 호환성을 허용했다. 옴니버스 덕분에 많은 사람들이 3D 모델링, 게임 장면 개발, 제품 디자인, 과학 연구 등을 할 수 있게 되었다.

현재 옴니버스는 어도비Adobe, 오토데스크Autodesk, 벤틀리 시스템즈Bentley Systems, 로버트 맥닐 앤드 어소시에이츠Robert McNeel & Associates, 사이드FX SideFX 등을 포함한 많은 소프트웨어 업체들의 지원을 받아, 이용자 수가 5만 명을 넘어섰다. 앞으로 엔비디아는 이 플랫폼의 권한을 더 개방해 엔터프라이즈급 이용자에게 다가갈 예정이다. 엔비디아는 여러 중국 기업과도 협력하고 있는데, 많은 설계업체, 제조업체, 사무소가 엔비디아의 기술과 제품을 사용하고 있다.

■ 옴니버스 플랫폼의 비즈니스적 상상

많은 회사의 메타버스 프로젝트가 상상력을 풀어내고 시공간 법칙을 깨는 데 주력하고 있지만, 엔비디아의 옴니버스는 그렇지 않다. 오히려 산업, 비즈니스, 제조업의 미래 발전에 중요한 의의를 둔다.

　메타버스 세상을 선점하라

일부 회사가 엔터테인먼트, 예술 등의 업종을 타깃으로 구축한 메타버스는 현실주의 타파를 구실로 가입자를 끌어들여야 한다. 예를 들어 버추얼 패션 아이템의 경우 개인의 스타일을 최대한 살릴 수 있다는 점이 이들 제품만의 차별화된 가치이자 이용자들의 마음을 사로잡는 주요 포인트다.

그러나 엔비디아는 글로벌 프로그래머블programmable 그래픽 처리 기술의 리더로서 온전히 프로세서, 엔진, 성능 등의 우위에 의존하여 현실 세계와 매우 유사한 메타버스를 창조한다. 이러한 물리적 세계의 법칙을 시뮬레이션할 수 있는 능력은 엔비디아의 가장 자랑스러운 자산이며, 옴니버스 플랫폼을 구축하여 메타버스를 창조할 수 있는 발판이기도 하다.

옴니버스는 픽사Pixar의 USD(Universal Scene Description, 일반 장면 설명)를 기반으로 실시간 시뮬레이션과 디지털 협업이 가능한 클라우드 플랫폼을 만들었다. 이 플랫폼은 박진감 넘치는 물리 시뮬레이션 엔진 및 고성능 렌더링 능력을 보유하고 있어 이용자가 협동적인 온라인 창작과 상호작용을 할 수 있도록 지원한다. 창작 결과물은 물론 현실 세계와 상응할 수 있다. 즉, 이용자가 옴니버스 플랫폼을 통해 창조한 제품이나 애플리케이션을 실생활에서도 구현할 수 있다는 말이다.

표면적으로 옴니버스 플랫폼은 오프라인 실험실을 온라인으로 옮긴 것이지만, 사실 그게 전부는 아니다. 옴니버스 플랫폼은 시간, 공간, 비용의 제약을 허물고, 양적 변화를 통해 질적 변화를 일으킬 수 있으며, 실생활에서 할 수 없는 많은 임무를 쉽고 간단하게 해낼 수 있다.

인간의 생명과 지구상의 자원이 유한하기 때문에 많은 실험들이 영원히 결과를 얻지 못할 수도 있다. '피치 낙하 실험(Pitch drop experiment)'을 예로 들어보자. 실험의 목적은 이 세상의 물질이 겉으로 보이는 것처럼 간단하지 않고 구조가 매우 복잡하여, 마치 고체 아스팔트처럼 보이는 것이 사실은 액체라는 것을 증명하는 데 있다. 이를 증명하기 위해 실험자는 아스팔트를 깔때기 속에 넣고 실온에서 떨어뜨리는 장면을 촬영했다. 단순해 보이지만 1927년부터 2013년까지 86년간 지속된 이 실험은 호주의 퀸즐랜드Queensland 대학에서 시작해 더블린 트리니티Trinity 대학으로 이어졌다.[13] 하지만 옴니버스 플랫폼을 통해 이 실험을 하는 경우, 실행 시간 파라미터parameter만 조절하면 결과를 빠르게 얻을 수 있다.

메타버스에서는 물리적 세계의 시간, 공간, 속도, 역학 등이 모두 조절 가능한 파라미터로 변할 수 있어 다양한 실험 전개에 편리함을 제공한다. 이러한 환경에서 인류는 실제 세계의 무수한 가능성을 자유롭게 탐색한 후, 탐색 결과를 이용하여 실제 세계를 변화시키고 더욱 아름다운 삶을 창조할 수 있다. 만약 이 구상이 현실화된다면 메타버스는 인류 사회의 발전에 막대한 영향을 끼칠 것이다.

---

13 실험은 완전히 끝난 것이 아니라 현재까지 95년째 계속되고 있으며, 가장 긴 실험 진행 기간으로 기네스북에 등재되어 있다. – 옮긴이

메타버스 세상을 선점하라

03
마이크로소프트: 디지털 트윈 기반의 기업 메타버스

2021년 5월, 마이크로소프트 CEO인 사티아 나델라Satya Nadella는 애저Azure 제품 라인의 미래 비전을 그리는 자리에서 '기업 메타버스'라는 개념을 제시했다. 기업 메타버스 구축은 연구 개발, 제조, 협업, 유통, 전시, 단말, 고객 피드백 등의 단계를 거쳐야 하는데, 이는 고품질, 고효율 폐루프(closed loop) 프로세스 실현의 관건이다.

■ 기술 혁신과 생산력 변화

기술 반복 속도가 빨라지고 사람들의 작업 방식과 생활 방식도 크게 달라졌다. 이러한 변화를 종합 정리해 보면, 보다 유연하고 유동적이라는 공통된 방향성을 발견하게 된다. 다음은 신기술 영향 아래에서 작업 방식이 어떻게 변화하는가에 대한 구체적인 분석이다.

(1) 협업 애플리케이션의 부상

협업 애플리케이션은 통신 및 업무 프로세스와 협업 사이의 장벽을 허물고 이들을 융합하여 하나의 통일된 작업 흐름을 형성할 수 있다. 이러한 기능에 근거하여, 나델라는 이 애플리케이션을 매우 높이 평가하고 그것들이 오늘날의 사무 환경에서 갈수록 중요한 역할을 한다고 생각한다.

예를 들어 MS는 팀즈^{Teams}와 다이나믹스365^{Dynamics365}를 통합해 팀 구성원들이 더 쉽게 소통하고 전반적인 협업 과정이 순조롭게 이루어지도록 했다. 파워^{Power} 플랫폼은 '로우 코드$^{Low-code}$(프로그래밍을 배우지 않은 사람도 최소한의 수작업 코딩으로 앱을 만드는 기능)' 애플리케이션 플랫폼으로, 기업에서 기존에 개발한 앱을 이것과 연결해서 자동화할 수 있다. 이외에도 어도비^{Adobe}와 서비스나우^{ServiceNow} 등 독자적인 소프트웨어 개발사들도 협업 애플리케이션을 구축해 이용자들에게 좀더 다원화된 서비스를 제공하려 노력 중에 있다.

(2) 하이브리드 근무의 중요성

MS측 연구 결과에 따르면, 대부분의 직원들은 다원화된 방식의 원격 근무를 희망하는 동시에 대면 협업을 할 수 있는 기회도 많아지기를 원하는데, 이처럼 원격 근무와 대면 근무가 결합된 작업 방식이 바로 하이브리드 근무라는 것이다.

나델라는 갑작스러운 코로나19 사태가 사람들의 '9시 출근 5시 퇴근' 근무 공식을 어느 정도 바꿔놓았다고 진단했다.

코로나19 팬데믹 기간 중, MS는 직원들의 건강과 안전을 위해 일부 직원들의 재택근무를 허용했다. 이 과정에서 다수의 직원들은 자신이 이런 근무 방식을 좋아한다는 사실을 알게 됐고, 코로나19가 종식된 후에도 계속해서 유지되기를 바라고 있다. 그러나 많은 업무는 소통과 교류가 있어야만 완성될 수 있다. 따라서 원격 근무와 대면 대화가 가능하면서 '왔다갔다' 하지 않아도 되는 새로운 업무 방식이 필요하다. 일부 회의는 직접 참여할 수 있고, 일부 회의는 원격으로 참여하는 방식도 여기에 포함된다. 미래에는 이러한 근무 방식들이 업무 과정에서 중요한 역할을 할 것이다.

(3) 더욱 광범위한 의미의 생산성

근무 장소가 바뀜에 따라 생산성이 지니는 의미도 훨씬 넓어진다. 코로나19 사태는 근무 일수의 규정을 깨고, 9 to 5의 근무 공식을 바꾸는 등 여러 변화를 가져왔다. 관리자는 출퇴근 카드 기록 시간 대신 임무 완수 상황 등에 관심을 기울인다.

업무 스트레스가 끊임없이 가중되고 공공건강 문제가 지속되는 상황에서 회사는 이러한 변화를 받아들여야 한다.

나델라는 기업 관리자들이 직원들의 발전과 능력 향상에 신경 써야 할 뿐만 아니라, 자유롭고 여유로운 학습 환경 제공, 복리후생 개선 등을 통해 업무 잠재력을 이끌어내야 한다고 주장했다. 생산성 범위 확대는 기업의 창의력 향상과 지속적인 실적 성장에 더 좋은 조건을 제공한다.

■ 기업 메타버스: 디지털 트윈 기반 인프라

물리적 세계와 디지털 세계의 융합이 되돌릴 수 없는 흐름이 되면서 기업 메타버스는 필수 인프라가 되었다. 설계, 제조, 유통, 고객 피드백 등의 단계에서 기업 생산 활동에 일대 변혁을 일으킬 전망이다.

(1) 설계 단계

기업 메타버스는 평면 도면을 3D 형태로 구현하고, 시각화를 통해 제품의 설계, 기획 등의 단계를 검증한다. 이 과정에서 제품 전생애 주기의 제조 과정을 최적화하고, 제품 모델링 시간, 제품 생산 의사결정 시간, 제품 시험 제작 주기를 획기적으로 단축해서 제조 공정 불안정 문제에 효과적인 솔루션을 제공한다.

(2) 제조 단계

기업 메타버스는 생산 과정에 참여하고 있는 현장 작업자, 타지역 책임자, 훈련 인원을 아바타로 만들어, 생산, 연구개발, 교류, 제조 등의 과정이 가상과 현실에서 공존할 수 있게 한다. 이들 아바타는 3차원 가상 공간에서 활동하며 통일된 관리를 책임진다. 여기서 말하는 3차원 가상 공간은 아바타들이 한 공간에서 일할 수만 있다면 제품 전시실, 연구개발 실험실도 가능하고, 회의실이나 커피숍도 상관없다. 코로나19 팬데믹 여파로 이와 같은 수요가 급속히 증가했다.

(3) 유통 단계

기업 메타버스는 판매 전 전시, 사용 중 설명, 고장 후 AS까지 3가지 차원의 역할을 한다. 판매 전 전시 단계에서 기업은 3D 모델을 이용하여 제품을 전시하고 동작인식 UI, 음성 해설을 곁들여 보다 생동감 있고 매력적인 연출을 선보일 수 있다. 제품 사용 과정에서 종이 설명서는 직관적이고 몰입감 높으며 제품과 즉시 연결되는 가상 공간으로 대체해, 사용자가 제품 사용법, 주의사항 등을 직접 볼 수 있도록 지원한다. AS 단계에서는 기업의 AS 인력이 원격으로 제품을 점검해 고장 유형 및 수리 가능 여부를 판단한 뒤, AS 전 과정을 편리하고 효과적으로 관리할 수 있도록 맞춤형 방안을 마련한다.

(4) 단말 및 고객 피드백 단계

이용자는 메타버스 모드에서 제품을 구매하면 물리적인 제품을 얻는 동시에 그것과 똑같은 디지털 트윈 제품을 얻는다. 제품을 사용하는 과정에서 발생하는 다양한 물리적 정보와 제품에 관한 피드백은 모두 디지털 트윈 모델을 통해 기업에 피드백이 가능하다. 만일 이용자의 피드백이 가치가 있다면, 스마트 계약으로 실시간 분배되는 디지털 자산 인센티브를 받을 수 있다.

■ 기업 메타버스를 구축하는 두 가지 관건

기업 메타버스는 전면적인 디지털화를 기반으로 이뤄지는데, 몰입형 소통과 AI의 지원에 힘입어 인류 문명을 한 단계 도약시킬 수 있다. MS의 연구에 따르면, 기업 메타버스 구축에는 두 가지 관건이 있다.

첫째, 인프라가 반드시 완성되어야 한다. 여기에는 고정판 3D 엔진, 조작이 간단한 UGC 편집기, 조작이 어려운 PUGC 편집기, 자원이 풍부한 디지털 자산 소재 라이브러리가 포함된다. 고정판 3D 엔진의 주요 기능은 3D 가상 소셜 시스템, 경제 시스템, 분할 시스템 개발이다. 이때 시스템은 콘텐츠, 애플리케이션 마켓, 3D 시티 스퀘어 등 핵심 기능과 접목하여 풍부한 콘텐츠 생성 생태계를 형성하는 동시에 전통 콘텐츠와 상호작용하고, 최종적으로 여러 가지 인터랙티브 형식을 삽입하여 이용자에게 다양하고 심층적인 경험을 선사한다.

둘째, 가상현실 플랫폼을 통해 전통적인 비즈니스 모델과 비즈니스 이론을 업그레이드해야 한다. 예를 들면 교육, 관광 등 비즈니스 모델이 비교적 오래된 전통 산업을 직접 도입한 후, 이를 딥러닝하여 인터넷 고도화를 완성하는 것이다.

04

유니티 소프트웨어: 완전한 XR 생태계 구축

유니티 소프트웨어Unity Software(이하 유니티)는 전 세계 게임 개발 스튜디오 94%를 고객사로 둔 3D 게임 엔진 플랫폼이다. 메타버스 시대를 맞아 유니티의 주요 사업은 기업들이 메타버스에서 존재 가능한 회사를 만드는 데 도움을 주는 방향으로 바뀌고 있다. 유니티는 이미 홍콩 국제공항의 디지털 모델을 구축했는데 이 모델은 정상 작동하면서 실시간 상호작용을 지원한다.

타사와 비교했을 때 유니티의 강점은 막강한 시뮬레이션 능력에 있다. 예를 들어 화재, 홍수, 정전, 트랙 정체 등 돌발 상황에서 인파에 대한 실제 스트레스 테스트 등이 가능하다는 점이다. 바로 이러한 이점을 바탕으로, 유니티는 홍콩 국제공항 모델링 구축에 초청받게 되었다. 그 밖에도 유니티의 시뮬레이션 능력은 공업, 영화 산업, 자동차 산업 등 다른 분야에도 응용되고 있다. 시뮬레이션 엔진은 자동차 설계 및 생산에 활용되며, 이후 동일한 소프트웨어가 배치돼 최종 제품에 적용된다.

■ 완전한 XR 생태계

현재 중국 내 XR 분야 콘텐츠 생태계가 꾸준히 보완되고 있다. 지난 해, 퀄컴Qualcomm과 차이나텔레콤China Telecom이 여러 XR 산업체인 기업을 연합해 '2021 Qualcomm XR 혁신 애플리케이션 챌린지'를 개최한 바 있다. 이 행사의 목적은 소프트웨어 및 하드웨어 제조사, 개발자 생태계, 채널 배포 등의 자원을 통합해 개발자들이 보다 풍부하고 우수한 콘텐츠를 탐색하고, 효율적인 XR 콘텐츠 설계 프로세스를 만들어 국내 XR 산업이 빠르게 성장하도록 장려하기 위한 것이다.

XR 생태계는 두 가지 차원으로 이해할 수 있다. 가로 방향에서 보면 VR, AR, MR로, 세로 방향에서 보면 주로 하부 칩, 개발 플랫폼, 툴체인, 애플리케이션 플랫폼, VR 하드웨어, 단말 사용자로 이어진다. 이 가운데 칩, VR 헤드셋, 위치결정 기술은 각각의 폐루프 생태계에도 존재한다. 전체적으로 보면, 완전한 XR 산업 뒤에는 복잡한 생태계가 받쳐주고 있다는 것을 알 수 있다.

유니티가 플랫폼 개발에 힘을 보태는 방식은 주로 두 가지다. 하나는 오리지널 형태의 지원이다. 유니티는 오큘러스Oculus, 윈도우 혼합 현실(Windows Mixed Reality, 마이크로소프트의 VR+AR 플랫폼), 피코Pico 등의 공식 파트너가 많기 때문이다. 개발자가 이러한 플랫폼을 개발할 때 유니티 에디터를 사용하면, 관련 개발 조립이나 SDK(Software Development Kit, 소프트웨어 개발 키트)를 직접 적용하여 개발 디버깅을 수행하고 출력을 완료할 수 있다. 다른 하나는 유니티가 고객에게 쉐도우 크리에이터(Shadow Creator, 중국명 影创), HTC Vive 등 오픈 API(Application Program Interface, 운영체제와 응용프로그램 사이의 통신에 사용되는 언어나 메시지 형식) 인터페이스를 제공하면, 유저들이 이를 통해 유니티에 접속한 후 다른 개발자들을 플랫폼에 끌어들여 게임이나 애플리케이션 개발에 참여하도록 지원하는 것이다.

■ 유니티가 할 수 있는 것

기술 분야 회사인 유니티의 주력 사업은 기초 기술 개발이지 앱 개발이 아니다. 이 때문에 유니티는 어떻게 기술 발전을 이끌지, 어떻게 대규모 컴퓨팅을 뒷받침할지, 건설, 산업, 영상, 게임 등 해당 분야의 이용자들을 위해 어떻게 더 나은 개발 환경을 만들지에 주된 관심을 기울이고 있다.

볼보Volvo는 유니티의 실시간 3D 기술을 이용하여 완성차 개발과 마케팅 단계에 인터랙티브 가상 체험을 적용하였다. 그 결과 차량설계 주기를 효과적으로 단축하고 자동차 판매량을 끌어올렸다. 또한 볼보는 유니티가 구축한 XR 생태계를 활용해 자동차의 생산부터 판매까지 판매 전생애주기를 아우르며 인력 양성을 강력하게 지원, 보조하고 있다.

2021년 3월, 유니티는 건설, 엔지니어링, 시공업계 등에 증강현실 솔루션을 제공하는 공급사 비주얼라이브VisualLive를 인수했다. 비주얼라이브의 핵심 강점은 BIM(Building Information Modeling) 파일로 생성된 AR 애플리케이션을 홀로렌즈에 도입해 1:1 비율로 디자인 모델을 만들 수 있다는 점이다. 비주얼라이브는 현재 1,500여 개 건설사에 도입돼 설계심사, 사업조율, 시공계획, 공정품질검사 및 품질관리, 시공점검, 현장순찰, 시설관리 등 각 단계에 활용되고 있다.

이외에도 유니티의 활약은 다양하다. 독일 스타트업 홀로라이드 Holoride는 몰입형 차량용 VR 콘텐츠 개발에 필요한 도구를 일부 제공할 수 있는 홀로라이드 엘라스틱 SDK Holoride Elastic SDK를 유니티 엔진 기반으로 출시했다.

또한 유니티를 기반으로 제작된 '앵그리버드' AR 버전 게임은 게이머들에게 1인칭 새총을 제공한다. 게임 속 건물과 캐릭터, 물체를 현실 세계에 투사하고 실제 환경과 겹치게 하여 몰입형 슈팅 경험을 즐길 수 있도록 했다. 또한 게임 개발자인 매그노푸스Magnopus가 유니티 기술을 활용해 개발한 영화 「코코Coco」 VR 버전은 유저들이 영화 속 모험 여정을 경험할 수 있게 한다. 매그노푸스는 게임 속 화면과 장면, 그리고 캐릭터가 원작 그대로 나올 수 있도록, 게임을 제작하는 과정에서 유니티를 활용해 사용자정의 도구를 만들었다.

유니티는 2020년 스마트화 AR 창작 도구 마스MARS를 출시했다. 마스는 현실과 완전히 융합할 수 있는 스마트 혼합현실과 증강현실 체험을 만드는 데 사용할 수 있다. 마스의 모바일 스마트 동반자인 앱App은 애플사의 오브젝트 캡처Object Capture 기술 개발에 필요한 지원을 하고 있다.

마스는 탄생 기간이 짧았지만 케네디 도서관, 닛산 자동차, 레고, 미국 최대 가전업체인 웨이페어Wayfair 등 대화형 AR 앱을 만드는 여러 기업에 도입되었다. 앞으로 마스의 기능은 더욱 풍부해지고 응용 범위도 확대될 것이다.

메타버스 세상을 선점하라

05
디센트럴랜드: 가상 영토의 탐험가

마크 팔머Mark Palmer BTIG그룹 애널리스트는 메타버스 세계의 수혜를 입는 대표적인 예가 디센트럴랜드Decentraland라고 강조한 바 있다.

지난 2017년 창업한 디센트럴랜드는 블록체인으로 구동되는 완전히 탈중앙화된 가상현실 플랫폼이자, 이용자가 소유한 최초의 가상 세계로 자리매김했다. 디센트럴랜드에서는 이용자가 자신의 가상 이미지를 생성하여 다양한 콘텐츠를 탐색하고, 각종 탐색 활동을 하며, 다른 이용자와 상호작용할 수 있다. 디센트럴랜드는 샌드박스 게임 '마인크래프트'의 업그레이드 버전과도 유사하다고 할 수 있다.

디센트럴랜드의 모든 가상 토지는 매입할 수 있고, 소유자는 토지에 집을 지을 수 있다. 이곳에는 소더비 경매장, 궈성증권国盛证券(Guosheng Securities, 중국 메이저 증권사 중 하나), 초호화 마세라티 Maserati 전시장을 비롯하여 '규모는 작아도 있을 건 다 있는' 아담한 마을이 있어 쇼핑, 배달 주문 등을 맘껏 즐길 수 있다. 이용자는 그야말로 집 밖을 나서지 않고도 세계를 여행할 수 있다.

증강된 가상현실에 힘입어 디센트럴랜드는 가상세계와 현실 세계가 어우러지는 다양한 상상을 충족시킨다.

■ 청동기 시대부터 2021년까지

완전히 탈중앙화된 가상세계 디센트럴랜드의 진화 과정은 다음과 같다.

(1) 청동기 시대

청동기 시대는 디센트럴랜드의 초기 버전이다. 3D 모델링 등 기본적으로 가상세계에 필요한 기능을 이미 가지고 있지만, 디테일이 풍부하지 않고 자체 토큰이 출시되지 않아 이용자가 비트코인으로 거래를 해야 한다.

(2) 철기 시대

초기 버전이 출시된 지 2년 만에 디센트럴랜드는 자체 업그레이드 버전을 선보였다. 새로운 버전에서는 이용자가 그 안에 있는 건물을 둘러보고, 건물에서 개최되는 행사에 참여하며, 이벤트를 통해 숨겨진 기능(예: 컬렉션 획득 등)을 실행할 수 있다. 또한 필요에 따라 문자나 음성으로 다른 이용자와 대화할 수도 있다. 그 밖에 사용자는 건물을 만들어 판매하거나 시장에서 장비 등을 구매할 수 있다.

이전 버전과 비교했을 때, P2P 통신(peer-to-peer, 개인 대 개인 통신)을 지원하고, 빠른 결제 시스템과 자체 토큰(MANA)을 보유해 이용자가 보다 향상된 사회적 경험을 할 수 있도록 업그레이드됐다.

다만 여전히 초보적 단계이며 기술자와 참여 유저들이 함께 성장을 추진해야 한다. 스마트 웨어러블 기기의 확산으로 디센트럴랜드의 이념과 기술도 점차 고도화되어 보다 아름다운 가상세계를 만들어 나갈 것이다.

■ 토지: 디센트럴랜드의 가치 운반체

디센트럴랜드에서 사용하는 토큰은 MANA이며 ERC-20 형식이다. 이용자는 취득한 MANA를 통해 토지(LAND), 상품 또는 서비스 등을 구매할 수 있다. 그중 토지는 디센트럴랜드에서 가장 중요한 자산이자 이용자의 창조 행위를 가능케 하는 가치 운반체다. 실생활에서 모든 건축물이 토지에 의존해야 하는 것처럼, 디센트럴랜드 내의 3D 가상 공간 토지도 필지(Parcel)로 분할되며 데카르트 좌표(x, y)로 구분할 수 있다. 따라서 각각의 토지에는 좌표, 소유자 등의 정보가 포함되어 있으며, 그 가치 또한 인구밀도, 상업밀도 등 주변 요인에 의해 영향을 받는다. 토지는 경제적 가치 외에도 생태적 가치, 문화적 가치, 사회적 가치 등을 지닌다.

이로써 디센트럴랜드가 구축한 가상세계도 현실 세계와 유사한 부동산 개념을 갖고 있음을 알 수 있다. 특히 지리적 위치는 토지의 가치에 큰 영향을 끼친다. 어떤 토지가 중앙광장이나 큰 거리에 비교적 근접해 있다면 대개 이용자의 트래픽이 많은데, 이는 곧 소유자가 상품이나 서비스를 팔아 이익을 얻기가 더 쉽다는 것을 의미한다.

지리적 위치 외에 콘텐츠가 토지에 미치는 영향력도 만만치 않다. 예를 들면 실생활에서 경치가 아름답거나 특이한 건축물이 있는 곳은 많은 관광객을 끌어들이고, 인파의 증가는 주변의 경제 발전으로 이어져 그 지역의 경제적 가치를 높인다. 가상세계에서도 마찬가지로 양질의 콘텐츠는 많은 이용자를 유입시켜 인근 부지는 물론 주변 부지의 평가도 높인다.

양질의 콘텐츠는 건물 자체일 수도 있고, 건물 내 시설이나 전시물 등일 수도 있다. 예를 들어 디센트럴랜드에 조성된 가상 박물관은 박물관 마니아들의 욕구를 충족시켜준다. 이용자는 집 밖을 나서지 않고도 마음에 드는 명작들을 가까이 접할 수 있다. 이것은 현실세계에서 여건이 열악한 창작자들에게는 엄청난 혜택일 뿐만 아니라 NFT의 가치를 크게 높여준다. 이로 인해 형성된 긍정적인 피드백 효과는 디센트럴랜드 같은 가상 공간의 양성화를 촉진시켜 이용자가 가치 있는 콘텐츠를 보다 역동적으로 제작할 수 있도록 한다.

특이할 만한 점이 있다면 디센트럴랜드에서는 땅이 긴밀하게 연결되어 있어 새로운 블록이 기존의 블록에서 벗어나 존재할 수 없으며, 이러한 블록 간의 연계는 창작자들의 비즈니스 연관성 구축에 유리하다. 이용자 측면에서도 블록의 촘촘한 정렬이 미지의 세계를 탐색하는 데 유리하다. 그래서 디센트럴랜드에서는 지리적 입지가 월등하고 양질의 콘텐츠를 보유한 토지의 비즈니스 잠재력과 순발력이 더 크다.

■ MANA: 디센트럴랜드의 통용 화폐

토큰 메커니즘으로 볼 때, 디센트럴랜드의 MANA 토큰은 이용자 활동에 필요한 거래(예를 들면 이름, 패션, 이미지, 토지, 물건 등)가 이루어지는 공간이라면 어디서든 사용될 수 있다. 이외에도 이용자가 다양한 엔터테인먼트 활동에 참가하거나 디지털 음악, 디지털 전시물 등을 구매할 때도 MANA 토큰이 필요하다.

완벽한 토큰 메커니즘은 디센트럴랜드의 발전에 일정한 원동력을 제공해왔다. 이용자 수가 많을수록 MANA에 대한 수요가 많아진다는 것은 그만큼 디센트럴랜드의 생태계가 번창한다는 것을 의미한다.

전통적인 통화 유통과 달리 MANA는 매년 증발량이 일정하고 공급량 상한선이 정해져 있다. 따라서 MANA의 본질적 가치는 계속 커지겠지만 인플레이션율은 오히려 시간이 지날수록 낮아질 수 있다. 디센트럴랜드의 생산액 증가 속도가 MANA의 공급 속도를 초과할 때 화폐 가치는 높아진다.

제8장

중국 IT기업의 메타버스 현황과 판도

01
텐센트: '토탈 리얼 인터넷' 전략 구조

2020년 말, 중국의 대표 인터넷 기업인 텐센트의 창업자 마화텅Ma Huateng, 马化腾은 연례 특집호 「싼관三观」에서 "지금 흥분되는 기회가 오고 있다. 모바일 인터넷이 10년간의 발전을 거쳐 다음 단계로 업그레이드를 앞두고 있다. 우리는 그것을 '토탈 리얼 인터넷Total Real Internet'이라고 부른다. 가상세계와 현실 세계의 문은 이미 열렸다. 가상에서 현실로 들어가든, 현실에서 가상으로 들어가든 이용자가 더 실감나는 경험을 할 수 있도록 최선을 다하겠다."고 기술한 바 있다. 아울러 '토탈 리얼 인터넷'은 '반드시 이겨야 할' 텐센트의 차세대 전투라는 점도 강조했다.

■ 로블록스와 에픽게임즈에 투자

중국 내 최대 게임사인 텐센트의 메타버스 분야 중요 사업 중 하나가 바로 게임 플랫폼이다.

2020년, 샌드박스 게임 플랫폼 로블록스는 자본 시장의 지속적인 호평을 받으며 1억 5000만 달러의 투자를 받았는데 그 투자자 중 하나가 텐센트이다. 앞서 2019년 5월 29일 텐센트와 로블록스가 공동으로 로블록스의 중국 버전인 '로블로스罗布乐思'를 출시한다고 발표한 바 있다. 뿐만 아니라 동명의 합자회사를 공동 설립해 텐센트가 중

메타버스 세상을 선점하라

국 지역 운영을 맡고 있다.

지난 2021년 7월 13일 로블로스 공식 풀 플랫폼이 오픈했다. 해외 로블록스와 비교해 보면, 중국 버전인 로블로스는 여전히 고전적 기능을 갖추고 있다. 예를 들면, 개발자는 플랫폼으로부터 지원금, 상금 인센티브, 경기 기회를 얻는 것은 물론이고, 개발자 포럼, 온라인 튜토리얼 등을 통한 지원도 받을 수 있다.

텐센트는 로블록스 외에 최근 10년간 가장 큰 인기를 끈 게임 제작사 중 하나인 에픽게임즈Epic Games에도 투자했다. 이 회사는 '블릿스톰Bulletstorm', '포트나이트Fortnite' 등을 출시하여 업계에서 널리 인정받았으며, 최근 몇 년간 메타버스 분야에 대해 많은 탐구를 해오고 있다.

■ '게임+소셜+콘텐츠' 메타버스 구축

2021년 4월 15일, 텐센트 PCG(Platform and Content Group, 플랫폼 & 콘텐츠 사업 그룹)는 콘텐츠 사업 라인에 초점을 맞춰 2018년 9월 설립 이후 최대 규모의 조직 개편을 했다. 개편 후 텐센트 비디오는 숏폼 플랫폼 마이크로비전과 함께 PCG에 속한 온라인 비디오 BU(On-line Video Business Unit)를 구성하고, 잉용바오應用宝(텐센트 자체 앱스토어)와 텐센트 비디오 산하의 게임 채널은 완전히 새로운 사업부문을 구성해 텐센트 내 게임 콘텐츠 유통 업무를 담당한다.

비록 이번 조정은 직접적으로 메타버스에 관한 내용은 아니지만, 텐센트 부사장 겸 인터랙티브 엔터테인먼트 사업군(IEG) 텐메이天美

스튜디오 총재인 야오샤오광姚晓光에게 텐센트 부사장 량주梁柱의 뒤를 이어 PCG 소셜 플랫폼 사업 책임자를 겸임하도록 내린 결정으로 보아, 그동안 게임 분야에서 쌓아온 텐센트의 컴퓨터 그래픽 기술과 역량이 향후 소셜과 동영상 분야에 적용될 가능성을 엿볼 수 있다. 뿐만 아니라 2021년 9월 텐센트는 '큐브 메타버스', '평화 메타버스', '엘리트 메타버스' 등의 상표를 연이어 출원 등록했으며, 앞서 출원한 'QQ 메타버스', '플라잉카 메타버스' 등 관련 상표까지 합하면 텐센트가 누적 출원한 메타버스 상표 수는 이미 20개를 넘었다.

한편 SaaS(Software as a Service, 서비스로서의 소프트웨어) 사업자 팟스냅PatSnap에 따르면 텐센트가 공개 출원한 메타버스 관련 특허 건수는 이미 2만 4000건을 넘어섰으며, 이중 발명 특허가 99.74%를 차지하고 있다. 이들 특허는 주로 가상장면, 이미지 처리, 인공지능, 블록체인 등 분야를 포함하고 있으며, 취급하는 국가나 지역은 126개에 달한다.

꾸준한 기업 인수 투자 외에도 위에원阅文(China Reading)과 텐센트 동영상 등 자체 사업을 적극 활용해 IP 메타버스를 만들고 있으며, '게임+소셜+콘텐츠' 메타버스 구축도 더욱 활발히 진행하고 있다. 텐센트는 이제 막 메타버스 기초 생태계를 구축하기 시작했다. 지속적으로 게임, 소셜 등의 측면에서 접근하여 그들 스스로 제시한 '토탈 리얼 인터넷' 시대를 향해 나아감으로써 메타버스 전략 탐구에 없어서는 안 될 중요한 역할을 하고 있다.

텐센트는 내부 인큐베이팅, 외부 투자 두 가지 방식을 통해(QQ,

메타버스 세상을 선점하라

위챗 등 소셜 플랫폼의 막강한 영향력을 바탕으로) 온라인 문학, 애니메이션, 온라인 음악, 영상 제작, 영상 플랫폼, 온라인 게임 등의 분야에 적극 진출하고 있고, 그 결과 범엔터테인먼트 산업체인을 구축하였다.

전방위 콘텐츠 공급과 지속적인 콘텐츠 파생은 메타버스를 구축하는 막강한 기반이다. 텐센트는 이러한 범엔터테인먼트 산업체인 기반 위에 다양한 IP를 중심으로 영향력 있는 인포테인먼트infortainment(정보 'information'과 오락 'entertainment'의 합성어) 매트릭스를 형성하고 있다.

텐센트의 범엔터테인먼트 산업체인은 크게 게임, 영상, 음악 3대 축으로 나뉘는데 구체적인 분석은 다음과 같다.

- 게임 분야에서 텐센트는 위에원閱文, IEG(Interactive Entertainment Group), 더우위TV斗鱼TV/후야TV虎牙TV를 하나로 연결한 후 소셜과 연동하여 Z세대를 위한 인터랙티브 엔터테인먼트 커뮤니티를 구축한다.
- 영상 분야에서는 위에원閱文, 펭귄 필름(企鹅影视), 텐센트 영상(腾讯视频), 마오옌猫眼, 콰이쇼우快手 등 애플리케이션을 한데 연결하여 IP 운영 효율성과 텐센트의 콘텐츠 생태계를 극대화한다.
- 음악 분야에서는 위에원閱文, 텐센트 영상, 텐센트 게임, TME(Tencent Music Entertainment)를 연결한 후 소셜과 연동해 TME 상위 판권 사업에 대한 발언권을 꾸준히 끌어올리고, 현금화 채널을 확장시켜 현금 보유 역량을 끌어올린다.

■ 첫 NFT 거래 플랫폼 출시

2021년 8월 2일, 텐센트 산하의 NFT 거래 소프트웨어 '환허幻核' 가 정식 출시됐다.

플랫폼 설정에 근거하여, 현재 출시되는 NFT는 공식 홈페이지가 IP 라이선스와 공식 제작을 주도하고 있으며, 어떠한 제3자도 플랫폼에 NFT를 배포할 수 없다. 환허가 최초로 발매한 NFT는 리안李安, 천쟈잉陳嘉映, 리딴李诞 등 13개 인물의 어록이 담긴 「오디오 '13인의 초대' 디지털 아트 컬렉션 NFT」 300매다. 이용자는 NFT 작품을 구매하기 전 인터랙티브 경험을 할 수 있고, 구매 후에는 전속 각인권을 소유하게 된다.

유일한 암호화폐 토큰인 NFT는 이미지, 오디오, 비디오 등 형식의 디지털 자산에 적용될 수 있다. 어떠한 디지털 자산이든 NFT 수단을 거쳐 암호화되면 단 하나밖에 없는 디지털 인증서를 받게 되며, 블록체인 기술의 지원으로 복제나 변조 없이 영구 저장된다.

뿐만 아니라 NFT 기술 분야에 우위를 가지고 있는 만큼 텐센트 산하 음악 플랫폼은 중국 내 디지털 소장품 NFT 발행의 효시로 꼽힌다. 지난 2021년 8월 15일 QQ 뮤직 플랫폼에서 후옌빈胡彦斌 '허상和尚' 20주년 기념 블랙라벨 NFT를 정식 발매했으며, 첫 'TME 디지털 소장품' 2001장이 예약되어 빠른 속도로 매진되었다.

메타버스 세상을 선점하라

02
바이두: VR 2.0 산업화 플랫폼 출시

2021년 10월 19-20일, 세계 VR 산업대회 클라우드 정상회담이 장시江西 난창南昌에서 개최되었다. 대회는 '중국 VR 50대 기업', 'VR/AR 올해의 혁신상' 그리고 가상현실 산업 발전 연구 보고서, 백서 등을 발표했다. 2021년 참가 기업은 전년 대비 36.7% 증가했는데 바이두, 화웨이 등 인터넷 1위 기업뿐만 아니라 마이크로소프트, 엔비디아 등 '메타버스' 개념의 헤드 기업도 포함됐다.

이번 정상회담에서 바이두는 '2021 중국 VR 50대 기업'으로 선정된 것은 물론, 새롭게 진화한 바이두 VR 2.0 산업화 플랫폼을 소개했다. 또한 앞서 출시한 바이두 두뇌 듀믹스DuMix AR의 AI 지능화 기술력 향상을 기반으로 추진 중인 VR이 다양한 산업 분야에서의 새로운 응용을 선보였다. 메타버스에 있어서 VR, AI은 메타버스 산업 발전에 무한한 가능성을 열어줄 수 있는 중요한 인프라이자 운반체다.

■ 바이두 VR 2.0 산업화 플랫폼

바이두 VR 2.0 산업화 플랫폼 구축에는 막강한 AI 파워가 절대적으로 필요하다. 플랫폼 전체 구조를 살펴보면 VR 2.0 산업화 플랫폼은 바이두 두뇌를 기반으로 한다. 바이두 지도 능력, 스마트 비전 기술, 자연어 처리 기술, 지식 그래프, 바이두 스마트 언어 기술 등이 함

께 기술을 지원한다. 구체적으로, VR 2.0 산업화 플랫폼 구조는 〈표
8-1〉과 같이 기술층, 플랫폼층, 산업층 등 3개 층을 포함한다.

플랫폼 구조	구체적 내용
기술층	주로 소재 이해, 콘텐츠 생산, 감지 인터랙션의 세 가지 기술을 포함한다. 저지연시 VR 포인트 라이브, VR 콘텐츠 소화, 3차원 정보 복구, 다중 인터랙션, VR 개발 세트 등의 분야에서 풍부한 경험을 가지고 있다.
플랫폼층	VR 콘텐츠 플랫폼과 VR 인터랙티브 플랫폼으로 구성된다. 이중 VR 콘텐츠 플랫폼은 주로 소재 수집, 편집 관리, 콘텐츠 배포와 장비/소재/통일 프로토콜 수집을 포함하고, VR 인터랙티브 플랫폼은 메타버스 장면, 가상 아바타, 다중 대화, VR 헤드셋/소셜 네트워크 등을 포함한다.
산업층	바이두 VR 2.0 산업화 플랫폼은 교육, 마케팅, 제조 등 산업 분야에 VR 솔루션을 제공한다.

<표 8-1> 바이두 VR 2.0 산업화 플랫폼 구조

■ AI 지원으로 가능해진 메타버스 장면 혁신

2021년 8월 18일, '바이두 월드 2021(Baidu World 2021: The Future
of AI)' 총회가 온라인으로 개최되었다. 이 행사는 모빌리티, 라이프, 산
업, 자체 혁신 기술 분야에서 바이두 인공지능의 최신 성과와 활용을
생생하게 보여주었다. 뿐만 아니라 이번 총회에서 바이두는 새로운 전
시 컨벤션 형태인 '슈퍼 VR 클라우드 컨벤션'을 대중들에게 선보였다.
참석자들은 지정된 VR 기기를 착용하면 가상 이미지로 가상 회의 공
간에 들어가 동작, 언어 등을 통해 상호작용할 수 있다. 이처럼 가상과
현실의 직접적인 경계를 완전히 무너뜨린 참가 형식은 컨벤션의 효율
을 크게 향상시켰을 뿐만 아니라, 온라인 참여 경험을 크게 개선했다.

(1) 스마트 교육 장면

메타버스의 중요한 응용 분야 중 하나이면서 동시에 메타버스 산업에 안전 교육, K12 교육 등 다양한 응용 장면을 제공한다. 이중 전력 시뮬레이션 교육 등의 분야는 그 특수성을 바탕으로 이미 메타버스 응용 실습 범주에 들어가 있다.

바이두 VR 교육은 VR 기술 기반 K12 교실, 고교 실험실, 인재 양성, AI 스마트 교실 등의 솔루션을 제공해 교육 디지털화 업그레이드에 일조할 수 있다.

예를 들어 VR 대학 실험실 솔루션에서는 실제 장면의 시각적 효과와 물리적 특성을 최고 수준으로 복원해 교육의 질을 높일 수 있다. VR 인재 양성 솔루션에서는 제품이 가진 빅데이터 분석 능력과 휴먼 머신 러닝 가이드 기능을 기반으로 교수진 교육 등의 결과를 정밀 분석할 수 있다. 그 밖에도 고성능 소프트/하드웨어 통합 솔루션, 풍부한 양질의 전문 콘텐츠, 전문 토탈 커리큘럼 기능, 바이두 AI 음성 알고리즘과 VR 기술력 융합 등을 강점으로 하는 바이두 VR 교육 솔루션의 '실습+VR'이 적용돼 교육의 질을 혁신적으로 높이고 있다.

(2) 스마트 공산당 창립 장면

중국 공산당 창립 100주년을 맞아 인민일보와 바이두가 공동 제작한 '푸싱 스트리트 100번지(复兴大道100号)' 온라인 VR 전시관이 정식 오픈했다. 이미지나 동영상 형식의 기존 온라인 전시와 달리 바이두 VR이 가진 첨단 AI 역량을 바탕으로, 시대적 특성이 담긴 장면을 디지털로 구현한 것은 물론 몰입형 온라인 경험을 선사한다.

'푸싱 스트리트 100번지' 온라인 VR 전시관은 일반 이미지, 파노라마 이미지, 음악, 동영상, 3D 모델링 등 서로 다른 형식을 결합하여 공산당 창립 콘텐츠를 구현하였다. 시공간적 한계를 뛰어넘어 붉은 혁명의 광경을 전방위적이고 입체적으로 재현함으로써 관람객들이 당의 역사와 당의 정신 등을 더욱 깊이 있게 이해할 수 있도록 하였다. '푸싱 스트리트 100번지' 온라인 VR 전시관 등 시리즈의 응용은 바이두 VR의 첨단 로밍 능력을 잘 구현해, '2021 세계 VR 산업 대회'에서 '중국 가상현실 산업의 중요한 성과'로 선정됐다.

(3) 스마트 마케팅 장면

VR 마케팅 쇼핑 원스톱 솔루션은 VR 콘텐츠 수집, 편집, 클라우드 스토리지, 몰입형 전시 등을 원스톱으로 제공함으로써, 관광, 레크리에이션 박람회 등 다양한 업종의 마케팅 수요를 충족시킬 수 있다.

기존 마케팅 방안과 비교해 볼 때, 그 강점은 크게 세 가지 측면에서 나타난다.

첫째, 원스톱 SaaS화 서비스로 원클릭 콘텐츠 업로드 및 배포 지원과 VR 콘텐츠의 효율적인 양산화가 가능하다. 둘째, 전 시리즈 VR 촬영 하드웨어 지원으로 각기 다른 규칙과 장르를 지닌 제품의 VR 콘텐츠를 신속하게 촬영, 제작할 수 있다. 셋째, 다각도 전시로 상품의 디테일을 완벽하게 재현할 수 있을 뿐만 아니라 VR 기술을 접목해 정교한 운영, 계층별 마케팅이 가능하다.

03
알리바바: 다모(DAMO) 아카데미[14] XR 실험실

2021년 10월 19-22일, 중국 항저우杭州 윈치云栖라는 작은 마을에서 '선두, 탐색, 상상력'을 주제로 항저우杭州 윈치云栖대회가 열렸다. 아카데미 회원, 업계 리더 등을 포함한 수천 명이 참가하여 10대 기술 분야, 21개 업종의 첨단 기술 개발, 기초 제품 혁신, 디지털 산업 융합에 관한 내용을 폭넓게 다뤘다.

이 대회에서 알리바바 AI 실험실(AI Labs) 컴퓨터 비전 수석 과학자이자 알리바바 다모 아카데미 XR 실험실 책임자인 탄핑譚平은 메타버스 개념에 대해 해석하고 아울러 다모 아카데미 XR 실험실을 접점으로 알리바바의 메타버스 분야 진출을 분석했다.

다모 아카데미는 알리바바가 전 세계 여러 지역에 설립한 과학 연구 기관으로 기초과학, 혁신기술, 응용기술을 중점적으로 연구한다. 2021년 11월 현재 머신러닝, 데이터 컴퓨팅, 로봇, 핀테크, XR랩 등 총 5개 분야의 16개 실험실을 설립했다. 그중, XR 실험실은 다모 아카데미에서 가장 최근에 설립한 실험실이다.

현재, 차세대 모바일 컴퓨팅 플랫폼인 VR/AR 안경 및 새로운 모

---

14 다모 아카데미(The Academy for Discovery, Adventure, Momentum and Outlook) : 중국 최대 전자상거래 기업 알리바바의 산하 연구기관이다. – 옮긴이

바일 컴퓨팅 플랫폼 기반의 인터넷 응용 기술을 모색하고 있으며, 디스플레이, 휴먼 인터랙티브 기술 등 분야의 혁명을 이끌어내는 데 주력하고 있다.

인터넷의 발전 과정을 정리해 보면, 그 응용 양상이 컴퓨팅 플랫폼에 따라 변화해간다는 것을 어렵지 않게 발견할 수 있다.

인터넷이 모바일로 발전하고 PC가 스마트폰으로 옮겨가자, 소셜의 무게 중심은 QQ에서 위챗으로 이동했다. 스마트폰에 이어 이제 곧 VR/AR 안경이 차세대 컴퓨팅 플랫폼으로 떠오를 것이라 전망되는 가운데, 인터넷이 이 새로운 플랫폼에 구현되는 것이 바로 메타버스다.

VR/AR 안경이 인터넷 주류 플랫폼인 시대에는 인터넷 이용자마다 하나의 가상 이미지, 즉 아바타를 얻게 된다. 이 가상 이미지 덕분에 이용자는 가상 공간에서 다른 개체와 상호작용을 하거나 다양한 활동을 할 수 있다.

이러한 관점에서 보면, 게임, 소셜, 전자상거래 등 현재 인터넷 범주에 있는 응용 프로그램들은 모두 메타버스로 옮겨져 새로운 방식으로 구현될 수 있다.

XR 실험실이 초점을 맞춘 기술 포인트는 사실상 '새로운 디스플레이'와 '새로운 상호작용' 두 가지로 압축될 수 있다.

기존에는 PC든 스마트폰이든 컴퓨터 플랫폼이 이전하더라도 플랫폼의 디스플레이 인터페이스는 여전히 2차원적이었다. 서로 다른 창을 통해 콘텐츠를 보여주고, 이용자가 상호작용하는 방식도 클릭 등을 통해 조작할 수 있었다. 그러나 VR/AR 시대로 접어들면 인터넷 플랫폼 구현은 물론 이용자와 상호작용하는 방식까지 3차원이 될 것이다. 이용자는 가상세계를 몰입식으로 경험할 뿐만 아니라 그것을 현실 세계와 융합하고 연동할 수도 있다.

VR/AR 안경을 통해 접하는 가상세계에서 이용자는 언어나 동작 등을 통해 서로 다른 애플리케이션과 상호작용할 가능성이 높다.

이러한 변화 외에도 그 상위 응용은 더욱 역사적인 변혁을 맞이할 것이다. 탄핑이 생각하는 것처럼 메타버스는 우리 시대의 '회색 코뿔소'[15]다. VR/AR 안경은 컴퓨팅 플랫폼의 이전은 물론 인터넷 산업 전반에 큰 변화를 가져올 것이다.

알리바바의 구상을 살펴보면, 메타버스와 관련된 기술적 구조는 〈표 8-2〉와 같이 나눌 수 있다.

표의 4개 층은 사실상 레이어드된 관계다. 홀로그램 기반으로 홀로그램 시뮬레이션이 가능하고, 두 번째 층의 홀로그램 시뮬레이션을 통해 현실의 많은 문제점에 최적화된 솔루션을 얻을 수 있다. 이 솔루션은 세 번째 층의 가상-현실 융합을 통해 현실 세계에 반영되고, 궁극적으로 지능형 로봇을 통한 가상-현실 연동이 가능하다고 보고 있다.

---

15 세계적 정책분석가 미셸 부커(Michele Wucker)가 처음 사용한 개념. 개연성이 높고 파급력이 크지만 사람들이 간과하는 위험을 뜻하는 이 용어는 BTS의 곡 'Blue&Grey'의 가사로 쓰여 대중에게 더욱 널리 알려지기도 했다. - 옮긴이

기술 구조	구체적 내용
홀로그램 구축	메타버스 기술의 첫 번째 층. 가상세계 모델을 구축하고, 그 모델을 단말 기기에 구현하여 이용자가 몰입감 있는 경험을 할 수 있도록 하는 것이 목표다. 실제로 현재 이러한 기술은 이미 여러 분야에 응용되기 시작했는데, 예를 들면 VR 집 구하기 등이 있다. 메타버스에서 가장 얕은 층이다.
홀로그램 시뮬레이션	메타버스 기술의 두 번째 층. 동적 가상세계를 구축하고 가능한 한 현실 세계에 가깝게 만드는 것이 목표다. 이 기술은 현재 탐색 단계에 있는데, 예를 들면 몇몇 온라인 게임이나 디지털 트윈의 응용 등이 이에 속한다.
가상-현실 융합	메타버스 기술의 세 번째 층. 현실 세계에 무한히 근접한 가상세계다. 실제 세계의 고정밀 3차원 지도를 구축하고 위치를 결정한 다음 여기에다 가상세계 속 정보를 중첩하는 것으로 이해하면 된다. 이 층에 도달하면 실제로 완벽한 AR 세계가 구축될 수 있다.
가상-현실 연동	메타버스 기술의 최고층. 알리바바의 메타버스에 대한 독특한 이해이기도 하다. 이전까지 메타버스의 최종 목표는 가상-현실이 융합된 세계를 만드는 것이라고 생각했던 것과 달리, 알리바바는 메타버스가 궁극적으로 가상세계를 통해 현실 세계를 바꿔야 한다고 생각한다.

<표 8-2> 메타버스의 기술 구조

메타버스 세상을 선점하라

04
바이트댄스: VR 생태계 구축

메타버스가 기술 시장과 자본 시장에서 빠르게 부상한 이유는 먼저 여러 신흥 테크놀로지를 기반으로 강력한 기술적 강점을 구현했기 때문이다. 또 다른 하나는 메타버스의 기본 가치관이 공동 창조, 공동 향유, 공동 관리이기 때문이다. 이러한 가치관을 바탕으로 디지털 경제 산업의 혁신과 산업 체인의 확대를 극대화하고, 인류 사회 발전을 위한 새로운 생태적 그림을 그릴 수 있다.

이동통신, 빅데이터, 인공지능 등의 기술이 발전할수록 가상과 현실 사이의 경계가 모호해질 수밖에 없고, 메타버스는 당연히 차세대 인터넷의 새로운 형태로 자리 잡았다.

현재 페이스북, 마이크로소프트, 엔비디아를 비롯해 중국 텐센트, 바이트댄스 등이 관련 분야에 포진해 있다. 그중 바이트댄스는 가장 먼저 인공지능을 모바일 인터넷 분야에 적용한 IT기업 중 하나로, 이미 투자 인수합병(M&A)을 통해 VR 생태계를 구축해 나가고 있다.

■ 투자 인수합병: VR 유치를 위한 적극적 공세

2021년 10월 12일, 선전시 광저우光舟반도체기술유한공사(이하 광저우반도체)가 사업 변경을 진행한다. 그 변경 내용은 중요한 두 가지를 포함한다.

첫 번째는 주주를 새롭게 추가하는데, 새로운 주주 명단 중 가장 눈에 띄는 것은 베이징량쯔위에동 과학기술유한공사(北京量子跃动科技有限公司)로 다름 아닌 바이트댄스 관계사였다. 두 번째는 자본이 증가하여 회사의 등록 자본이 299만 7200위안에서 343만 1200위안으로 14.48% 증가하였다는 사실이다.

공개된 자료에 따르면 2020년 1월 설립된 광저우반도체는 선전에 본사를 둔 칩 회사로, AR 광학 전문가 주이성朱以胜과 과학자 추다핑初大平 교수가 주요 설립자이며, 광도파로(회절광학 칩), 광엔진(마이크로 프로젝션 모듈), 광학 모듈, 마이크로 나노 반도체 소재 및 공정 등 기술 관련 개발과 컨설팅, 기술 이전 등을 다룬다.

설립 기간은 비교적 짧지만 광저우반도체는 현재 AR 디스플레이 광칩 및 모듈을 설계, 양산하고 있으며 산하에 반도체 AR 글라스 하드웨어 제품 생산 라인도 보유하고 있다.

광저우반도체의 주요 경영 범위 중 회절광학은 이미 AR 광학의 미래로 인정받고 있다. AR 광학은 AR 하드웨어 시스템의 핵심이기도 하다. 따라서 바이트댄스가 광저우반도체에 투자하는 것은 메타버스 생태계 구축과 밀접한 관련이 있다. 결국 VR/AR이 메타버스의 핵심적인 하드웨어 입구인 셈이다.

광저우반도체 투자 외에도, 바이트댄스는 중국의 대표적인 VR 하드웨어 제조업체 피코Pico를 인수했다. 이를 통해 피코는 바이트댄스의 VR 관련 사업을 병합하고, 바이트댄스 VR 관련 기술력과 콘텐츠를 통합했다.

피코는 2015년 3월 설립됐으며(설립자는 저우훙웨이周宏伟 현 CEO), 베이징샤오니아오칸칸 과학기술유한공사(北京小鸟看看科技有限公司) 산하 브랜드다. 모바일 가상현실 기술과 제품 개발에 주력하는 IT 기업 피코는 거얼歌尔(GOERTEK) 지분과 전략적 제휴를 맺고 있는데, 이번 인수 이후에도 공급망의 안정적 운영을 위해 지속적으로 협력할 예정이다.

'IDC(Internet Data Center) 글로벌 증강과 가상현실 지출 가이드 라인'에 따르면 피코가 2020년 중국 VR 하드웨어 시장 점유율 1위를 차지했다. 뿐만 아니라 하드웨어 기기 분야에서 2021년 5월, 차세대 VR 일체형 기기인 피코 네오3Pico Neo3를 출시했는데, 각종 하드웨어 파라미터와 가격대가 오큘러스 퀘스트2와 거의 맞먹는 수준이다.

게임물에서는 VR 게임 대작을 지속적으로 선보이며 향후 게임 개발과 도입에 박차를 가할 계획이며, 콘텐츠 면에서는 자체 개발자 커뮤니티를 구축하여 우수한 개발자들을 대거 유치했다.

바이트댄스의 경우 이번 인수로 피코의 VR 관련 하드웨어, 소프트웨어, 인재 등의 자원을 흡수하게 되어 메타버스 생태계 구축에 보다 유리한 조건을 갖추게 되었다. 바이트댄스는 이 같은 투자 인수합병 조치 외에도 이미 VR/AR 분야에서 오랜 기간 연구를 진행하며 다양한 기술적 성과를 거두고 있다.

산하 제품인 틱톡의 경우 일찍이 2017년에 VR 소셜, AR 인터랙티브, AR 필터, AR 스캔 등의 기능을 중국 최초로 선보인 바 있다.

■ 투자 논리: 메타버스와 VR/AR의 관계

메타버스의 진정한 의미와 궁극적인 형태에 대해서 아직까지 정설은 없지만, 기술적 측면에 있어서 분명한 것은 세 가지 중요한 문제가 있다는 점이다. 즉, 메타버스의 진입 방식, 메타버스가 구현하는 형태, 메타버스 자율운행의 유지 이 세 가지다.

메타버스 구축면에서도 역시 세 가지 과제가 있는데, 인공지능 기술이 메타버스가 필요로 하는 콘텐츠를 제공해야 한다는 점, VR 기술이 사용자에게 몰입감을 줘야 한다는 점, 블록체인 기술이 하부 경제 시스템을 뒷받침해야 한다는 점이다.

몰입감은 메타버스의 중요한 특성으로 이용자가 스마트 단말기 접속을 통해 경험해야 하는데, VR 기기는 이를 완벽하게 충족시킨다. 메타버스가 인터넷의 궁극적인 발전 형태라면 VR/AR 기술은 인터넷 혁명을 일으키는 기폭제가 된다. VR/AR은 이용자가 몰입감을 얻게 만드는 주요 기술 수단일 뿐만 아니라 메타버스의 구성 요소이기 때문이다. 이용자가 현실 세계에서 메타버스의 가상세계로 진입하기 위해서는 전용 '열쇠'가 있어야 하는데, VR이 바로 그 '열쇠'인 셈이다.

따라서 메타버스 사업에 진출하려는 기업에게 있어서 '열쇠'를 획득하는 일은 대단히 중요하다, 이것이 바로 바이트댄스가 위와 같이 공격적으로 투자에 참여하는 전략적 의도이기도 하다.

'글로벌 창작과 커뮤니케이션 플랫폼' 구축을 비전으로 삼는 기업으로서 바이트댄스의 DNA는 메타버스와 잘 맞아떨어진다고 할 수 있다. 광저우반도체 투자와 피코 인수 후 바이트댄스는 하드웨어, 소프트웨어, 콘텐츠, 응용, 서비스 등을 총망라하는 가상현실 산업체인을 확보하여 경쟁력이 뛰어난 VR 생태계를 구축할 것으로 기대된다.

메타버스의 발전 추세를 살펴보면 VR 하드웨어 제조사의 향후 발전 포인트는 첫째, 고품질 콘텐츠 생산이고, 둘째, 가격 측면에서 우위를 점하는 것이다. 이 두 가지 포인트를 명심해야만 후속 발전을 추진하는 데 유리하고, 최종적으로 완벽한 콘텐츠 생태계와 메타버스 구축이라는 원대한 목표가 실현될 것이다.

제9장

골드러시 시대: 메타버스 세계의 창업 기회

01
VR/AR: 차세대 컴퓨팅 플랫폼 등장

5G, 인공지능, 클라우드 등 기술의 지속적인 발전과 융합으로 VR/AR 산업도 새로운 발전 단계에 접어들었다. 2020년 11월 발간된 'IDC 글로벌 증강과 가상현실 지출 가이드라인'에 따르면 2020년 전 세계 VR/AR 시장의 전년 대비 성장률은 43.8%, 지출 규모는 120억 7000만 달러이며, 2020~2024년 전 세계 총지출 규모의 복합 연간 성장률(CAGR)은 54.0%로 양호한 흐름을 보일 전망이다.

인공지능, 블록체인 등에 비해 VR/AR 산업은 왜 이렇게 빠른 속도로 성장할까? 메타버스가 개념에서 현실로 넘어가는 시점에서 어떻게 필수 산업이 되었을까? 이것은 주로 VR/AR 산업의 성격에 의해 결정된다.

인공지능, 클라우드 컴퓨팅, 사물인터넷 등의 주요 기능은 다른 제품을 지원하는 것이다. 예를 들면 정보 기록 시스템이 쉽게 훼손되지 않도록 하거나, 정보 분석 시스템이 더 정확하고 효율적이도록 만드는 것이다. 그에 반해 VR/AR은 다른 제품과 상관없이 독립적으로 존재할 수 있다.

컴퓨터, 스마트폰에 이어 VR/AR 기기도 차세대 대표적인 소비형 컴퓨터 테크놀로지 제품이다. 따라서 그 형태의 진화 역시 편리하고 스마트한 방향으로 발전한다고 볼 수 있다.

코로나19 여파로 소비, 사무, 교육 등 다양한 분야가 온라인 시대에 진입한 것도 가상현실 업계를 견인했다. 'KPMG[16] 2020 테크놀로지 산업 혁신' 보고서에 따르면 기업의 가상현실 투자가 크게 증가했다. 36%의 기업이 1~19% 투자를 늘렸고, 21%의 기업이 20%, 14%의 기업이 40% 이상 투자를 확대했다.

이외에도, 페이스북 퀘스트2, 마이크로소프트 홀로렌즈2 등으로 대표되는 VR/AR 단말 장비가 출시됨에 따라 2021년에 들어서서도 이 시장의 규모가 지속적으로 커지고, 동시에 평균 판매가격은 점차 낮아질 것으로 예상된다.

■ VR 산업

VR 산업의 발전 양상은 두 가지로 나눌 수 있다. 하나는 관련 하드웨어 제품이고 다른 하나는 응용 분야이다.

(1) 하드웨어 제품

몇 년간의 개발이 축적되면서 VR 하드웨어 산업도 호황 단계에 접어들었는데 대표적인 것이 페이스북 산하의 헤드셋 디바이스다.

2019년, 초대 오큘러스 퀘스트 가상현실 헤드셋이 발매되자마자 대성공을 거뒀다. 이후 2020년 10월, 페이스북의 제 2세대 독립 가

---

16 KPMG International로 144개국에 회원사를 둔, 세계적인 종합 회계감사, 재무, 자문 그룹. 한국에는 삼정 KPMG가 KPMG 인터내셔널의 회원사다. - 옮긴이

상현실 헤드셋 오큘러스 퀘스트2가 출시되었는데, 초대 제품보다 성능이 뛰어나고 화면 해상도가 높으며 외형 디자인이 보다 인간 친화적으로 디자인되었다. 가격도 초대 퀘스트 대비 100파운드 낮아졌다. 페이스북 내부에서 제공하는 데이터에 따르면 오큘러스 퀘스트2의 6개월간 판매량은 역대 오큘러스 VR 헤드셋 판매량을 모두 합친 것보다 많다.

한편 슈퍼데이터SuperData, 렉룸 등 기구의 통계와 예측에 따르면 2021년 연간 오큘러스 퀘스트2 판매량은 500~900만 대에 이를 것으로 전망된다.

(2) 응용 분야

게임 시장은 VR 하드웨어 제품의 주요 응용 분야 중 하나로, 관련 하드웨어 제품 판매량 성장을 견인할 뿐만 아니라 VR 산업 전반을 호황으로 이끌 것이다. 유명 VR 게임 '하프라이프: 앨릭스Half-Life: Alyx'의 경우, 출시 후 밸브 인덱스Valve Index 헤드셋이 31개국에서 잇따라 판매됐다. 뿐만 아니라 교육, 관광 등 다른 여러 업종에서도 VR은 꾸준하게 비즈니스 가치를 창출하고 있다.

■ AR 산업

VR 산업에 비해 AR 산업 발전은 다소 더딘 편이다. 제품 형태나 가격 등의 한계로 AR 제품은 아직까지 대중적 소비 수준에 이르지 못하고 있다. 광 도파로 렌즈(optical waveguide lens) 등의 제품은 5G

와 같은 관련 기술이 발전하고 응용 분야가 더욱 발굴되면 기술력과 양산 난제가 비교적 빠른 시일 내에 점차 해결될 것으로 보인다. AR 안경의 경우 기술적 노하우와 이용자 니즈에 자극받아 그 기능이 향상됨과 동시에 형태 또한 일반 안경과 더욱 가까워져 이용자들이 편리하게 착용하고 만족스러운 사용 경험을 얻을 수 있다.

AR 기반 원격 협업은 기기를 이용해서 소리, 이미지 등 정보를 수집한 후, 무선 네트워크를 거쳐 백그라운드로 전송하여 기술 지원을 받는다. 여러 IT 거대 기업의 AR 제품들이 소비자 시장으로 진출해 다양한 분야에 응용될 것으로 기대된다.

02
범엔터테인먼트: 콘텐츠 경제 시대의 도래

메타버스 발전의 궁극적 목표는 극도로 사실적인 가상 유니버스가 되는 것이다. 그러나 실제 유니버스는 계속 확장 상태에 있으며 질서 정연한 상태에서 무질서한 상태로 발전하는 엔트로피 증가의 과정을 거치고 있기 때문에 콘텐츠의 볼륨과 재생, 콘텐츠 간의 상호작용에 대한 요구가 높다. 메타버스의 구축을 위한 필수조건은 바로 충분한 양의 콘텐츠를 보유해야 한다는 것이다. 현재, 많은 애니메이션 회사나 영화 회사들은 모두 컨텐츠를 통해 자체 IP(Intellectual Property, 지식재산권) 유니버스를 만들려고 한다. 예를 들면, '펑선封神 유니버스', '탕탄唐探 유니버스' 등과 같이 컨텐츠를 계속 생산함으로써 논리적 모순 없이 지속적으로 발전 가능한 세계관을 확립하고자 한다.

IP 유니버스 구축 분야에서 현재 가장 성공한 것은 단연 '마블 유니버스'다. 2008년 영화 「아이언맨」을 개봉으로 마블 유니버스의 서막이 올랐다. 지금까지 마블 유니버스 시리즈는 13년에 걸쳐 영화 23편, 드라마 12편을 제작하며 일련의 클래식 IP를 만들어왔다. 마블 유니버스는 마블 코믹스를 기반으로 다른 만화, 영화, 애니메이션 등과 함께 다원화된 유니버스를 구성하고 있다.

마블 유니버스는 두 가지 방식으로 구축된다. 하나는 만화에서 단일 히어로 영화로, 이어서 멀티 히어로 영화까지 연동하는 방식이다.

또 다른 하나는 수많은 파생 상품을 출시하고, 이 상품들을 통해 팬덤의 결집을 강화하는 방식이다. 하나의 IP나 여러 개의 독립된 IP로는 유니버스를 형성할 수 없기 때문에 유니버스는 일련의 IP로 구성되어야 한다. 이들 IP 간에 강한 연관성을 띠고 다각화된 콘텐츠로 세계관을 풍부하게 만든 다음 여기에 이용자의 2차 창작이 더해져야만 한다.

유니버스는 초기 상태를 형성한 이후 다원화된 UGC를 통해 끊임없이 경계를 넓혀야 한다. 콘텐츠 생산이 진전되는 과정을 보면, 현재 우리는 PGC(Professional Generated Content, 전문적 생산 콘텐츠)에서 UGC(User Generated Contents, 사용자 생성 콘텐츠)로 발전하는 단계에 있다. 콘텐츠 생산 능력과 주류 사회 형태에 상관없이 활발하게 생성되고 있다. 예를 들어 오픈월드 게임 GTA(Grand Theft Auto)의 경우 개발진의 생산 능력에 한계가 있어 초창기 게임 콘텐츠의 경계가 협소한 편이었다. 이후 게이머가 자체 제작한 게임 모듈이 많아지면서 콘텐츠 체계가 풍성해지고 경계도 넓어졌다.

UGC 콘텐츠 생산 방식이 콘텐츠 체계를 풍성하게 만들었다는 점은 이미 틱톡, 콰이쇼우快手, 비리비리哔哩哔哩, Bilibili 등에서 검증됐다. 이러한 플랫폼의 콘텐츠 구성 중 PGC는 매우 작은 부분을 차지하고, 절대다수가 UGC이며, 일부 UGC는 이미 PUGC[17] 수준의 생산 능력

---

17 PUGC는 UGC와 PGC가 결합한 콘텐츠 생산 방식이다. – 지은이

을 가지고 있다.

UGC의 눈에 띄는 문제 중 하나는 콘텐츠의 질이 들쭉날쭉하다는 것인데, 고품질의 UGC를 생산하려면 AI 도입이 필요하다.

일례로 다중접속 온라인 3D 크리에이티브 커뮤니티인 로블록스는 이미 머신러닝 기술을 활용해 영어로 개발한 게임을 중국어, 독일어, 프랑스어 등 8개 언어로 자동 번역할 수 있고, 신화통신은 소우거우搜狗, Sogou, 바이트댄스, 바이두百度, 커다쉰페이科大讯飞(iFLYTEK, 중국판 '시리'로 불림-옮긴이) 등과 협업해 실시간 상호작용 등의 기능을 갖춘 AI 가상 앵커를 선보였다.

우리는 여전히 인공지능 발전의 초기 단계에 있고 많은 제품과 응용이 미숙하다. 하지만, 기존의 인공지능 도구 덕분에 콘텐츠 창작 과정을 간소화하고, 콘텐츠 생산 스트레스를 줄일 수 있다. 콘텐츠 생산자는 그야말로 다른 일에 신경 쓸 필요 없이 콘텐츠 품질을 향상시키는 데에만 노력을 기울이면 된다. 한 마디로 말해서 인공지능이 발달함에 따라 콘텐츠 생산이 AI 콘텐츠 창작 단계로 진입할 가능성이 높다. 그 결과 콘텐츠의 질이 전반적으로 향상되어 이용자는 메타버스라는 가상세계에서도 다양하고 질 높은 콘텐츠를 경험할 수 있게 된다.

발전하는 AI 기술력에 힘입어 이용자는 더욱 몰입감 있는 콘텐츠를 경험할 수 있을 것으로 기대된다. 현재 콘텐츠 구현 운반체는 여전히 이미지, 문자, 오디오, 동영상 등이다. 향후 VR/AR/MR 등의 기술이 발전함에 따라 콘텐츠 구현 방식이 다양해져 메타버스 유저들이 더욱 몰입감 있는 콘텐츠 경험을 할 수 있을 것이다.

메타버스 세상을 선점하라

메타버스의 콘텐츠 구현 방식은 전통적인 그래픽 콘텐츠, 비디오 콘텐츠에 비해 더욱 사실적이고 깊이가 있다.

- 영상 측면에서 VR/AR 인터랙티브 드라마는 콘텐츠의 주요 구현 방식이 될 수 있고, 이용자 경험을 강화한다. 구체적으로 다중 소셜 인터랙티브 모드를 이용하여 몰입형 온라인 '스크립트 킬(劇本朵)'[18] 등을 경험하게 하는 방식이거나, 인공지능을 이용하여 개방형 시나리오를 만들고 플레이어의 선택에 따라 스토리를 맞추는 등의 방식이 될 수 있다.
- 음악적 측면에서는 MR 등 기술과 접목하여 몰입감 있는 경험을 할 수 있고, 노래방 모드까지 결합해 좋아하는 가수와 한 무대에 설 수도 있다.
- 소설 읽기에서도 인공지능 기술을 활용해 이용자에게 몰입형 독서 경험을 선사할 수 있다.

정리하자면, 현재 주류를 이루고 있는 짧은 동영상, 음악 등을 통한 상호작용 형태보다 메타버스가 훨씬 더 네이티브 인터넷 대중들에게 어필하고, 이용자 참여 시간을 늘릴 수 있다.

---

18 미리 만든 각본에 따라 참가자들이 각자 역할을 분담한 뒤, 이를 연기하면서 숨겨진 '살인자'를 찾는 게임으로 한국의 일명 '마피아 게임'과 흡사하다. 처음에는 온라인에서 유행하다가 지금은 오프라인에서도 인기를 얻고 있는 추세다. 그러나 저작권 논란 등 각종 부작용도 속출하고 있다. – 옮긴이

03
가상 소셜: 몰입형 소셜 경험 구축

세계 최대 다중접속 창작 게임 플랫폼인 로블록스는 최근 몇 년 사이 소셜이라는 매개체가 이용자 경험의 가치를 높여가고 있다는 것을 파악한 듯하다. 지난 2021년 8월 17일, 로블록스는 길디드Guilded를 인수했다고 밝혔다. 인수 대상인 길디드는 게임 이용자들에게 좋은 소셜 플랫폼을 제공하기 위해 노력해왔으며, 이용자들은 길디드 플랫폼에서 음성이나 텍스트는 물론 서로 다른 이벤트 콘텐츠를 기반으로 커뮤니티를 구성해왔다. 현재 길디드는 수백 가지 게임에 채팅 서비스를 제공하는 것 외에도 로블록스, 리그 오브 레전드(LoL) 등 인기 게임들을 겨냥해 보다 최적화된 맞춤형 기능을 선보이고 있다.

중국에서도 메타버스 분야 주요 참가 기업 중 하나인 바이트댄스가 비슷한 시기 동남아 지역에 '픽스소울Pixsoul'이라는 제품을 출시해 이용자들에게 몰입감 있는 가상 소셜 플랫폼을 만들어주고자 시도했다. 실제 중국 내 소셜 플랫폼 '소울Soul'은 이미 2021년 초 '젊은 이들의 소셜 메타버스'를 만들겠다는 구상을 내놨다. 위챗, 웨이보 등 소셜 플랫폼과 달리 소울은 취미 그래프와 게이밍gaming 기법을 기반으로 제품을 설계해 가상 소셜 네트워크 구축에 초점을 맞추고 있다. 또한 알고리즘으로 구동되기 때문에 소울과 메타버스는 어떤 측면에서 잘 맞아떨어진다. 예를 들어 그룹 채팅 파티, 기프트모지Giftmoji[19] 등 혁신적인 플레이를 통해 이용자에게 저지연과 몰입감 있는 소셜 경험을 선사한다.

이 밖에도 예술 창작 등의 분야에서 독특한 소셜 모델이 전통 창작의 한계를 깨는 데 도움을 준다. 예를 들어 중국 내 대표 모바일 게임 퍼블리싱 플랫폼 창멍티엔디创梦天地가 선보인 팬북Fanbook은 팬들이 다양한 예술 작품을 창작하고 공유할 수 있도록 서비스를 제공한다. 팬북 플랫폼에서 창작자는 팬들과 직접 소통하며 소셜 메타버스를 함께 만들 수 있다.

메타버스는 게임성이 선사하는 몰입도 높은 소셜 경험과 풍부한 온라인 소셜 장면 등을 바탕으로 이용자들의 소셜 활동을 지원하고 있다. 아울러 메타버스에서는 이용자가 가상의 신분으로 소셜 활동을 할 수 있고 물리적 거리, 사회적 지위 등의 한계를 뛰어넘어 실제에 가까운 소셜 경험을 할 수 있다.

메타버스는 게임 구조에 입각해 만든 가상세계로 이용자의 몰입감을 극대화할 수 있다. 또한 이용자의 게임 행위 자체에 일정한 소셜 기능이 탑재되어 있는데, 예를 들어 「월드 오브 워크래프트World of Warcraft」의 플레이어 노동조합, 프렌즈 시스템 등은 소셜 속성을 가지고 있어 이용자는 전장战场, 인던(副本 , Instance Dungeon의 줄임말)

---

19 소울 사용자끼리 채팅창 안에서 선물을 구매하는 기능으로 한국의 카카오톡 선물하기 기능과 비슷하다고 보면 된다. – 옮긴이

등을 통해 소셜 상호작용을 할 수 있다. 그 밖에도 인던 팀 구성, 진영 대전, 파티플레이 등 더 많은 소셜 기능을 부여하였으며, 특히 「모얼 챵위안摩尔庄园」은 게임을 직접 소셜 이벤트로 격상시켜 그 기능을 더욱 풍부하게 하였다.

위에서 언급한 방식 외에도 로블록스, 포트나이트 등 파티 모드를 가진 게임들이 이용자가 게임 내에서 파티나 콘서트를 할 수 있도록 지원한다.

예를 들어 2021년 6월 「모얼챵위안」이 딸기 페스티벌과 공동으로 '신쿠즈新裤子(New Pants)' 밴드를 초청해 가상 콘서트를 개최하였다. 메타버스의 몰입감과 사실감이 지속적으로 향상됨에 따라 이용자들은 더욱 실감나고, 풍부하고, 다양한 종류의 소셜 경험을 할 수 있게 된다.

이용자가 가상의 신분으로 소셜 활동을 하면 공간 지리적 요소, 사회 지위적 요소 등 여러 가지 요소의 한계를 극복하고 대리 만족감을 높일 수 있다. 게임 내에서도 가상의 정체성을 만들어 취향에 맞게 아바타를 꾸밀 수 있다. 예를 들어 로블록스 게임 내에 아바타 상점이 있는데 이용자는 그곳에서 아이템을 구매하거나 본인이 직접 창작한 아이템으로 꾸미며 개성을 드러낼 수 있다.

아울러 가상 소셜 플랫폼은 소통과 교류의 제한 요소(예: 물리적 거리, 외모, 빈부 격차, 인종, 신앙 등)도 많이 제거해 이용자가 자유롭게 자신을 표현할 수 있도록 했다.

일례로 소셜 소프트웨어인 소울은 이용자가 가상의 신분을 가지고 소셜 활동을 할 수 있도록 지원하며, 관심사에 따라 다른 이용자나 콘텐츠를 추천한다.

이용자가 소속감을 높이고, 외로움을 해소하며, 자유롭게 소통할 수 있게 하는 중요한 매개체라고 볼 수 있다.

기반 기술이 발달하고 소셜 장면이 지속적으로 확장됨에 따라, 소셜은 현실 세계와 가상세계를 연결하는 중요한 역할을 하고 있다. 예를 들어 소울 플랫폼에서는 이용자들이 그룹 채팅 파티를 통해 토론, 음악 감상, 공부, 게임 등을 할 수 있고, 심지어 기프트모지를 통해 쇼핑까지 할 수 있다. 미래에 소셜 기능이 풍부해지고 가상세계와 현실 세계를 연결하는 방식이 많아질수록 소셜 메타버스는 이용자에게 더 극도의 경험을 선사할 것이다.

04
가상 아이돌: 기술로 구현되는 IP 현금화

최근 몇 년간 중국은 인공지능 분야에서 두각을 나타냈다. 가령 2021년 6월 중국 최초의 가상인간 '화즈빙华智冰'이 탄생했다. 얼굴과 목소리 등이 모두 인공지능 모델을 통해 생성되는 화즈빙은 우수한 교류 능력을 가졌을 뿐만 아니라 지속적인 학습 능력을 가지고 있기 때문에 '공부'하면서 '성장'할 수 있다.

사실 가상인간의 출발점은 일찍이 1989년 미국 국립의학도서관에서 시작한 '가시인간 프로젝트(Visible Human Project)'로 거슬러 올라간다. 이 프로젝트는 세계 최초로 가상 디지털인간의 개념을 제시한 것으로 평가된다. 현재 더 잘 알려진 가상인간으로는 일본 개발사 크립톤 퓨처 미디어Crypton Future Media가 선보인 가상 아이돌 하츠네 미쿠Hatsune Miku와 중국 최초 흑자를 달성한 가상 가수 뤄톈이洛天依 등이 있다. 오늘날에는 가상 아이돌의 형태가 점점 더 다양하게 변화하고 있어서, 초현실 가상 아이돌 루이디芮蒂(영어명 Reddi)나 중국 전통풍의 가상 아이돌 링翎(영어명 Ling)은 수만 명의 팔로워를 보유한 블로거일 뿐만 아니라 왕저룽야오王者荣耀(텐센트에서 만든 중국 1순위 모바일 게임), 리닝李宁(중국 대형 스포츠 브랜드)과 같은 유명 플랫폼이나 브랜드와 협업을 이루기도 한다.

이전 가상인간에 비해 최근 가상인간의 가장 큰 특징은 기술적 측면에서 성과가 두드러진다는 점이다. VR/AR 기술은 가상인간 캐릭터 구축에 갈수록 더 많이 적용되어 '사실감'을 크게 높이고 있다. 그리고 메타버스 콘셉트의 열기는 적지 않은 자본들의 가상 아이돌 제작 참여로 이어졌다. 하지만 이 분야는 아직 시작 단계이고 관련 기술이 더 발전해야 하기 때문에 진입 장벽이 높고 리스크가 비교적 크다.

중국 연구기관 아이미디어 리서치iiMedia Research(艾媒咨询)에 따르면 2020년 중국 가상 아이돌 핵심 시장 규모는 34억 6000만 위안, 그 주변 시장 규모는 645억 6000만 위안에서, 2021년 각각 62억 2000만 위안, 1074억 9000만 위안으로 성장할 것이 전망된다. 가상 아이돌은 실제 아이돌보다 가소성[20]이 뛰어나 시장의 니즈와 '팬'의 취향에 맞게 설정이 가능하기 때문에 기술적 지원에 힘입어 해당 분야 시장은 지속적인 성장세를 유지할 것으로 기대된다.

실제 아이돌 산업의 현금화 패턴과 유사하게 가상 아이돌 현금화의 주요 비즈니스 논리도 역시 팬덤 경제다. 현재 시장 분포를 보면 탑 레벨 가상 아이돌은 주로 IP(Intellectual Property: 지식재산권) 라이선스나 공연 등을 통해 수익을 내고 있고, 중간이나 하위 레벨의 가상 아이돌은 e커머스 생중계 등을 통해 수익을 내고 있다. 가상 아이돌 IP를 현금화할 수 있는 채널이 여전히 단일하다는 것을 알 수 있는 대목이다. 메타버스의 시장 환경 속에서 다각적인 현금화 모델을 만들

---

[20] 합성수지 등 고체에 열을 가하면 모양이 바뀌는 것을 가소성이라고 하는데, 본문에서는 가상 아이돌도 이렇게 바뀔 수 있다는 뜻으로 쓰였다. - 옮긴이

기 위해서는 고도의 맞춤형 매개체를 찾는 것이 가장 시급하다.

메타버스에 내재되어 있는 비즈니스 DNA 측면에서 봤을 때, NFT 를 매개로 가상 아이돌 IP를 현금화하면 가상경제의 수요와 맞물리면서도, IP의 현실적 가치와 메타버스의 가상경제를 효율적으로 연결할 수 있다. 현실 세계의 비즈니스 모델에서 '사람', 즉 소비자는 비즈니스 활동의 핵심이다. 따라서 사업자는 치열한 시장 경쟁에서 앞서 나가려면 수요에 대한 철저한 분석을 해야 한다.

또한 메타버스 가상세계의 비즈니스 모델에서 '사람' 즉 인간으로 대표되는 가상 캐릭터 역시 현실 세계의 이용자와 가상 공간의 사물 사이에서 가치사슬을 만드는 것이 매우 중요하다. 이 가치사슬은 물건이 가진 가치를 뿐만 아니라 이용자의 실제 니즈를 반영해야 한다. 현재 시장에서 주력 소비계층은 (아이돌 친화적인) 젊은 층이기 때문에 가상 아이돌과 '사람' 간의 연결 고리를 만들어야 소비층을 효과적으로 끌어들일 수 있다.

2021년 5월 20일 중국 최초 메타휴먼Metahuman 아야이AYAYI가 '탄생'했다. 각종 SNS에 '아야이'라는 이름의 계정이 개설된 가운데 샤오홍슈小红书 플랫폼에서는 아야이가 공개한 첫 번째 그림이 약 한 달 동안 9만 건이 넘는 좋아요와 1만 2000컬렉션을 기록하며, 글로벌 브랜드 겔랑Guerlain의 콜라보 러브콜을 받았다.

이후 2021년 9월, 아야이는 알리바바에 입사한다고 발표하였다. 티몰 슈퍼브랜드데이의 디지털 매니저로 일할 뿐 아니라 향후 NFT 아티스트, 디지털 큐레이터, 트렌디 브랜드 매니저, 톱클래스 디지털 매니저 등 다양한 정체성으로 활동한다고 한다. 많은 가상 아이돌과 차별화한 덕분에 아야이의 이미지는 더욱 실제 인간처럼 다가온다. 그동안 가상 아이돌 관련 콘셉트가 '2차원'이었다면, 아야이로 대표되는 '초현실 디지털 휴먼'과 관련된 콘셉트는 '메타버스'다.

알리바바는 초현실 디지털 휴먼과 손잡고 메타버스 마케팅 세계를 여는 것 외에도 메타버스를 비즈니스 모델과 융합하고 있다.

2021년 '솽스이㈍11'[21] 행사는 알리바바의 12번째 '솽스이'였다. 기존 프로모션 모델과 차별화된 점은 이 해 '솽스이'가 메타버스 콘셉트를 차용했다는 점이다. 최초의 아이디어 제시자이자 행사의 선두주자인 티몰은 사람, 물건, 장소에 관한 이론을 메타버스로 옮겼고, 각 브랜드들은 앞다투어 가상경제 레이스에 참가했다. 이것이 가능했던 이유는 현재 메타버스와 가상경제를 잇는 관건이 바로 접점 선택과 비즈니스 생태계의 재구성이기 때문이다.

메타버스가 자본 시장과 IT업계에서 크게 히트칠 수 있었던 것은 이러한 새로운 사업 모델 이면에 숨어 있는 경제 효과 때문이다. 메타버스 유전자와 잘 맞아떨어지는 가상 아이돌은 기술적으로 충분히 IP를 현금화할 수 있어 비즈니스 가치가 크다.

---

21 매년 11월 11일에 열리는 중국에서 가장 큰 e커머스 행사. 독신을 상징하는 1이 4개나 되는 날이어서 독신자의 날을 뜻하는 '광군제(光棍节)'라고도 부르며, 영어로 '더블 일레븐'이라 부르기도 한다. - 옮긴이

PART 4

응용편
메타버스의 응용 사례

제10장

메타버스+블록체인: 디지털 신세계 창조

01
블록체인: 메타버스의 기반 기술

SF소설 『스노크래시Snow Crash』에 묘사된 메타버스와 비교하면, 현재 발전 진화 중인 메타버스에는 VR, AR, ER, MR, 게임엔진 등 더 많은 기술적 성과가 녹아 있다. 이러한 기술의 지원으로 메타버스는 전통적인 물리 세계와 평행한 홀로그램 디지털 세상을 만들어 정보과학, 양자과학에 기회를 제공하고, 디지털과 생명과학을 융합하여 과학의 패러다임을 변화시킨다. 그뿐만 아니라 전통적인 철학, 사회학, 인문과학 체계에도 중대한 변혁을 가져온다. 이 밖에도 메타버스는 블록체인 기술, NFT 등 디지털 금융 성과와 결합해 디지털 경제 전환 모델을 더욱 다양하게 만들어 인류 사회에 디지털 전환의 새로운 길을 제공할 전망이다.

'TBanic(同伴客, 중국 블록체인 업계 데이터 분석 툴 서비스 사업자)' 데이터 연구기관에서는 2021년을 메타버스 '대폭발' 원년으로 부른다. 대폭발 초기에 물리적 세계는 비선형적으로 팽창된 상태를 보이는데, 현재의 메타버스가 바로 이 상태에 처해 있어 간단한 디지털 지표로는 그 크기, 팽창 속도를 묘사할 수 없다. 하지만 빠르게 발전하는 이 신세계에 대해 사람들은 항상 명확한 설명을 하고 싶어 한다.

TBanic은 이 신세계를 설명하는 가장 좋은 방법으로, 신세계가 구세계 가치체계(오픈트레이딩 마켓)에서 거래되는 가격이 얼마인가를 꼽았다. 이를 위해 현재 시장에 나와 있는 메타버스 종목의 시가총액,

개념 적합도, 시장 잠재력을 비교하고, 대량의 시장 연구 보고서를 분석하였다. 그 과정에서 10개의 메타버스 종목을 선택하고 시가총액을 가중 평균하는 방식으로 이들의 가격 평균을 산출해 메타버스 가치지수를 매긴 바 있다.

한편, 메타버스의 구축에는 많은 기술 지원이 필요한데, 블록체인이 바로 핵심 기술이다. 블록체인이 없었다면 메타버스는 영원히 게임 형태에서 벗어나지 못할지도 모른다. 블록체인은 현실 세계를 가상세계와 연결해 서로 마주보는 평행우주로 만들어 이용자의 가상신분은 물론 가상자산을 안전하게 보호하고, 이용자는 이 가상세계에서 가치 교환을 할 수 있다. 동시에 블록체인은 시스템 규칙의 투명성을 높이고, 이용자가 주도할 수 있게 하여, 단순한 게임이 아니라 하나의 경험, 하나의 라이프 스타일로 변화시킨다.

■ 디지털 트윈: 메타버스의 창조 요소

2020년 텐센트 내부 연간지 「싼관三观」에서 마화텅은 "양적 변화에서 질적 변화로 가는 과정은 온·오프라인의 일체화, 그리고 실체와 디지털 방식의 융합을 의미한다. 가상세계와 실제 세계의 문은 이미 열렸다. 가상에서 현실로 들어가든, 현실에서 가상으로 들어가든 이용자가 더 실감나는 경험을 할 수 있도록 최선을 다하겠다."라고 기술한 바 있다. 여기서 '가상세계와 실제 세계의 문은 이미 열렸다'가 의미하는 것은 바로 메타버스다. 그리고 이 말은 메타버스 외에 또 다른 개념, 즉 디지털 트윈에 관한 것이기도 하다.

디지털 미러링이라고도 불리는 디지털 트윈의 공식 정의는 '물리 모델링, 센서 업데이트, 실행 히스토리 등 데이터를 활용해 다학제(multidisciplinary), 다중물리량, 다척도, 다확률의 시뮬레이션 과정을 통합하고 가상 공간에서 매핑을 완료함으로써 해당 실물 장비의 전생애주기 과정을 반영한다'는 것이다.

쉽게 말해 디지털 트윈은 실제 물리적 세계를 참고해 1:1의 비율로 '디지털 쌍둥이'를 만드는 것이다. 이 과정에서 디지털 트윈은 물리적 세계를 디지털 세계에 매핑해 디지털 복제본이 되고, 그곳에 기본적인 성장 요소를 부여하여, 궁극적으로 가상과 현실의 공존을 실현한다.

■ 체인 기술로 자산 유동성 문제 해결

자산 유동성 문제를 해결하기 위해 메타버스는 독립적인 금융 시스템을 만든다. 즉, 가상자산을 하이퍼레저Hyperledger에 체인 자산 형태로 기록한 뒤, 스마트 계약을 활용해 거래하는 것이다. 이 금융 시스템은 해시 알고리즘을 이용하여 데이터의 일관성을 보장하고, 데이터가 조작되는 것을 방지한다. 그뿐만 아니라, 비대칭 암호화 알고리즘을 이용해 안전한 계정 체계를 만든다. 디파이DeFi(Decentralized Finance, 탈중앙화 금융)는 메타버스 내 자산을 실제로 유통시킬 수 있다는 점에서 자본시장이 가장 중요하게 여기는 가치를 지니고 있다. 메타버스의 초기 참여자는 커뮤니티를 만들어 각종 생산 요소를 유동시킨 후, 다시 체인 기술을 이용하여 서로 다른 메타버스 내의 자산을 유동시킬 수 있었다.

02
분산형 자산 유통 및 거래

디지털 시대의 진화 과정을 볼 때 메타버스의 출현은 일정한 필연성을 갖는다. 먼저 기술적 측면에서, 스마트 단말 기기의 보급과 응용, 5G 인프라 구축, e커머스의 급성장, 숏폼과 게임 생태계 호황, 공유 경제 정착은 메타버스의 출현과 발전을 촉진시켰다. 사회적 측면에서는 코로나19 팬데믹, Z세대, 사이버 펑크 등의 문화가 메타버스의 도래를 더욱 가속화시켰다.

디지털화 흐름 속에서 사람들의 업무 방식, 직업 선택 또한 크게 달라졌다. 코로나19 여파로 온라인을 통한 업무, 학습, 엔터테인먼트 습관이 자리 잡으면서, 수많은 프리랜서가 생기고 기업의 조직 형태가 바뀌었다. 여기에 Z세대의 가상세계 선호 몰입이 더해져 메타버스 도래에 긍정적인 영향을 미쳤다.

메타버스에 관한 탐구는 여전히 초보적인 단계이기 때문에 공감대가 부족하다. 그러나 메타버스의 특징과 관련해 현재 가장 많은 지지를 받고 있는 것은 벤처 투자가인 매튜 볼Matthew Ball이 제시한 관점으로, 메타버스는 안정적인 경제 시스템, 개방적이고 자유로운 창작, 강한 소셜 속성, 가상 정체성, 몰입 경험 등 다섯 가지 특징을 갖고 있다는 것이다.

블록체인 기술은 위조 불가, 영구 보존, 추적 가능, 투명한 공개,

집단적 유지 관리 등의 특징을 가지고 있기 때문에 메타버스 플랫폼 탈중앙화 가치 전송과 협업 문제를 해결할 수 있고, 데이터베이스를 공유하기 때문에 메타버스 플랫폼에서 가치 동기부여와 가치 전달이 가능하다. 또한 블록체인 기술과 스마트 계약의 시너지 효과로 메타버스에서의 가치가 질서정연하게 움직여 경제 규칙의 투명성과 확실한 이행을 보장한다. 게다가 중심화된 플랫폼의 독점 문제를 해결함으로써 메타버스에서의 가상자산은 콘텐츠, 플랫폼 등의 요인에 구애받지 않고 더욱 원활하게 유통될 수 있게 되었다.

블록체인 기술로 이용자의 권익 기록이 탈중앙화된다는 것은, 이용자가 취득한 가상자산을 이른바 중앙 기구의 제약을 받지 않고 필요에 따라 거래, 유통, 기타 처분을 마음대로 할 수 있다는 의미이다.

또한, 블록체인은 '성실'하고 '투명'하기 때문에, 어떤 분야에 적용해도 정보 비대칭 문제를 효과적으로 해결할 수 있고, 블록체인을 기반으로 한 탈중앙화 금융 생태계는 메타버스를 위한 효율적인 금융 시스템을 구축할 수 있다. 이러한 기반 위에서 이용자는 문턱이 낮고 효율성이 높은 금융 서비스를 제공받을 수 있으며 가상자산의 보험화, 증권화 및 담보대출 등을 자유롭게 할 수 있다.

여기서 말하는 고품질 금융 서비스는 메타버스에서 이용자의 가상 사물이 갖는 자산 속성을 또 다른 차원에서 강화하기도 한다. 이로써 안정적인 가상자산권과 완벽한 금융 생태계는 메타버스에서의 경제 시스템이 일정한 시장 기능을 갖추는 밑거름이 되며, 이용자는 창작과 노동을 통해 얻는 가상자산의 가치를 모두 그 시장에서 결정한다.

기존의 여러 플랫폼에서는 이용자가 많은 시간과 노력을 들여 획득한 가상자산을 효율적으로 유통하기 어려웠다. 하지만 블록체인 기술을 적용하면 플랫폼 간 가상자산 유통의 난이도를 크게 낮출 수 있다.

온라인 게임 플랫폼의 경우, 이용자가 소유한 가상자산은 해당 게임이 운영하는 플랫폼의 데이터베이스에 의해 기록되며, 만약 플랫폼을 넘나들며 유통되려면, 이 몇몇 플랫폼의 데이터베이스를 서로 연결해야 하는데, 구현 난이도가 높을 뿐만 아니라 필요한 비용도 플랫폼 운영사 측에서 받아들이기가 쉽지 않다. 반면 NFT를 활용해 가상자산을 기록하고 블록체인 기술을 기반으로 거래하면, 가상자산 유통 비용을 크게 줄일 뿐만 아니라 자산 결제 효율성을 높이는 동시에 신용 리스크를 낮출 수 있다.

03
블록체인 기반의 분산 식별자

인터넷 관련 기술 발전과 이용자 규모 확대에 따라 인터넷 계정의 숫자도 점점 방대해지고 있다. 그런데, 이러한 인터넷 계정에 포함된 정보는 모두 이용자 자신의 데이터임에도 불구하고, 법률적 측면이나 기술적 측면에서 이용자가 계정을 소유할 수 없고, 이익에 관한 관리나 통제도 할 수 없다. 반면, 이용자 데이터의 유출, 남용 문제는 점점 더 부각되고 있다. 개인들이 어떻게 자신의 디지털 정체성을 잃지 않으면서도 그 안에 담긴 정보를 저장, 보호할 수 있는가 하는 문제, 즉 탈중앙화된 신원증명 문제는 인터넷 이용자들의 가장 강력한 요구 중 하나다.

분산 식별자(Decentralized Identifier, DID)는 이용자의 디지털 정체성에 대한 '자기주권'을 검증할 수 있는 새로운 식별자이다. 블록체인 기술을 기반으로 이용자의 디지털 신원 생성, 검증 등 관리가 가능해 신원정보가 효과적으로 보호되고 규범 관리가 가능하다.

다른 합동 식별자와 확연히 다른 점은 중앙 시스템에 의해 통제되지 않으며 개개인이 자신의 정보에 완전한 통제권을 가질 수 있다는 것이다. 게다가 해석성이 매우 높으며, 복호화 및 암호화 검증이 가능하다는 장점이 있다. 그리고 보다 안전한 통신 채널을 구축하기 위해 분산 식별자는 일반적으로 공개 키key, 서비스 단말과 같은 암호화된 콘텐츠와 연관된다. 각각의 분산 식별자에는 암호화 재료, 검증 방법 또는 서비스 엔드포인트 등의 정보가 포함되어 있으며, 이는 또한 이용자의 분산 식별자 문서 제어를 보장한다.

또한 분산 식별자는 전 세계적으로 유일한 식별자일 뿐만 아니라 인터넷 공간에 적용되는 완전히 새로운 분산형 디지털 신분 및 공개 키 인프라(PKI, Public Key Infrastructure)층의 핵심 구성 요소이다.

분산 디지털 신분의 장점은 다음과 같은 세 가지 측면에서 나타난다.

■ 안전성

분산 디지털 신분의 가장 중요한 장점이기도 하다. 이용자의 디지털 신분 식별이 탈감지 설정을 거치기 때문에 데이터 정보가 최대한 노출되지 않는다. 또한 이용자의 허가에 의한 신원정보 제공은 최소 공시의 원칙을 고수하며, 의도하지 않은 유출은 없다. 그 밖에도 이용자는 관련된 신원정보를 오래도록 저장할 수 있다. 이로써 이용자는 자신의 현실 신분 및 검증 가능한 디지털 바우처 등 개인정보를 완벽하게 관리, 통제할 수 있으며, 인증되지 않은 기관은 이용자와 관련된 실체 정보를 제공받을 수 없게 된다.

■ 신분 자율 통제

분산 식별자가 이용자의 실제 신분을 디지털 신분과 밀접하게 연관시키고 이용자의 권한을 통해서만 합리적으로 사용할 수 있기 때문에 이용자의 신분은 자율 통제가 가능하며, 어떠한 제3자가 하는 신원정보 관리에도 구속받지 않는다.

■ 분산형

분산형 디지털 신분 시스템에서는 이용자 신원정보 관리가 탈중앙화돼 무분별한 유출과 변조를 피할 수 있다. 이러한 디지털 신분 시스템에 기초하여 이용자들이 인터넷 공간에서 교류하는 기반은 특정한 제3자 플랫폼이 아니라 자신의 신분 데이터다.

플랫폼 차원에서도 분산형 디지털 신분이 플랫폼 간 평등한 협업과 이용자를 위한 공동 서비스 제공에 훨씬 유리하다.

메타버스 세상을 선점하라

04
분산형 거버넌스 및 의사결정 메커니즘

전통적인 인터넷 생태계에서 중심화된 플랫폼은 트래픽 측면의 우위와 규칙 측면의 비대칭적 우위를 차지하기 때문에 그 운영 방식은 대체로 플랫폼의 입장과 이익에 기반하고, 이는 이용자 입장에서도 어느 정도 손해다. 만약 메타버스에서 이러한 논리를 그대로 답습하여 중심화된 플랫폼이 주도하는 비즈니스 모델을 구축한다면, 데이터 분야의 자연스런 독식으로 인해 메타버스의 독점 역시 필연적으로 더욱 심각해지고, 이는 건강하고 지속 가능한 발전에 도움이 되지 않을 것이다.

블록체인 기술을 활용해 메타버스를 대표적인 블록체인 분산 자치 조직으로 구축하면, 중심화 플랫폼의 독점 문제를 해결할 수 있다. 블록체인 기술을 적용하는 경우 메타버스에서 이용자 신원정보 및 가상자산 등을 특정 플랫폼의 관리 및 통제 없이 정보를 암호화하는 방식으로 블록체인 기반 플랫폼에 저장할 수 있다.

이로써, 특정 플랫폼은 이용자의 정보를 독점할 수 없고, 무단으로 유포하거나 남용할 수도 없으며, 오로지 이용자에게만 서비스를 제공할 수 있다. 스마트 계약이 구축된 만큼 플랫폼은 진정한 탈중앙화 운영이 가능하다. 또한 규칙 및 확장 메커니즘, 합의 메커니즘, 의사결정 메커니즘을 정교하게 설계함으로써 조직 관리 비용이 크게 절감되고 효율성이 향상되어 조직의 사전 설정 목표 달성을 보장할 수 있다.

분산형 거버넌스란 〈표 10-1〉과 같이 4가지 사항을 포함한다.

분산형 거버넌스	주요 내용
비전과 가치관	메타버스 내의 문서 생성, 네트워크 작동에 포함되는 세부 사항은 모두 예외 없이 메타버스 구축의 비전과 계승 가치관을 구현해야 한다.
소프트웨어 프로토콜	주로 네트워크 내 거래 및 기타 중요한 정보의 범주를 확정하는 데 쓰이며, 그 안에 포함된 소프트웨어 자체에 대한 수정 규칙이 바로 블록체인 거버넌스 부분이다.
규칙	소프트웨어 프로토콜에 내장된 규칙과 소프트웨어 프로토콜 외부에 내장된 규칙 및 규정을 포함한다.
커뮤니티의 협조와 관리	소프트웨어 외부 규칙의 주요 기능은 더욱 광범위한 커뮤니티 활동 조직을 조정하는 것, 즉 오프 체인 거버넌스(off-chaingovernance) 부분으로, 전통적인 무료 오픈소스 소프트웨어 프로젝트의 거버넌스와 일정한 유사성을 가진다.

<표 10-1> 분산형 거버넌스 주요 내용

위에서 언급한 내용 중 블록체인 부분은 분산 거버넌스의 혁신성을 잘 드러낸다. 메타버스가 블록체인 데이터 분석, 토큰화, 자동화 등과 관련된 내용을 다룰 경우 관련 소프트웨어 업데이트, 토큰 자원 할당 등이 가진 독특한 강점을 나타낼 수 있다.

메타버스 세상을 선점하라

제11장

메타버스+게임: 게임 산업 구도 재편성

01
게임: 메타버스의 기초 형태

메타버스가 주목받는 이유는 이용자들에게 보다 양질의 다양한 경험을 선사할 수 있는 엄청난 발전 가능성과 넓은 발전 공간을 가지고 있기 때문이다. 그렇다면 과연 메타버스는 이용자들에게 어떤 경험을 선사할 수 있을까? 메타버스의 특징을 통해 살펴보면, 메타버스는 이용자들의 온·오프라인 일체화 경험을 만족시켜, 게임, 소셜, 소비 등을 포함한 각종 산업이 디지털화되는 이른바 '토탈 리얼 인터넷 시대'를 여는 것이다.

현재 많은 사람들이 로블록스, 포트나이트 등의 게임을 메타버스의 원형으로 인식하고 있으며, 미래에도 이러한 게임들이 메타버스 발전을 지속적으로 견인하는 역할을 할 것으로 보인다. 게임을 기반으로 메타버스는 이용자들에게 더욱 풍성한 범엔터테인먼트 경험을 선사할 수 있다.

메타버스는 현실 세계를 참조하여 만든 가상 공간이라는 점에서 게임과 유사하다. 게임도 현실에 대한 시뮬레이션과 상상을 바탕으로 만들어진 가상세계이기 때문에 양자의 형태가 비슷할 수밖에 없다. 그리고 메타버스의 구축은 게임에 의해 이루어지므로 게임은 메타버스 구축을 위한 기본적인 논리를 제공한다. 한마디로 말해, 메타버스는 게임이라는 기초 위에서 한 단계 더 확장된 것이라고 볼 수 있다.

(1) 현실 세계를 기반으로 가상 공간 구축

게임과 메타버스 모두 현실 세계를 기반으로 가상 공간을 만드는 것인데, 그중에서도 게임은 현실 세계에 입각해 지도와 장면을 만들어 경계가 있는 가상세계를 만드는 것이다.

예를 들어 「그랜드 테프트 오토 5Grand Theft Auto 5」는 오픈월드 액션 어드벤처 게임으로, 유저에게 로스 산토스Los Santos(미국 로스앤젤레스를 배경으로 만든 가상도시) 빅 맵을 제공한 후 게임이 만들어 놓은 가상세계를 자유롭게 탐험하도록 한다.

또 다른 예로, AR 게임인 「포켓몬 GO」는 현실 세계에 입각해 탐색할 수 있는 포켓몬 세계를 만들었다. 오픈월드 게임이든 AR 게임이든 모두 메타버스 전개 방식의 기초가 된다. 메타버스는 게임을 기반으로 가상세계의 경계를 확장시켜 지속적으로 늘어나는 콘텐츠를 탑재해야 하기 때문이다.

(2) 모든 이용자에게 주어지는 가상 신분

게임 세계에서도 메타버스 세계에서도 이용자에게는 하나의 가상 신분이 주어지고, 그 가상 신분으로 소셜, 엔터테인먼트, 거래 등의 활동을 해야 한다.

예를 들어 텐센트 모바일 게임인 「Moonlight Blade(天涯明月刀, 천애명월도)」는 캐릭터 생성 시 세밀한 커스터마이징 방식을 제공하고, 「모얼좡위안摩尔庄园」과 같은 소셜 게임은 이용자들에게 풍부한 소셜 네트워크를 제공한다. 메타버스는 하나의 통일된 체계이므로 비록 각기 다른 상업 주체가 활동하고 있더라도 신분 시스템에 대한 통일된 관리가 필요하다.

메타버스의 신분 관리는 다중접속 온라인 3D 크리에이티브 커뮤니티 로블록스와 유사하다. 로블록스 플랫폼에는 많은 게임이 있지만, 이 게임들은 하나의 소셜 관계와 하나의 신분 시스템을 공유하여 이용자에게 양질의 게임 및 소셜 경험을 선사함으로써 고객들의 높은 충성도를 확보하고 있다.

(3) 게임 엔진의 강력한 지원

게임 엔진은 메타버스가 몰입감, 사실감 등이 뛰어난 가상세계를 만들 수 있도록 강력한 지원을 제공한다. 실시간 상호작용이 가능한 초대형 디지털 장면으로서의 메타버스는 방대한 양의 정보를 처리할 수 있는 다원화된 능력이 필요하며, 이러한 능력은 쉽고 간단한 도구로 포장되어 콘텐츠 창작자 및 개발자와 공유되어야 한다. 바로 그 도구가 게임 엔진이다. 차세대 기술을 능가하는 성능을 갖추고 있어서 보다 박진감 넘치는 장면을 연출하는 데 활용된다.

02
몰입형, 다원화된 게임 경험

기술자, 개발자들의 다년간 연구과 노력을 거치면서 게임은 매우 다양한 플레이가 가능해졌다. 이로 인해 메타버스는 게임을 기반으로 이용자들에게 보다 다양하고 몰입감 있는 경험을 선사할 수 있게 되었다. 그러나 게임은 어디까지나 메타버스의 초보적인 형태일 뿐, 몰입감, 자유도(게임 안에서 유저가 자유로운 행동을 할 수 있는 정도), 콘텐츠 파생 면에서 여전히 업그레이드될 여지가 많이 남아 있다.

게임의 세계에서, 오픈월드 게임은 몰입감에 대한 이용자의 요구를 충족시키고, 샌드박스 게임은 자유도에 대한 요구를, 시뮬레이션 게임은 사실감에 대한 요구를 충족시킨다. 메타버스는 이 세 가지 게임의 장점을 집대성하고, 보다 다원화된 경험을 파생시켜 이용자의 요구를 만족시켜야 한다.

오픈월드 게임은 몰입감과 자유도에 대한 유저들의 요구를 충족시켜주는데, 이러한 게임의 대표주자는 테이크투Take-Two가 개발한 「그랜드 테프트 오토 5」이다. 플레이어들에게 디테일이 풍부한 로스산토스 빅 맵을 제공해 게임 내에서 자유롭게 도시를 탐색하고, 메인미션을 수행하는 동시에 다양한 비선형적 미션을 수행하게 한다. 또한 달리기, 점프, 수영 및 탈것을 이용해 세계를 돌아다니는 등 실생활에서 하기 힘든 많은 경험을 할 수 있다. 이 게임은 리얼시티 시장 전망에 대한 환원도가 매우 높으며, 유저들의 자유로운 탐색을 지원해 몰입감 높은 경험을 선사한다.

이외에도 CDPR(CD Projekt Red, 폴란드 게임 개발사)이 선보인 클라이언트 게임 「더 위쳐The Witcher」 시리즈, 미하요우米哈游, Mihoyo(중국 상하이 소재 게임사)가 선보인 모바일 게임 「위앤선原神」 등도 이용자들에게 좋은 경험을 선사하며 많은 호평을 받았다. 미래에는 게임 엔진이 계속 업그레이드됨에 따라 메타버스의 렌더링 효과, 장면의 디테일이 끊임없이 향상될 것이며, 메타버스는 전통적인 지도의 경계를 벗어나 진정한 의미의 개방성을 띠게 될 것이다.

샌드박스 게임은 크리에이티브 플레이를 접목해 이용자들이 자유롭게 창조할 수 있는 공간을 제공한다. 모장 스튜디오Mojang Studio가 개발한 「마인크래프트」가 대표적인데, 무작위로 3D 세계를 생성해 탐색하고 인터랙티브 경험을 할 수 있다. 게임에서 플레이어는 광석 채집, 적대 생물과의 전투, 새로운 블록 합성, 자원 수집, 심지어 집 짓기와 예술 창작까지 할 수 있으며, 레드스톤 회로, 광산 수레 및 레일을 통해 논리 연산과 원격 조작도 가능하다.

마인크래프트는 플레이어가 자유롭게 창조할 수 있도록 지원한다는 장점을 통해 많은 이용자를 끌어들였다. 통계에 따르면, 현재 이 게임의 모바일 게임과 클라이언트 게임 이용자는 이미 4억 명을 넘어섰으며, 우수한 창의 자원이 5만을 넘었다. 샌드박스 게임은 강력한 UGC 생태계를 바탕으로 LTE 제품의 생명력을 만들어냈다. 같은 맥락에서 메타버스도 UGC 생태계를 기반으로 경계를 끊임없이 확장해 건강하고 지속 가능한 사이클의 생태계를 만들 수 있다.

시뮬레이션 게임은 환경과 행동을 시뮬레이션해 높은 사실감을 구현함으로써 게이머의 요구를 충족시킨다. 시뮬레이션 게임의 대표 제품으로는 「심라이프Sim Life」, 「유로 트럭 시뮬레이터Euro Truck Simulator」 등이 있으며, 전자는 가공의 세계를 기반으로 개발된 생활 시뮬레이션 게임이고, 후자는 현실 세계의 기반 위에서 개발된 트럭 운전사 시뮬레이션 게임이다. 이들 게임은 환경 및 행동 양식에 대한 시뮬레이션을 통해 몰입감을 높이고 가상의 세계에서 '리얼'한 생활 체험과 주행 체험 등을 만들어낸다는 공통점이 있다.

앞으로 VR/AR/MR 등 기술과 장비가 발전하면서 시뮬레이션 게임의 리얼리티 효과가 크게 향상되고, 메타버스도 이를 바탕으로 현실 세계에 무한히 다가가는 가상세계를 만들 것이다.

03
게임에서 출발하여 게임 그 이상에 도전

게임 세계는 이제 하나의 가상 공간에 그치지 않고, 이용자의 레저 및 엔터테인먼트 욕구를 충족시킴과 동시에 상상력을 발휘시키는 광활한 공간이 되었다. 디지털 기술의 발달로 게임 분야의 잠재력이 더욱 빛을 발하면서, 개발자와 플레이어가 게임 세계에서 함께 현실 세계를 뛰어넘는 장면을 만들어내고, 이를 통해 스마트한 인터랙티브 경험을 할 수 있게 되었다. 첨단 VR/AR 등의 기기에 힘입어 사람들은 가상세계와 끊임없이 가까워질 것이며, 5G와 같은 모바일 인터넷 기술의 발전은 메타버스 시대를 더욱 앞당길 것이다.

게임의 가치에 대해서는 유명한 철학자 프리드리히 실러Friedrich Schiller의 말을 참고해 볼 만하다. 그는 "놀이는 사람들이 정신적 여유를 통해 창조하는 하나의 자유 세계다."라고 했다. 이 말에서 알 수 있듯이, 게임의 가치는 전통적으로 내려오는 사회적 가치, 학습적 가치 또는 예술적 가치에 구속받지 않는다. 그러나 인간은 본질적으로 사회적 동물이며, 사회적 욕구가 강하다. 따라서 게임의 궁극적 가치는 개인이 어떻게 자아를 확립하는 동시에 사회화를 실현할 수 있는지 학습하는 것이라고 볼 수 있다.

넓은 의미에서 놀이(게임)는 모든 포유류(특히 영장류)가 생존을 배우는 기초이며, 성장 단계에 있는 어떠한 개체도 반드시 필요로 하는

메타버스 세상을 선점하라

행동 방식이다. 예를 들어 유년기 놀이 속 역할극을 통해 개인은 강한 자의식을 갖게 되고 빠른 자아 확립 과정을 거칠 수 있다. 놀이에 참여함으로써 집단에서 자신의 행동을 통제하고 원활하게 사회에 통합되는 방법을 배울 수도 있다. 더욱 중요한 것은 개인이 놀이로부터 얻을 수 있는 '자유'는 현실 세계를 초월하고 현실의 규칙에 얽매이지 않는다는 것이다.

1981년 최초의 오픈월드 게임인 「울티마1 Ultima1 」이 출시되었다. 이 게임은 단순히 싸움이나 경기가 아닌 몰입감 있는 가상세계를 지향하였다. 또한 샌드테이블 게임Sand table game에서 진화한 샌드박스 게임은 게임의 수준을 한층 높였는데, 이 게임의 핵심 플레이 방법은 창조이기 때문에 유저들이 게임 내에서 상당히 높은 자유도를 지닌 채 게임이 제공하는 콘텐츠로 자신만의 독창적인 것을 만들 수가 있다.

세계 최대의 다중접속 온라인 창작 게임 플랫폼인 로블록스는 샌드박스 게임 이용자들의 창조 참여 철학을 바탕으로 더욱 개방적인 경제 시스템과 생태계를 도입하였다. 이용자 스스로 게임 콘텐츠를 만들 수 있을 뿐만 아니라 창작의 결과물을 실제 물질적 수익으로 전환할 수 있다.

샌드박스 게임과 메타버스는 자유도를 추구한다는 면에서 어느 정도 공통점이 있지만, 둘 사이에 분명한 차이도 있다. 샌드박스 게임에서 게임의 가상 엔진은 가상세계와 현실 세계를 연결하는 것이 아니라 주로 현실 세계의 물리 법칙을 환원하기 위한 것이기 때문에 이용자의 몰입감이 여전히 낮다는 점이다.

메타버스가 추구하는 것은 현실 세계 바깥의 독립된 가상세계로, 가상 신원과 가상자산에 대한 요구가 훨씬 높다.

이 밖에도 온라인 게임 발전이 보여주는 또 다른 흐름은 게임의 외연이 확장되고 경계가 점차 외부로 확대되고 있다는 점이다. 코로나19 팬데믹의 전 세계적 확산은 이 흐름을 더욱 부추기면서 온라인 게임의 기능이 게임 자체를 넘어선 것으로 보인다. 따라서 가상 장면, 게이머 아바타 등의 특징을 갖춘 게임 분야는 메타버스 이념 실현이 가장 유력한 분야 중 하나로 인정받게 되었다.

물론 메타버스의 의미는 소셜이나 게임과 같은 특정 영역에 국한된 것이 아니라 훨씬 깊고 넓다. 메타버스는 인류가 가상 시공에 존재하는 방식으로, 이러한 존재는 심지어 현실 세계가 포괄하는 내용을 초월하여 물리적 법칙의 제약을 더욱 적게 받는다. 결국 메타버스는 인간의 자아에 대한 인식을 근본적으로 변화시킬 것이며, 사회 발전과 기술적 진보는 우리를 가상 시공간으로 도약하게 만들 것이다.

실제로 메타버스에 대한 공상은 영화나 드라마 작품에 종종 등장한다. 예를 들면, 영화 「매트릭스」의 인물들은 모두 '매트릭스'라는 세계에 살고 있고, 「아바타」에서 'Avatar'라는 단어는 곧 '네트워크 분신'을 의미한다. 미국 드라마 「업로드Upload」에서는 등장인물 사후에 의식을 업로드하여 디지털 차원의 영생을 실현하며, 「웨스트월드West World」가 묘사하는 것은 인공지능 '테마파크'다.

기술이 발전함에 따라 메타버스는 보다 명확한 형태로 모습을 드러낼 것이다. 이때, 메타버스 플랫폼이 탑재하는 기능의 종류는 매우 풍부해서 창작, 소셜, 엔터테인먼트, 교육 등 이용자의 다양한 요구를 충족시킬 수 있다. 물론 이러한 사회적, 정신적 활동은 가상 공간에서 이루어지며 이용자는 큰 만족감을 얻을 수 있다. 구체적으로 정신적 욕구를 충족시켜 심리적 위안을 얻을 수 있고, 취향에 따라 사교적이고 뜻이 잘 맞는 친구를 사귈 수 있으며, 플랫폼의 지원을 받아 창조하고 상상력을 발휘하는 동시에 실제 보수를 받을 수도 있다. 결론적으로 메타버스의 존재는 이용자들이 개방적이고 몰입도 높은 인터랙티브 경험을 할 수 있도록 해준다.

특히 메타버스가 온라인 게임 등의 콘텐츠와 크게 다른 점은, 이용자의 사회적 신분과 자산 권익을 안정적이고 확실하게 다룰 수 있다는 점이다. 자산 권리의 안정성은 곧 한 사회가 지속적으로 행복감을 제공할 수 있다는 보장이다. 메타버스는 현실 세계와 똑같은 이러한 논리를 바탕으로 무한한 발전 잠재력을 얻게 된다. 어떠한 이용자도 메타버스 플랫폼의 지원을 받아 창조 활동을 할 수 있으며, 그 성과는 플랫폼의 보호를 받을 수 있다.

따라서, 이용자가 메타버스에서 행하는 창조, 거래 등의 활동은 현실 세계에서의 그것과 거의 동일하지만, 메타버스에서의 활동이 보다 높은 자유도를 가지므로, 일부 현실적인 요소로부터 제약을 받지 않을 수 있다. 예를 들면, 누구라도 그 안에서 토지 사용 승인을 받으면 집, 공원 등을 조성해 손쉽게 거래할 수 있다.

메타버스가 이 같은 특성을 갖추게 된 데는 블록체인 등의 기술이 뒷받침되었기 때문이다.

04
메타버스 시대의 게임 마케팅 변혁

현실 세계에서는 이미 브랜드 간의 소비자 쟁탈전이 극심한 수준에 이르렀다. 하지만 다행히도 메타버스의 탄생으로 브랜드들의 새로운 마케팅 공간이 활짝 열렸다. 이 공간에서는 Z세대 젊은 층이 주요 소비 계층이다. 이들에게 게임 환경은 우선 소셜 공간이다. 여기에서 만나고, 협력하고, 경쟁하고, 경기하고, 창작할 수 있다. 가상 게임과 가상 소셜이 사람들의 삶에 전면적으로 파고들어 브랜드에게 기회를 만들어주고 있는 셈이다. 브랜드는 여기에 합류해 메타버스의 일부가 될 수 있다. 그렇다면 구체적으로 메타버스와 브랜드 및 게임의 결합에는 어떤 장점이 있을까?

■ 고도의 통합

브랜드의 메타버스 진출은 종종 특정한 주제나 흐름과 연동되어 보다 광범위한 통합 효과를 나타낸다.

예를 들어 미래에는 가상 게임에 들어가면, 각종 브랜드가 참가하는 '솽스이쫘11(11월 11일 중국 알리바바 쇼핑 대축제)', '6·18(6월 18일 중국 징둥 쇼핑 대축제)'같은 쇼핑 대축제를 즐길 수 있다. 이때 브랜드는 가상 아이돌 모델로 자사의 신제품을 더욱 '힙'하게 홍보함으로써 구매 주문을 유도할 수 있다. 또한 플레이어가 제품을 촬영하면 해당 아이템이나 소장용 NFT를 게임 내에서 획득할 수 있을 뿐만 아니라 실생활에서도 해당 제품을 보유할 수 있다. 물론 전체 과정은 지정된 공간에서만 일어난다.

이외에도 유저들이 게임에 접속해 패션위크 같은 다양한 축제를 볼 수도 있다. 패션위크에서는 서로 다른 브랜드의 전시를 볼 수 있으며, 만일 어떤 옷에 관심이 있다면 자신의 가상 피팅 아바타를 통해 입어보고 마음에 드는 경우 주문하여 구매까지 할 수 있다. 게임에서 구입한 옷은 당연히 실제 세계에서 가질 수 있다.

물리적 공간의 제약을 타파한 메타버스 안에서는 서로 다른 브랜드가 협력할 수 있는데, 이처럼 디지털화된 형식은 현실에서 실현할 수 없는 장면들이다.

■ 브랜드 자유도 향상

메타버스에서 브랜드는 자체적으로 미학적 취향을 결정하고, 데이터 수집 방식으로 이용자의 참여도를 반영하여 보다 정교하고 수준 높은 사용자 경험을 만들 수 있을 것이다. 그리고 이를 통해 현실 세계의 제품 전시 형태 또한 크게 변화시킬 것으로 전망된다.

메타버스에 브랜드가 들어오면 다음과 같은 일들이 벌어질 것으로 예측된다. 즉, 어떠한 물리적 조건이나 다른 외부 요인에 구애 받지 않고 자유롭게 영감을 얻고, 제품을 디자인하고, 브랜드 이미지를 메이킹할 수 있다.

또한 이용자와 소통하여 이용자 맞춤형 체험, 다각화된 구매 기회

등을 제공할 수도 있다. 다시 말해 메타버스에서 브랜드는 모든 상상력을 자유롭게 풀어낼 수 있고, 현실 세계에서 실현 불가능한 구상을 실행에 옮길 수 있다.

메타버스에서 이용자는 자유롭게 제품을 교환하고 상상을 초월하는 쇼핑 경험을 할 수 있다. 이를 위해 브랜드는 고객의 니즈와 문화의 흐름에 맞춰 콘텐츠를 지속적으로 업데이트하고 창의력을 충분히 발휘하여야 한다. 그래야만 소비자들의 개별화 요구에 대한 만족도가 올라가고, 브랜드 문화는 굳건히 정착될 것이다.

■ 보다 유연한 마케팅 형태

이 가상의 세계에서는 모든 마케터들이 브랜드 소개와 마케팅 기회를 잡을 수 있고, 어떤 다른 채널에서도 할 수 없는 테스트 활동을 할 수 있다. 즉, 여기서 브랜드는 다양한 방식으로 소비자와 상호작용이 가능하다. 일반적인 광고판, 동영상, 인터랙티브 광고 외에도 일부 거대 브랜드는 기업의 초현실 가상인간을 선보여 메타버스 마케팅을 위한 비장의 무기로 삼고 있다.

브랜드는 가상인간이 출시된 후, 게임과의 협업 및 이용자와의 상호작용 방식을 과감히 모색할 수 있게 됐다. 예를 들어, 가상인간이 게임 IP 라이선스를 획득하고 게임 특성을 접목해 새로운 이미지를 창출하는 것이라든가, 버추얼 아이돌이 버추얼 NPC(Non-Player Character, 게임 안에서 플레이어가 직접 조종할 수 없는 캐릭터)로 변신해 브랜드 장면이나 미션 등을 설정하는 것이다.

이외에도 브랜드는 또 다른 마케팅 방식을 구사할 수 있다.

예를 들어 중국 화장품 브랜드 화시즈花西子의 가상인간은 중국 고전풍의 게임과 제휴해 그 안에서 립스틱을 판매하고, 하얼빈 맥주의 가상인간 '하장哈酱'은 「허핑징잉和平精英」, 「배틀그라운드(PUBG)」 등의 게임과 제휴해 맥주를 판매한다. 이외에도 「용제우젠永劫无间」에서는 카운트다운 전장에 들어가 브랜드 제품을 판매하며, 게이머들은 매장에서 브랜드 특색을 갖춘 일회용 메이크업과 아이템을 구입해 전장에 진출할 수 있다. 이처럼 브랜드와 유저의 리얼리티를 극대화한 인터랙티브 경험을 모두 메타버스의 가상 게임에서 구현할 수 있다.

실제 세계에서 브랜드가 게임과 협업해 마케팅 활동을 펼치는 것은 드문 일이 아니며, 성공 사례도 적지 않다.

예를 들어 중국 온라인 게임 「멍환시요우梦幻西游」와 장이싱张艺兴, 「구이우저鬼武者」와 진청우金城武(한국명 금성무), 「구다오징훈孤岛惊魂」과 마이클 맨도Michael Mando 등이 있다.

다만 이러한 협업은 스타 자원의 발굴이라는 측면은 약한 편이고, 단지 스타의 이미지 정도만 개발, 활용하는 선에서 이루어지고 있다. 메타버스 시대로 접어들면서 각종 기술이 발달함에 따라 스타 자원의 발굴과 활용은 더욱 고도화되고 브랜드와 게임의 협업 방식도 커다란 혁신을 이룰 것으로 보인다.

메타버스에 금전, 신분, 신뢰 등의 요소가 접목되면서 브랜드와 소비자는 단순 매매관계를 넘어 제품뿐만 아니라 광고를 둘러싸고 가상 이미지와 상호작용할 수 있는 파트너 관계로 전환된다. 또한 브랜드는 소비자와 분산된 비즈니스를 통해 연결된다. 즉, 오프라인 브랜드의 영향력을 통해 게임 제품이 기존 레이어를 깨는 데 도움을 주기도 하고, 온·오프라인 두 채널로 게이머들의 구매 충동을 자극해 유저 가치를 충분히 끌어낼 수도 있다.

　정리하자면, 메타버스의 개념이 폭발하는 지금, 브랜드는 오픈 마인드를 가지고 메타버스를 적극적으로 이해하면서 Z세대 소비층과 상호작용할 수 있는 새로운 채널을 모색해야 한다. 물론 메타버스가 브랜드 마케팅에 기회를 안겨다주는 동시에 많은 도전을 가져다준다는 점도 인식해야 한다. 메타버스가 주는 기회를 십분 활용하고 도전을 잘 극복하여 브랜드 마케팅을 새로운 단계로 이끌어가길 바란다.

제12장

메타버스+전자상거래:
전통적인 전자상거래의 번혁 추진

01
메타버스 시대의 새로운 쇼핑 경험

VR, AR, 인공지능 등의 기술력을 바탕으로 소비자는 온라인 쇼핑을 하는 과정에서 더욱 풍부한 정보와 직관적인 경험을 얻을 수 있을 것이다.

온라인 쇼핑의 시작은 텔레 쇼핑으로 거슬러 올라갈 수 있다. 이후 인터넷의 발달과 함께 오픈마켓 쇼핑으로, 다시 현재의 생방송 쇼핑과 콘텐츠 커머스로 이어진다. 이 과정에서 이용자들이 플랫폼을 통해 얻는 정보의 양은 꾸준히 증가하고 쇼핑 경험은 지속적으로 향상된다. 라이브 커머스를 통해 이용자는 상품의 완전한 정보를 얻고 상품에 대한 전방위적인 이해가 가능하다.

전파학적 관점에서 영상은 정적인 그림보다 전파력이 매우 높다. 동시에, 콘텐츠 커머스가 대두됨에 따라, 샤오홍슈, 틱톡, 콰이쇼우, 빌리빌리 등의 플랫폼에는 대량의 KOL(Key Opinion Leader, 핵심 오피니언 리더)이 생겨났다. 그들은 이용자의 요구에 입각하여 상품을 추천하고, 상품 정보 및 사용 감성을 전면적으로 보여줌으로써 소비자가 더욱 풍부한 정보를 얻을 수 있게 한다. 전통적인 소비 패턴을 뒤엎고 소비자의 구매 행동에 강력한 안내 역할을 하는 것이다.

메타버스에서 이용자는 VR/AR 등 기술과 제품의 도움을 받아 보다 직관적으로 제품 정보를 얻고 몰입감 있는 쇼핑을 즐길 수 있다.

중국의 대표적인 의료미용 플랫폼 '신양新氧'은 AR로 얼굴형을 측정하는 서비스를 선보인다. 이용자가 모바일로 자신의 얼굴을 스캔하면 얼굴형 정보를 얻을 수 있고, 앱에서 추천하는 메이크업, 헤어, 스킨케어, 전문적인 뷰티 조언 등을 받을 수 있다.

'더우得物' App은 AR 가상 슈즈 기능을 출시한다. 사용자가 신발 모양과 색상을 고른 뒤 'AR 피팅'을 누르면 피팅 효과를 볼 수 있어, 신발이 맘에 들지 않아 발생하는 교환이나 환불을 줄일 수 있다.

2021년 4월, 중국 알리바바의 티몰天猫 3D 홈쇼핑이 정식 오픈했다. 이 쇼핑몰은 카바나Cabana 가구, 북유럽 스타일의 노호르Norhor 가구 등 오프라인 매장을 온라인으로 옮기고 취앤요우全友, 린스무예林氏木業 등과 협업하여 차별화된 3D 공간을 구축해서 소비자들이 '클라우드 쇼핑'을 경험할 수 있도록 한다.

이 프로젝트를 위해 알리바바는 무료 3D 설계 도구 세트를 자체 개발했다. 이 도구의 지원하에, 업체는 상품 실물 사진만 업로드하면 고화질 상품 모형을 얻을 수 있다.

또한, 이 3D 쇼핑몰에서 소비자는 상품의 디테일까지 가까이에서 살펴보고 자신에게 필요한 모든 정보를 얻을 수 있으며, 상품을 다른 상품과 함께 놓고 코디네이션 효과를 체크할 수도 있다. 심지어 직접 자신의 손으로 집 전체를 꾸밀 수 있으며, 이러한 제품들이 자신의 집 안에 들어와 일상에 가져다주는 변화에 대해 상상해 볼 수 있다.

메타버스가 가상 공간이기는 하지만 브랜드에 마케팅 기회를 주는 건 사실이다. 앞으로 전자상거래 업계 종사자 구조가 크게 바뀌어 기업 전자상거래 점유율은 줄고 개인사업자의 점유율은 높아질 것이다. 메타버스에서 콘텐츠를 창출하고 이를 현실적인 수익으로 바꿀 수 있어 오프라인 수익에 의존할 필요가 없기 때문이다. 메타버스의 '생계'에 뛰어드는 이들이 많아질수록 메타버스는 현실 세계보다 훨씬 큰 경제 체제가 될 수 있다.

메타버스에서 e커머스업계는 게임화 흐름을 보이며 몰입형 체험을 내세워 기존의 쇼핑 방식을 뒤바꿀 것이다. 즉, 소비자는 게임하는 방식으로 물건을 살 수 있고, 쇼핑하는 방식으로 게임을 즐길 수 있다. 비록 많은 사람들이 메타버스를 현실 세계와 대립되는 평행우주라고 표현하지만, 사실 양자는 서로 융합되어 있다. 실제 세계의 모든 공간이 메타버스에 등장하면서 전자상거래는 온·오프라인이 융합되는 모습을 보일 수밖에 없다. 이 경우 e커머스의 개념도 사라진다.

결론적으로 몰입형 소비가 메타버스에서 유행하는 소비 트렌드가 되어 색다른 소비 경험을 선사할 것이라는 얘기다. 게다가 몰입형 소비 콘텐츠는 흔하게 볼 수 있는 일용품, 의류, 신발, 가방, 생활용품 외에도 AR 하우스 인테리어, 원격 집 구경, 모의 관광 등의 서비스를 경험할 수 있을 정도로 풍부하다. 웨어러블 기기와 햅틱 및 센싱 기술로 이용자가 얻는 상품 정보가 대폭 늘어나 더욱 몰입감 있는 쇼핑 경험을 누릴 수 있을 것이다.

02

VR 쇼핑: 사람, 물건, 장소의 관계 재구성

지난 수십 년간의 발전 궤적을 볼 때, 어떤 새로운 업종이 거대한 성장 잠재력과 발전 전망을 보여주면 즉시 많은 자본을 끌어들일 수 있다. VR 쇼핑이 바로 그렇다. 소비 욕구가 고도화되고 비즈니스 모델이 혁신되면서 빠르게 발전하는 VR 기술은 보다 실감나는 온라인 쇼핑 경험을 제공하기 때문에 소비자들에게 각광 받고 있다. 그러자 자본이 몰리고 VR 시장이 급부상하면서 다양한 업종의 선도 기업들이 이 분야에 뛰어들기 시작했다.

■ VR 커머스: 사람, 물건, 장소의 관계 재구성

알리바바는 VR 커머스를 최초로 실행한 기업이라고 할 수 있다. 일찍이 2016년 바이플러스Buy+를 출시해 VR 기술을 활용한 가상의 쇼핑 공간을 만들었다. 이용자는 VR 안경을 쓰고 이 공간에 들어가 멋진 인테리어를 한 가게에서 제품을 고르고, 제품 정보를 살핀 뒤 가상 쇼호스트에게 문의하고, 구매하고자 하는 제품을 장바구니에 넣고 결제한다. 이 모든 과정은 오프라인 쇼핑 과정과 흡사했기에 바이플러스의 등장은 소비자들에게 새로운 쇼핑 경험이었다.

2017년, 알리바바는 또 다시 '짜오우선造物神' 프로젝트를 선보이며 판매업체들과 연계해 최대 규모의 3D 상품 라이브러리를 구축하였다. 이 프로젝트는 VR 기술로 10억 개의 상품을 1:1 비율로 복원하여 소비자의 가상세계 쇼핑 경험을 더욱 최적화하려는 시도를 했다. 몇 년 동안의 노력을 거쳐 알리바바의 엔지니어들은 고도로 정밀화된 수백 건의 상품 모델을 완성하였다. 그리고 다음 단계는 판매자들을 위해 표준화된 툴을 개발하여 모델링 프로세스를 간소화하고, 대량 모델링이 가능하도록 지원하는 것이다. 이를 통해 사업자는 소비자의 VR 쇼핑 니즈를 충분히 만족시키는 서비스를 제공할 수 있다.

하드웨어 측면에서는 알리바바가 티몰, 타오바오 양대 e커머스 플랫폼을 기반으로 VR 비즈니스 생태계를 구축하고 VR 디바이스의 상용화를 촉진해 VR 하드웨어 제조업체의 기술 혁신과 발전에 긍정적인 역할을 할 것으로 기대된다.

VR 쇼핑은 사람들의 일상을 상당 부분 바꾸었다. 파편화된 시간을 이용해 쇼핑을 완성할 수 있도록 만들었으며, 소비자와 상품의 직접적인 시각감지 거리를 좁혀 소비자들이 더욱 직관적으로 상품을 이해하고, 보다 합리적인 쇼핑 의사결정을 내릴 수 있도록 해 교환·환불 발생률을 줄였다.

■ 해외직구 쇼핑: 소비 경험의 한계를 뛰어넘다

해외직구 쇼핑은 사람들이 집 밖에 나가지 않고도 해외 제품을 구매할 수 있게 함으로써 사람들의 편리한 삶에 대한 욕구를 충족시켰으나, 물류가 불편하여 기본적으로 반품을 지원하지 않았다. 동시에, 직구 제품은 생산 로트lot가 다르고 생산지가 다르기 때문에 제품의 품질에 일정한 차이가 있을 수 있지만, 소비자는 그림과 글로만 정보를 알 수 있을 뿐이며, 최종적으로 손에 넣은 상품이 인터넷에서 본 상품과 맞지 않거나 자신의 기대에 미치지 못하더라도 어쩔 수 없이 구매 확정을 하는 경우가 많았다.

라이브 커머스가 뜨면서 동영상 라이브가 이 문제를 어느 정도 해결했다. 라이브 커머스는 시각화 기술을 이용하여 제품을 다각도로 전시함으로써 소비자들이 더 많은 제품 정보를 얻고, 제품에 대해 전방위적으로 이해할 수 있도록 했다. 그 결과 소비자들의 구매 자신감이 높아지고, 반품 교환율이 줄었다. 하지만 동영상 라이브 구매 대행으로도 가짜 상품 문제를 해결할 수 없어 소비자들의 의구심을 말끔히 잠재울 수 없는 것으로 드러났다.

그렇다면 VR 기술로 이 문제를 해결할 수 있을까? VR 기술은 해외직구 소비자들이 제품에 '다가가서' 마치 실제 매장에서 쇼핑하듯이 제품을 확인하고 제품의 각종 정보를 이해하게 만든다. 이는 결과적으로 소비자가 받은 제품이 그림 상세 설명의 제품과 일치하도록 보장하고, 기대에 미치지 못하는데도 반품이 불가능한 문제를 최소화할 수 있다. 아울러 풍부한 VR 제품 자원 풀은 해외직구 소비자들의 더욱 강력한 롱테일long tail[22] 상품 수요를 충족시켜 오프라인 매장이

---

22 IT 잡지의 편집장인 크리스 앤더슨에 의해 명명된 '롱테일'은 판매 곡선에서 불룩 솟아오른 머리 부분에 이어 길게 늘어지는 꼬리 부분을 가리킨다. 그는 "인터넷 비즈니스에 성공한 기업들 상당수가 20%의 머리 부분이 아니라 80%의 꼬리에 기반하여 성공했다."고 주장한다. - 옮긴이

공간적 한계로 모든 상품을 전시하지 못하거나, 소비자의 시간이 제한적이라 모든 상품을 알 수 없는 문제를 해결할 수 있다.

■ 이케아 VR: 주방 디자인 체험

가구는 비교적 특수한 제품이다. 소비자가 오프라인 가구점에서 구매를 하면 실제 제품을 만져보고 제품 정보를 더 자세히 알 수 있는 장점이 있지만 꽤 시간이 걸리고, 공간이 한정되어 있어 전시할 수 있는 제품 또한 한정돼 있다. 반면 온라인 구매를 하면, 제품이 실제 이미지와 맞지 않을까 우려되고, 반품할 경우 비용이 너무 비싸거나 아예 불가능하다.

이케아IKEA는 소비자들의 가구 온라인 구매 우려를 불식시키기 위해 VR 애플리케이션인 '이케아 VR Experience'를 출시했다.

소비자가 가상 공간에 들어가 이케아의 주방을 체험할 수 있도록 지원하는 앱이다. 이 과정에서 소비자는 가상주방 네 곳을 돌아다니며 열 수 있는 서랍을 찾고, 찬장 색상을 선택하고, 난로 위에 놓인 프라이팬을 집어들 수 있다. 또한 성인 키, 어린이 키 등 소비자의 신장에 따라 다양한 시각을 제공하고, 물건의 순간 이동도 가능하게 하는 앱이다.

결국 소비자는 체험한 제품의 효과를 종합해 자신의 취향에 맞는 제품을 선택하고, 디자이너의 의견을 참고하여 원하는 주방을 만들 수 있다. 이 소프트웨어는 새로운 홈퍼니싱[23] 경험을 제공함으로써 소비자들의 걱정을 해소시키는 동시에 쇼핑 만족도를 높여 제품의 반품률을 크게 낮추었다.

■ 체험형 소비의 완전체 진화

'VR+ e커머스'는 전통적인 e커머스 산업에 새로운 방향을 제시하는 체험형 소비 패턴으로 소비자의 구매 의욕을 높일 수 있다. 주의해야 할 점이 있다면, VR e커머스는 부분적인 체험형 소비만 시뮬레이션할 수 있을 뿐, 전통 e커머스 산업이 날로 쇠락하는 문제는 해결할 수 없다는 점이다. 즉, VR e커머스는 전통 e커머스 모델을 이어가며 상품의 서비스 가치를 끌어올렸을 뿐이다.

결국 전통 e커머스는 VR e커머스로 대표되는 온라인 체험형 소비와 '온라인+오프라인'의 체험형 소비를 결합해 변신을 추진함으로써 확실한 체험형 소비 패턴 체제를 갖출 수밖에 없다.

---

23 홈(Home)과 '꾸미다'인 퍼니싱(Furnishing)의 합성어로, 가구, 의류, 가전, 인테리어 소품 등을 활용해 집안을 꾸미는 것을 뜻한다. - 옮긴이

03
NFT 전자상거래: 차세대 슈퍼 트렌드

NFT는 일종의 프로그래밍 토큰으로 소급, 가치, 복원이 불가능한 특성을 가지고 있고, 메타버스 경제 시스템에 없어서는 안 될 주요 구성 부분이다. NFT의 핵심 가치에 대해 자세히 살펴보기로 한다.

■ NFT 전자상거래의 비즈니스 모델

NFT의 잠재적 응용 분야는 매우 많은데, 현재 가장 광범위하게 논의되고 있는 것은 바로 그 비즈니스 모델이다.

(1) NFT+예술품 경매

NFT에 대한 뜨거운 관심은 천정부지 가격의 경매에서 비롯됐다.

지난 2018년부터 암호화 미술품 전시업체인 슈퍼레어^{SuperRare}와 노운오리진^{KnownOrigin}은 예술인들의 온라인 작품 유통과 홍보를 지원하기 시작했고, 동시에 글로벌 대형 NFT 거래 플랫폼 중 하나인 오픈시^{OpenSea}가 미술품 경매에 나섰다. 이런 예술품들이 대단히 높은 가격으로 거래될 수 있는 것은 바로 희소성 때문이다.

NFT가 디지털 예술품에 독보적인 체인 ID를 부여함으로써 모든 디지털 예술품은 소급해서 확실한 권리를 획득할 수 있는 희귀품이 되었다. 동시에 NFT의 지원으로 예술품에 대한 통제권과 편집권의

메타버스 세상을 선점하라

분리가 이뤄져 예술가는 작품에 대한 수정권을 가질 수 있고, 그에 대한 영구지분 또한 얻을 수 있다.

　이 기능은 예술가와 소유자가 공통적으로 인정하는 부분이다. 현재 이러한 서비스를 즐기기 위해 NFT 디지털 아트워크에 뛰어드는 아티스트들이 늘어나면서 수집가의 '보물창고'에 더 많은 수의 독보적인 진품들이 채워지고 있다.

(2) NFT+스포츠 카드

　2019년 7월 NBA가 합작법인을 설립하고 NBA 선수협회와 대퍼 랩스Dapper Labs가 공동으로 NBA 탑샷Top Shot을 구축했다. NBA 탑샷은 NBA의 놀라운 경기, 잊을 수 없는 하이라이트 장면을 영원히 간직할 수 있는 디지털 카드 컬렉션으로 만들어 수집 및 거래하는 플랫폼이다. 2021년 1월까지 NBA 탑샷의 총 거래액은 2만 달러에 달하며, 특히 LA 레이커스의 간판스타인 르브론 제임스Lebron James 의 슬램덩크 영상은 NFT로 만들어져 약 20만 달러(한화 약 2억 원)에 팔렸다.

　NFT+스포츠카드는 거대한 팬덤 시장을 기반으로 형성되었고, 스타들의 영향력 아래 NBA의 멋진 순간을 수집하려는 팬들의 열기가 뜨거워 앞으로도 호황을 이끌 것으로 보인다. 혹자는 NBA 탑샷이 카드 트레이딩 시장의 미래라고도 한다. 점점 더 많은 스타 구단이 합류하면서 디지털 축구 NFT 소장 플랫폼 소레어Sorare는 다음 NBA 탑샷이 될지도 모르겠다.

(3) NFT+블라인드 박스

최근 2년간 예술성과 탐구성을 겸비한 블라인드 박스가 새로운 소비 핫이슈로 떠오르고 있다. 블라인드 박스를 여는 과정은 불확실성으로 가득 차 있어서 눈을 가린 채 사탕 박스 속에서 사탕 하나를 고르는 것처럼 무엇을 꺼낼지 영영 알 수 없다. 그러다 마침내 소비자가 블라인드 박스를 열어 비교적 만족스러운 제품을 보게 된다면 큰 만족감을 얻을 수 있다.

전 세계 70여 명의 아티스트가 공동 창작한 NFT 디지털 신분 블라인드 박스 해시마스크Hashmasks는 총 1만 6384점이 오픈 5일 만에 완판되며 총 거래액 1434만 달러를 기록했다. 구매자는 이 블라인드 박스에 이름을 붙여 희소성을 높이는 동시에 자신의 디지털 아이덴티티를 상징하는 아이콘으로 만들 수 있다.

이런 독특한 재미에 예술성까지 더해져 NFT+블라인드 박스 시장은 앞으로 발전할 여지가 아주 커 보인다.

(4) NFT+게임

게임업계는 NFT 도입을 가장 먼저 시도한 분야로 현재 가상세계, 온라인 게임, 수집형 게임, 카드형 게임 등에서 그 모습을 볼 수 있다. NFT가 이미 게임 분야에서 폭넓게 활용되고 있는 셈이다. 대표적인 것이 바로 블록체인 기반의 TCG(Trading Card Game) 게임 「갓 언체인드Gods Unchained」인데, 이 게임의 플레이어는 카드 소유권을 가지고 자유롭게 사고팔 수 있다.

NFT의 발전 덕분에 플레이어는 전통적인 게임 속 장비, 반려동물, 캐릭터를 모두 자산으로 전환하여 보유, 거래할 수 있게 됐다. 이렇게 되면 플레이어는 엔터테인먼트를 즐기면서 일정한 수익도 얻을 수 있다.

■ 슈퍼 트렌드: 차세대 조 단위 시장

미술품 시장은 부동산, 주식과 함께 국제적으로 공인된 3대 투자 시장이다. TEFAF(The European Fine Art Fair, 유럽미술박람회)가 발표한 보고서에 따르면 미술품 시장의 연간 교역액은 대략 4000억 ~5000억 위안인데 반해, 중국이 발굴할 수 있는 미술품의 투자 시장 규모는 대략 6조 위안(한화 약 1116조 8620억 원)이다. 게다가 중국의 문화 산업이 번창하고 있기 때문에 전체 시장의 발전 잠재력은 예측할 수 없다.

이처럼 'NFT+아트웍스artworks'가 성장 잠재력이 큰 것은 NFT 자체의 일부 특성을 살려 비즈니스 모델에 변화를 준 덕분이다.

(1) NFT의 지원으로 전통적인 경매시장의 문턱을 낮추고 더 많은 인원과 자금을 유치한다

미술품 경매의 경우 전통적인 경매시장의 문턱이 높아 부자들만의 리그라 할 수 있을 정도로, 일부 사람들의 참여만 가능하다. 그러나 NFT의 지원을 받으면 NFT 미술품 경매에 누구나 참여할 수 있으며, 다수의 경쟁자가 몰릴 경우 경매품 가격이 신고가를 경신할 수도 있다. 게다가 대가의 작품은 물론 일반인의 작품도 NFT화가 가능하기 때문에 경매시장의 낙찰이 늘어날 뿐만 아니라, 소액 경매시장을 많이 양산시켜 전반적인 미술품 경매시장 확대에 기여할 수 있다.

(2) NFT는 현금화할 수 없는 가상 물품을 거래할 수 있는 자산으로 바꾸고, 거대한 가상 물품 거래 시장을 만든다

일반적으로 플레이어가 게임 내에서 획득한 아이템과 코인은 종종 게임 내에서만 유통될 뿐 현금화할 수 없다. 하지만 NFT와 결합하면 이용자들이 NFT 게임에서 획득한 아이템, 코인 등을 모두 현금화할 수 있고, 이는 하나의 거대한 시장을 창출하게 된다.

(3) NFT와 오프라인 실체가 결합해 영향력을 현실화한다

NBA 탑샷이 대표적이다. NBA 공식 승인을 받은 디지털 자산 NBA 탑샷은 카드 지갑과 같은 메커니즘이 작용해 희소성을 지니게 됐다. 여기에 모두에게 개방된 거래 플랫폼의 지원이 더해져 멀티플레이 모델이 만들어졌고, 그로 인해 이 희소성 자산의 가격이 고점을 찍으면서 결국 엄청난 액수의 시장이 형성됐다.

04
전자상거래 분야에서의 블록체인 응용

e커머스의 등장으로 서로 다른 공간에 있는 매매 쌍방이 원격으로 거래에 합의하고, 구매자는 선결제, 판매자는 후발송을 할 수 있게 되었다. 하지만 자금의 유동 속도와 상품의 유통 속도가 일치하지 않아, 판매자가 구매자의 돈을 받고도 발송을 하지 않는 일이 없도록 e커머스 플랫폼이 제3자 신용보증 서비스를 출시했다.

e커머스 플랫폼의 핵심 강점은 주로 제품 전시와 대량 거래 데이터를 담을 수 있는 편리함이다. 그러나 산업이 발달함에 따라 전자상거래 플랫폼도 공급망 관리, 데이터 보안, 시장 투명성 등에 대한 여러 가지 문제에 직면하게 되었다. 블록체인의 출현은 이러한 문제에 대한 해결 방법을 제공하는데, 구체적으로 다음과 같다.

■ 최적화된 결제 방식

현재, 국제 전자상거래 결제는 여전히 달러를 주요 통화로 하고 있는데 수수료가 높은 편이며 이체 시간이 비교적 길다.

페이팔PayPal과 스크릴Skrill 등 결제 수단 사용에도 불구하고 아직까지 해결해야 할 문제가 남아 있다. 현재 사용 중인 결제 방안에서 제3자 결제 플랫폼은 거래 건당 2~3%의 서비스 요금을 받고, 상품 대금도 일시 보관한다.

탈중앙화된 블록체인은 한마디로 제3자 결제 플랫폼의 역할을 대체하겠다는 것이다. 블록체인 기술은 새로운 형태의 인터넷 금융 시스템을 구축해 매매 쌍방이 직접 거래할 수 있도록 지원하고, 암호학 기술을 활용해 거래를 안전하게 보장한다. 매매 당사자 간 합의만 이뤄지면 직거래가 가능하고 제3의 플랫폼 참여가 필요 없어 쌍방 모두 비용을 절감할 수 있다. 요약하자면, 결제 측면에서 블록체인 기술은 거래 비용을 줄이고 안전 기준을 높여, 사고파는 사람 모두가 만족할 수 있는 거래 방안을 제공한다.

■ 공급망 체계 개선

공급망 문제는 이미 전자상거래 발전을 제약하는 핵심 사안이 됐다. e커머스 공급사슬은 물류, 정보 흐름, 자금 흐름으로 구성되며 공급사, 제조사, 유통사, 이용자 등 다양한 주체가 직렬로 연결된다.

블록체인은 e커머스 분야 공급망 개선에 중요하게 활용되고 있는데, 대규모 협업 툴로서 데이터 변경 및 파괴가 불가능한 특성이 있기 때문에 공급망 관리에 매우 적합하다. 전자상거래 공급망에서 블록체인을 통해 전송할 수 있는 데이터는 보험, 영수증, 탁송 및 운송, 인보이스 등 다양하다. 블록체인은 공급망 투명성을 높이고 구매한 제품의 운송 흐름을 소비자가 볼 수 있도록 해 신뢰도를 강화한다.

■ 데이터 보안과 프라이버시 보호

데이터 저장 문제는 전자상거래 플랫폼에서 매우 중요한 문제이다. 매매 쌍방이 전자상거래 플랫폼을 통해 거래 활동을 하려면 이름, 주민등록번호, 성별, 연령, 전화 등 기본적인 정보를 먼저 제출해야 한다. 이 밖에 거래 과정에서 결제 데이터도 플랫폼에서 유통돼야 한다. 이렇게 되면 e커머스 플랫폼은 막대한 양의 데이터를 확보하고 이를 중앙서버에 저장하게 된다. 하지만 중앙서버는 보안이 좋지 않아 공격에 취약해 이용자 데이터가 유출되기 쉽다. 대신 블록체인을 활용하면 이용자 정보를 저장할 필요 없이 탈중앙화된 전자상거래 플랫폼을 만들 수 있다. 이 탈중앙화된 시스템에서는 이용자가 직접 자신의 데이터를 관리하기 때문에 데이터 유출 위험이 크게 감소된다.

■ 거래 투명성 제고

현재 e커머스 플랫폼이 직면한 가장 큰 문제는 거래 과정이 불투명하다는 점이다. 블록체인 기술은 이 문제를 잘 해결해 거래의 투명성을 높이고 매매 상대방의 신뢰를 강화할 수 있다. 블록체인 기술로 모든 거래를 공유 원장에 기록할 수 있고, 수정은 불가능하다. 따라서 관련 데이터는 매우 안전하고 투명하며 소급 추적도 가능하다.

결론적으로 블록체인 기술은 e커머스 업계의 많은 문제를 해결할 수 있다. 이에 따라 알리바바, 아마존 등 e커머스 거물급 기업들이 블록체인 분야에 포진해 있고, 테크놀로지 기업들과 함께 블록체인 프로젝트 공동 개발에 나서고 있다. 블록체인 기술력에 힘입어 향후 e커머스 산업은 패러다임 전환과 동시에 새로운 발전 단계로 진입할 것이다.

제13장

메타버스+마케팅:
전 세계를 석권한 마케팅 현황

01
메타버스가 재구축한 글로벌 마케팅 모델

메타버스 개념이 지속적으로 유행하면서 이에 대한 사람들의 관심도 계속해서 증가하고 있다. 더불어 소비자들의 소비 관념, 소비 행태도 바뀌기 시작했고 일부 브랜드는 그 속에서 새로운 마케팅 기회를 발굴하려 시도하고 있다.

메타버스 구축은 이제 막 시작 단계지만 일부 앞서가는 브랜드와 마케터들은 디지털 결제, 마케팅 게임화, 소셜 공간 공유 등 새로운 트렌드를 감지했고, 이를 활용하여 가상 엔터테인먼트 마케팅 작업을 성공적으로 해내고 있다.

중국 기업이 메타버스 분야에 적극적으로 진출하고, 모바일 기기 의존도가 높은 Z세대가 전체 소비층에서 차지하는 비중이 점점 높아지면서 동영상 콘텐츠 소비와 소셜미디어의 보급이 갈수록 늘어나고 있다. 이제 중국 시장에도 새로운 마케팅 기회가 생겨나고 있는 것이다.

MMA(Mobile Marketing Association, 모바일 마케팅 협회) 연구에 따르면 메타버스는 브랜드에 진정한 성장의 기회를 줄 수 있다고 한다. 특히 Z세대와의 상호작용 측면에서 가상세계와 현실 세계를 관통하는 메타버스는 온라인 가상 경험과 오프라인 실제 경험 사이를 경계 없이 넘나들며 즐기는 이들의 소비 철학과 더욱 잘 맞아떨어진다.

메타버스가 창출하는 마케팅 생태계에 적응하려면 브랜드는 디지털 대역(代役), 디지털 상품과 컬렉션, 가상 레크리에이션과 증강현실 등의 요소를 기반으로 소비자를 위한 새로운 소비 경험을 창출해야 한다. 새로운 소비 경험 횟수가 많아질수록 마케팅 전략은 그에 맞춰 재구성될 것이다. 중국 시장은 모바일 스마트 기기 보급률이 지속적으로 증가하고 이에 대한 의존도가 높은 대규모 집단이 형성되고 있는 데다 영상 콘텐츠 소비와 소셜미디어의 전파력이 강해져 디지털 마케팅을 할 수 있는 좋은 조건이 마련되었다. 또한 중국은 다른 나라와 마찬가지로 메타버스 초창기에 있었지만, 서구 선진국과 비교했을 때, VR 하드웨어와 설비가 보편화되지 않아 메타버스 마케팅 전략에서 그들과 차별화되는 다른 시도가 가능했다.

현재 중국 마케팅 생태계는 짧은 동영상과 생방송 중심으로 구축돼 있다. 브랜드 입장에서는 짧은 영상을 찍어 상품을 보여주거나 라이브 방송을 통해 마케팅하는 것이 소비자들에게 어필하는 단골 방식이 됐다. 이러한 마케팅 방식에서 캐릭터는 매우 중요한 구성 요소이지만 캐릭터에 따라오는 리스크도 눈에 띄게 증가하고 있다.

많은 브랜드가 스타를 홍보 모델로 영입한다. 스타의 평판이 좋다면 자연히 더 많은 트래픽이 몰리지만, 만약 스타의 평판이 떨어지고 이미지가 추락한다면 브랜드에도 악영향을 끼친다. 무엇보다 이런 리스크는 미리 예측할 수 없고 걷잡을 수 없다. '사고치는' 스타가 늘어남에 따라, 많은 브랜드들은 스타 모델에 대한 의존도를 낮추고, 다른 방식으로 브랜드 이미지 구축과 마케팅을 하기 시작했다.

예를 들면, 앵커를 초빙하여 생방송을 진행하면서 사적 트래픽(私域流量, Private traffic)을 축적하는 것이다. 다만 이 방식도 일정 부분 위험 부담이 있는데, 앵커가 떠나면서 사적 트래픽도 가져갈 수 있기 때문이다. 이러한 위험을 피하기 위해 일부 브랜드는 가상 모델 혹은 가상 아이돌을 홍보에 사용하기 시작했고, 아바타 홍보 모델 붐이 일었다.

예를 들어 미쉐빙청蜜雪冰城(중국 아이스크림 및 음료업체)의 눈사람은 가상 모델이다. 일렬로 늘어선 눈사람이 CF송을 합창하는 영상으로 유명해졌다. 또 다른 예로 화장품 업체 로레알L'Oreal은 가상 아이돌인 엠지에M姐와 오우예欧爷를 브랜드 모델로 내세웠다. 신제품 발표회나 생방송 행사에서 이들은 영상 연결을 통해 생생하고 입체적인 이미지를 전달하며 그룹을 대표해 목소리를 내고 있다. 이 밖에 이치토요타一汽丰田, 엘라세이Ellassay(歌力思), 네슬레Nestlé, 왓슨스Watsons(屈臣氏) 등 여러 회사가 가상 아이돌을 출시했다. 브랜드 측이 가상 아이돌을 만든다는 것은 두 가지 큰 의미가 있는데, 하나는 실제 아이돌로 인한 각종 리스크를 방지하는 것이며, 다른 하나는 메타버스의 발전 추세를 따라가는 것이다.

중국 시장에서는 콘텐츠 e커머스가 강세를 보이면서 라이브 커머스, 오프라인 프로모션 등 다양한 장소에 가상 아이돌을 등장시켜 소비자의 관심도와 인지도를 높이는 브랜드가 늘고 있다. 브랜드 입장에서는 가상 아이돌 전략이 메타버스에 입성하는 데 도움이 된다. 메타버스 구축이 완료되면 브랜드의 가상 아이돌이 빠르게 뛰어들어 유리한 고지를 차지할 수 있다.

02
'메타버스+마케팅'의 응용 분야

'메타버스+마케팅'은 매우 유망하며 많은 분야에서 응용할 수 있다. 그중 대표적인 몇 가지를 분석한다.

■ 개방형 게임 분야

게임은 메타버스의 초보적인 형태라고 불릴 만큼 게임 분야에서 메타버스 제품이 많이 생겨났다. 현재 기술 수준에서는 게임을 기반으로 가상세계를 구축해 현실 세계와 상호작용하는 것이 가장 편리하기 때문이다.

미국에서는 2019년 포트나이트가 개최한 마쉬멜로 콘서트에 1070만 유저가 참여했고, 2020년 역시 포트나이트가 래퍼 트래비스 스캇Travis Scott과 협업한 콘서트에 약 1200만 관객이 호응했다.

또한 마인크래프트가 개최한 온라인 음악 축제인 블록 바이 블록웨스트Block by Blockwest에도 10만 유저가 몰리며 한때 서버가 마비되기도 했다.

중국에서는 아이치이가 2021년 9월 메타버스 진출을 공식화한 신제품 '치위奇遇3'를 출시했다. 아이치이는 전문적인 VR 게임 개발을 위해 별도의 스튜디오를 만들었고, 향후 더 많은 게임을 출시할 것으로 보인다. 게임 콘솔 제작이 가능한 회사가 산하 개발실에서 만든 게임은 자사 장비와 더 잘 매칭할 수 있고, 유저들에게 보다 양질의 게임 경험을 제공할 수 있다는 등 장점이 많다. 앞으로도 오랜 기간 동안 메타버스는 게임의 형태로 구현되어 더 많은 유저들의 체험 참여를 이끌어낼 것이라 확신한다.

■ 핵심인 소셜 분야

현재 시중에 나와 있는 대부분의 VR 제품들은 주로 게임 분야에 적용되고 있다. 단, 게임과 비교했을 때, 이용자에게 강한 몰입감을 줄 수 있는 VR 제품은 소셜 분야 적용에 훨씬 더 적합하다.

미래에는 VR 기기를 활용해 서로 다른 공간에 있는 사람들이 대화, 회의, 모임 등을 '대면'으로 나눌 수 있을지도 모른다. 이런 착안을 바탕으로 저커버그는 페이스북의 이름을 메타Meta로 바꾸고, 자사 제품의 발전 방향을 소셜 플랫폼으로 재정의했다. 이 플랫폼을 이용하면 집에서도 보다 실감나고 몰입감 있는 소셜 경험이 가능하다.

중국에서도 소울Soul은 소셜 메타버스라는 개념을 앞세워 빠르게 성장하며 소셜 앱 분야에서 위상을 높여가고 있다. 소울에서 모든 이용자는 자신만의 가상 아이덴티티를 부여받은 후, 플랫폼이 추천하는 절친과 콘텐츠를 제공받아 자신만의 소셜커머스를 만들 수 있다. 아울러 이용자는 채팅방 가입, 인터랙티브 게임 참여 등이 가능해 채팅 이외에도 다양한 소셜 경험을 할 수 있다. 앞으로 소울은 VR 기기의 지원을 받아 플랫폼 기능을 더욱 고도화해 최고 수준의 다양한 소셜 경험을 선사할 예정이다. 이때 채팅방은 친구가 있는 공간으로 변신할 수 있고, 브랜드는 그 안에서 마케팅 활동을 펼칠 수 있다.

■ 중국 내 영상 분야

일부 브랜드는 가상현실 시장에 진입하기 위해 가상인간과 협업하여 영상 플랫폼 채널에 진출한다. 예를 들어 왓슨스Watsons(屈臣氏)는 가상 아이돌 IMMA를 소다수 캔 패키지에 인쇄하고, 소비자가 QR코드를 스캔하면 영상에 자동 접속되어 기포를 활성화하는 애니메이션을 볼 수 있게 만들었다. 또한, 왓슨스는 IMMA를 위한 텔레비전 광고를 제작하였다. 촬영 중에 헐리우드 촬영 장비인 모션 컨트롤Motion Control로 실물 촬영, 3차원 애니메이션, 시각 특수 효과 합성을 서로 결합하여 시각 효과가 매우 뛰어난 광고영상을 탄생시켰는데, 공개되자마자 화제를 모았다. 왓슨스 외에 SK-Ⅱ도 IMMA를 초청해 브랜드 기존 홍보 모델과 함께 CF를 촬영하였다. SK-Ⅱ는 IMMA뿐만 아니라 또 다른 가상 아이돌 유미Yumi도 브랜드 모델로 발탁했다.

2021년 7월 종쉐까오鍾薛高가 가상 아이돌 아시阿喜와 협업을 선언하고 광고영상을 촬영하면서 동시에 계절 한정판 '살구맛' 아이스크림을 출시했다. 아시의 귀엽고 상큼한 특징에 힘입어 종쉐까오는 빠른 속도로 젊은 팬층을 확보했다.

결론적으로 메타버스를 어떤 마케팅 분야에 매칭하더라도 브랜드는 그에 걸맞는 제품을 찾아 수익을 챙길 수 있다. 아직까지 메타버스는 하나의 새로운 개념이며 가상의 공간이지만, 브랜드에게 마케팅 기회를 가져다주고 브랜드가 더욱 발전하게 도울 수 있는 것만은 확실하다.

03
VR 마케팅: 몰입형 마케팅 경험 구축

어떤 유형의 기업이든 신기술, 뉴미디어의 탄생과 발전을 예의주시한다. 그러다 관련 기술 및 미디어 플랫폼이 대중의 시선을 사로잡으면 기업은 곧바로 이를 마케팅 단계에 적용하여 자체 제품 판매를 촉진한다. 최근 몇 년간 VR 기술은 급속도로 발전하는 모습을 보이고 있으며, 생태계의 변화 추세에 맞춰 많은 기업의 참여와 투자를 이끌어내고 있다. 동시에 마케팅 분야에서도 활용돼 업계 관계자 및 많은 소비자층의 주목을 받고 있다.

오늘날, 새로운 방식의 마케팅인 가상현실 마케팅은 이미 전통 마케팅 업계에 많은 변화를 가져왔다. 점점 더 많은 기업 및 브랜드들이 VR 마케팅을 선택하고 있으며, 이 분야에 대한 투자를 늘리고 관련 자원을 확보하기 위해 치열한 다툼을 벌이고 있다.

VR 마케팅은 기업에 많은 자금력을 요구하고, 새로운 기술이라 충분한 이용자를 축적하지 못했다. VR 기기 발전 및 응용 또한 아직까지 미숙하다. 그럼에도 불구하고 적지 않은 기업들의 참여를 이끌어냈다는 점에서 VR 마케팅은 다른 마케팅 방식과는 비교할 수 없을 만큼 독특한 장점이 있다는 것을 알 수 있다. 그렇다면 전통적인 마케팅 모델과 비교했을 때, VR 마케팅의 장점은 어느 분야에서 나타나고 있을까?

무엇보다 소비자들이 깊숙히 관여할 수 있다는 것이 VR 마케팅의 핵심 장점이다. VR 마케팅이 탄생하기 전, 어떤 마케팅 방식에서도 제품과 소비자 간 깊은 상호작용이 이뤄지지 않았다. 소비자 체험 차원에서 분석해보면 신문, 잡지, 전통 옥외광고 및 디지털 매체를 포함한 모든 마케팅 방식이 단방향 정보 전파 위주다.

예를 들어 소비자가 광고판에 게시된 광고를 보거나 신문을 읽거나 웹서핑을 통해 얻는 정보들은 수동적으로만 수신이 이뤄진다. 디지털 마케팅이 발달하면서 정보 전달 과정에서 소비자의 참여가 눈에 띄게 높아졌고, 기업들은 마케팅 과정에 엔터테인먼트 요소를 많이 가미해 H5(중국 자동차 브랜드 홍치红旗의 중형 세단 모델명) 등 새로운 광고를 선보이며 소비자에게 어필하고 있다.

■ 딥인터랙션: 몰입형 경험

딥인터랙션에 있어서 VR 마케팅은 다른 마케팅 방식보다 우위에 있다. VR 마케팅은 세 가지 측면에서 이용자 경험을 향상시킨다.

첫째, VR 광고에서 소비자는 역할 배역을 맡아 극의 전개를 이끌 수 있다. 둘째, VR은 소비자에게 실제와 똑같은 가상세계를 조성하여 현실에 있는 것처럼 느끼게 한다. 셋째, 기업은 VR 기술을 적용하여 소비자를 멀리 떨어진 타국, 혹은 해저, 우주 등의 새로운 장면으로 데려갈 수 있다.

VR 마케팅 방식은 체험자를 광고 장면에 대입할 수 있으며, 그 원리는 게임과 공통점이 있다. 기업은 VR 마케팅을 실시할 때 체험자를 위한 캐릭터 설정이 필요하며, 해당 캐릭터가 체험자에게 충분히 매력적이고 이용자 참여를 효과적으로 이끌어낼 수 있어야 한다. 동시에 스토리 전개도 이끌어낼 수 있어야 기업의 VR 마케팅이 체험자에게 깊은 몰입감을 줄 수 있다.

■ 브랜드 리뉴얼: 이용자 전환율을 효과적으로 제고

한 VR 광고 마케팅 플랫폼 조사 결과 VR 광고의 경우 30% 내외의 이용자 조회수를 기록한 것에 반해 기존 PC 광고는 0.4%, 모바일 광고도 1%에 불과했다. 광고 형태별 가입자 전환율을 다시 분석해보면 기존 PC 광고의 전환율은 0.2%, 모바일 광고의 전환율은 0.5%, VR 광고의 가입자 전환율은 1.2%로 다른 두 개를 크게 웃돌았다.

이러한 현상이 나타난 요인은 두 가지로 해석된다. 일단, VR이 보편화되지 않아서 일부 2D로 구현되는 VR 영상이 있지만, 나중에 VR 버전이라는 사실을 알게 된 후에는 VR 기기를 착용하고 체험하는 경우가 많다. 다른 한편으로는 VR 광고 체험에 참여한 이용자들이 이미 해당 브랜드를 인정한 경우가 많아 다른 이용자들보다 해당 브랜드의 소비자가 되기 쉽기 때문이다. VR 시승 체험을 선보인 자동차 회사 광고의 경우 소비자가 체험 과정에서 자동차 내부 인테리어, 운전 성능 등을 알 수 있고, 식품 브랜드 VR 광고라면 식재료의 생산, 가공 공정 등을 광고 내용에서 체험자에게 보여주기 때문에 전체 생산 과정의 안전성을 '직접 눈으로' 확인하는 것이 가능하다. 이러한 360도 전시 방식은 전통적인 정보 전달보다 훨씬 더 파급력이 있다.

또한 VR 마케팅은 브랜드의 영향력을 높일 수 있다. 현 단계에서 VR 적용 장면은 사무실이나 상가 전시장, 소비자 주택에 집중되어 있다. 이처럼 상대적으로 고정된 장면들은 소비자들이 깊이 있는 경험을 하는 데 비교적 적합하며, 브랜드와 소비자 간의 거리를 좁히는 데 효과적이다. 향후 성장 과정에서 VR은 더욱 세분화된 영역으로 확장될 것이며, 기업은 VR 마케팅을 통해 브랜드 파워를 효과적으로 올리고 좋은 기업 이미지를 구축할 수 있을 것이다.

■ 방대한 데이터: 제품 및 서비스의 실제 전시

VR의 주요 강점은 방대한 데이터를 확보하여 소비자 니즈에 따른 맞춤형 제품을 출시하고, 제품 및 서비스를 전방위적으로 전시하여 소비자의 체험 욕구를 충족시킬 수 있다는 점이다.

(1) 방대한 데이터 획득

기업은 VR 플랫폼을 활용하여 소비자의 행동 특징 및 관련 정보를 수집할 수 있다. 구체적으로는 마케터가 소비자의 행동을 추적하여 소비자의 관심사와 개인의 흥미를 알아낼 수 있다. 일례로 마케터는 VR 플랫폼을 통해 어떤 이용자가 어느 신발 매장을 지나 어느 의류 매장으로 들어가는지, 가상체험 기술로 몇 벌의 원피스를 입어봤으며 몇 벌의 다른 스타일의 의상을 훑어봤는지 알 수 있다. 이를 통해 마케터는 방대한 양의 데이터 정보를 얻고, 분석을 통해 소비자의 개별화된 니즈를 파악할 수 있으며, 체험 욕구 또한 충족시켜준다.

(2) 제품과 서비스의 전방위적 전시

소비자는 제품을 고르는 과정에서 사업자가 상품을 전방위적으로 전시해 주길 바란다. 전통적인 패러다임에서 기업은 주로 이미지나 동영상 형태로 상품을 보여주지만, 소비자들은 이 두 가지 방식으로 상품을 구석구석 상세히 파악하기 어렵다. 이에 비해 VR 기술은 이 문제를 해결해 제품이나 서비스에 대한 소비자의 체험 욕구를 충족시켜준다.

VR 마케팅은 소비자에게 실감나는 시청각 경험을 선사하는 전방위적이고 다이내믹한 전시가 가능하다. 예를 들어, 어느 도시에서 라이브 콘서트를 개최하는데 개인적인 사정으로 현장에 제때 도착하지 못하는 팬이 있다면 콘서트의 VR 체험에 참여해 현장의 뜨거운 열기를 느끼며 아쉬움을 달랠 수 있다.

기업 마케팅 과정에서 동영상 오디오 구현 효과, 사운드 디테일, 공간 구현 효과, 배경 처리 등 많은 요소들이 체험 효과에 영향을 미친다. 아직까지 VR 기술이 사람들의 세세한 부분까지 감지해 모방할 수는 없지만, 전반적으로 VR 마케팅은 소비자에게 최적화된 경험을 선사하기에 충분하다.

04
VR 기술의 분야별 마케팅 활용

VR 마케팅 이전에 기업이 채택했던 디지털 마케팅 방식은 제품의 특성 및 기능 정보에 한해 전시할 수 있었다. 그러나 VR 마케팅은 마케터의 사고를 한층 더 확장시켰다. VR 기술은 체험자에게 생생한 장면을 전달하고, 소비자 기대에 부응하는 기업 서비스를 제공하기 때문에 결국 기업 발전으로 이어질 수밖에 없다는 생각을 하게 된 것이다.

VR 번지점프를 예로 들어 분석해보자. 현재의 가상 번지점프 체험은 참여자들에게 매우 박진감 넘치는 스릴을 전달한다. 이용자들은 자신의 집에서 번지점프의 극한 자극을 경험할 수 있다. 이때, 모험심이 강한 참여자들은 VR 번지점프를 경험하고 나서 진짜 번지점프 이벤트에 유료로 참여하고 싶을 수 있다. VR 체험을 하는 과정에서 예상 밖의 놀라움, 심리적 즐거움 내지 짜릿함을 느낄 수 있었기 때문이다.

VR 체험은 실제 경험을 근본적으로 대체할 수는 없지만 내셔널지오그래픽National Geographic으로 대표되는 어드벤처나 스포츠 브랜드의 경우 타깃 소비자를 끌어들이고 브랜드와 소비자 간 연결을 강화하는 데 효과적인 것이 사실이다. 기업은 콘텐츠 마케팅을 통해 브랜드를 홍보하고 타깃 소비자를 정확하게 포지셔닝(소비자의 마음속에 자사 제품이나 기업을 가장 유리한 포지션에 있도록 노력하는 과정-옮긴이)

할 수 있다. 이러한 확산 방식은 기존 마케팅 모델에서 기업이 온라인 플랫폼에 동영상 광고 또는 핫 이슈를 게재한 후 자발적인 확산을 유도하여 이용자를 끌어들였던 방식과 유사하다.

콘텐츠 마케팅을 실시하는 과정에서 기업이 가장 먼저 해야 할 일은 잠재된 소비자의 관심을 끄는 것이고, VR의 역할은 여기에 있다. 일례로 한 자동차 회사가 가상현실 기술을 적용해 레이싱 게임을 출시하고, 자사 브랜드 자동차 모델을 게임 콘텐츠에 활용하는 식이다. 그러나 이러한 마케팅 방식은 단지 타깃 소비자들의 관심을 끄는 정도이며, 제품을 고를 때 소비자들은 여전히 자동차의 품질, 성능 등 다양한 요소를 고려한다.

기술 수준이 높아지면 기업의 체험 마케팅도 점차 업그레이드되고 이러한 마케팅 방식이 창출하는 가치도 커진다. 예를 들어, 야근을 계속하던 직장인이 어느 날 VR로 여행의 즐거움을 맛보면 즉각 실행에 옮겨 홍보영상에서 추천하는 여행지로 떠날 수도 있다.

오늘날 장면화 마케팅 모델은 여러 분야에 적용되고 있는데, 특히 VR은 장면 조성에 탁월한 장점을 가지고 있다. VR은 생생한 가상 장면을 제공하여 체험자가 현실 세계와 다른 세계에 있는 것처럼 만들어준다. VR은 전통적인 마케팅 방식보다 훨씬 더 직관적이고 포괄적이며 소비자에 대한 전파력이 강하다. 그래서 VR이 막 등장하고 성장 초기에 놓여 있을 때 몇몇 통찰력 있는 기업은 이러한 새로운 방식의 마케팅에 주목하면서 그 가치를 인식하고 있었다.

VR 마케팅은 데이터 수집, 제품 전시, 개인 맞춤 제작에 큰 강점

메타버스 세상을 선점하라

을 가지고 있어 업종별 마케팅에 많은 편의를 제공한다. 뿐만 아니라 자체 마케팅 콘텐츠를 타깃 소비자의 생활 장면과 연결하여 제품 및 브랜드 홍보도 가능하게 한다.

가상 정밀도 측면에서 VR 마케팅이 가장 효과적인 두 분야는 바로 관광업계와 부동산업계다. 관광업계 마케팅의 경우, 소비자들이 VR 기기를 이용하면 발리의 아름다운 풍광을 볼 수 있고 그곳의 모래사장, 파도, 이색 건축물을 느낄 수 있다. 아울러 VR은 부동산업계에서도 활용 가치가 돋보이는데, VR 기기 착용을 통해 소비자는 미래 주거 환경을 미리 체험할 수 있다.

다만 관광과 부동산 마케팅이 VR 활용에 대해 요구하는 수준은 앞서 언급한 가상 콘서트의 수준을 훨씬 뛰어넘는다. 콘서트는 이용자에게 완벽한 시청각 경험만 제공하면 되지만 관광과 부동산은 여기서 그치지 않는다. VR 체험을 하면 장거리 이동의 수고로움은 덜 수 있겠지만, 여전히 실제 발리 여행과는 크게 다른 '가상 여행'일 뿐이기 때문이다. 현 단계의 VR 활용은 관광 및 부동산 소비자의 프리뷰 수요만 충족시킬 수 있다. VR 기술 수준이 점차 향상되면 보다 극대화된 경험과 전방위적인 체험 서비스를 제공할 것으로 기대하고 있다.

유통업계에서는 이미 VR 활용이 사람들의 소비 행태에 영향을 미치고 있다. 예를 들어, 의류 매장이 VR 기술을 활용한 가상 피팅룸을 선보여 소비자가 패션 스타일 및 착장 효과를 쉽게 판단하도록 하고, 외식업계가 VR 기술을 활용해 음식 제조 프로세스를 체험할 수 있도록 하는 것 등이다.

세계 최대의 크랜베리 제품 생산업체인 오션 스프레이Ocean Spray 에서 생산되는 건 크랜베리는 여러 나라에서 불티나게 팔리고 있지만, 크랜베리 대풍작 장관을 본 사람은 드물다. '가장 아름다운 수확(The Most Beautiful Harvest)'이라는 주제의 VR 홍보 영상은 크랜베리가 풍성한 계절, 온 산 가득 선명하게 방울져 떨어지는 열매가 마치 우리 눈앞에 펼쳐지는 듯한 광경을 선사한다.

가상현실 기술의 발전과 광고업계에서의 활용은 전망이 밝다. 오늘날 많은 IT 기업 및 광고회사들이 VR 분야에 포진하여 마케팅 모델을 다양화할 뿐만 아니라, 기업의 마케팅 목적 달성을 돕고 자신의 시장 지위를 확고히 하고 있다. 그렇다면 VR의 가치는 구체적으로 어떤 면에서 나타나고 있을까?

(1) 새로운 경험 선사하기

가상현실 기술은 새로운 테크놀로지 발전과 응용에 앞장서고, 소비자에게 전통적인 패러다임과는 다른 신선한 경험을 제공하여 관심을 끄는 데 성공하였다. 나아가 기업의 제품과 브랜드 홍보가 이루어지는 데 일조하고 있다.

(2) 눈길 사로잡기

가상현실 기술이 만들어낸 세계는 높은 몰입감을 가지고 있어서 소비자의 눈길을 사로잡아 이들의 적극적 참여를 이끌어내는 데 효과적이다. VR 광고는 기존 광고보다 더 깊은 인상을 주고, 단기간 동안은 소비자들에게 잊히지 않는다는 조사 결과가 나왔다. 앞으로 VR 광고 마케팅이 자동차, 소매업, 관광, 부동산 이외에 더 다양한 분야에서 활용될 것으로 보인다.

(3) 공감 불러일으키기

오늘날 많은 기업들이 콘텐츠 마케팅 방식을 채택하고 있지만, 이 모델의 구체적인 실행 과정에는 여전히 많은 문제점이 있다. 예를 들면 스토리텔링 과정에서 감성적 요소를 가미하면서도 이성적인 방식으로 제품의 특성을 표현해야 한다. 감성과 이성 간의 관계를 제대로 다루지 못하면 그 마케팅은 타깃 소비자의 관심을 얻기 어렵다.

VR은 마케터가 이 문제를 잘 해결하여 제품을 사실적으로 보여주는 동시에 정서적으로 소비자의 공감을 이끌어낼 수 있도록 돕는다.

제14장

메타버스+건축: 미래의 건축설계사

01
가상세계 속 '디지털 공간'

크리스토퍼 놀란Christopher Nolan 감독의 영화 「인셉션Inception」에서도 드림메이커는 '건축가(the Architect)'로 불리며, 이들은 자신의 상상에 따라 자유롭게 공간을 구축하고 장면을 설계하며 물리 법칙의 한계에서 완전히 벗어날 수 있다. 예를 들어 영화 초반 아리아드네Ariadne가 설계한 장면에서 도로 끝은 하늘로 뻗어나가고, 그 안에 있는 개체는 중력의 굴레에서 벗어나 걸을 수 있다.

3D 시각화 기술의 발달과 메타버스와의 융합으로 이 영화가 보여주는 장면의 건축 기술들은 가상 공간에서 구현될 가능성이 있다. 가상의 공간에서 이용자는 디지털 아바타의 형태로 존재하고, 모든 활동을 하는 데 의존하는 기본적인 장면은 바로 각양각색의 건축물이다. 건축물을 입체적으로 설계하고 구현하기 때문에 다른 현실 세계의 요소들에 비해 가상 공간으로의 이전이 용이하다는 것을 보여준다.

실제 가상 건축물은 가상세계가 생기기 전부터 존재했다. 산업 특성상 건설업 종사자들은 3차원 드로잉을 설계 소프트웨어에 의존해야 한다. 인터넷 관련 기술이 발전하면서 CAD, 3D Max 등의 소프트웨어가 등장하고 건설 분야에 점점 더 많이 사용되고 있다. 응용 소프트웨어를 기반으로 그려진 건축 모델은 실질적으로 가상 건축물이며, 메타버스 속 가상 건축물과의 주요 차이점은 상호작용성이 없다는 것이다.

설계 소프트웨어 등을 기반으로 그려진 가상 건축물은 실제 건축물을 짓는 데 참고가 되기 때문에 인간 개체와 상호작용할 수 없는 일방적인 존재다. 하지만 가상세계 속의 가상 건축물은 아바타의 모든 활동을 탑재할 수 있기 때문에 이용자와 상호작용할 수 있다.

그 밖에도 가상세계의 건축물이 현실 세계의 건축물과 다른 점은 그 기능성에 있다. 현실 세계에서는 사람들이 주거나 레저 활동을 건축물에 의존하고 있기 때문에 건축의 기본 기능은 인간의 사회 활동을 위한 서비스다. 반면 가상세계에서는 가상 캐릭터가 식사 등 생존에 대한 고민과 피로감을 느끼지 않아도 되기 때문에 건축의 주요 기능은 장면의 분위기 조성이며, 이용자에게 보다 실제에 가까운 경험을 선사하는 것이다. 가령 가상세계의 공원에도 벤치, 그네 등이 있지만 설치의 주요 목적은 가상세계 속 장면을 보다 사실적으로 묘사하는 데 있다.

이상의 분석을 종합하면, 가상세계 장면의 건축가가 더욱 신중히 고려해야 할 것은 건축물의 원리나 기능이 아니라, 가상 건축물을 통해 이용자에게 어떻게 리얼한 느낌을 전달할 것인가 하는 점이다.

VR/AR 안경 등 디바이스는 가상 건축물과 관련된 환경이나 분위기를 디자인 과정에 포함시켜 몰입 경험 가능성을 높이는 훌륭한 보조 역할을 한다.

이외에도 메타버스와 관련된 기술이 발전함에 따라 점점 더 많은 분야가 메타버스에 풍부한 콘텐츠 장면을 제공하고 있다. 그리고 이러한 분야는 실제 장면보다 가상 장면을 통해 더 나은 효과를 얻는다.

예를 들어 점점 뜨거워지는 NFT 암호화 아트페어는 오프라인 전시가 불가능하지만 온라인에서는 이용자가 필요한 스마트 기기를 착용하고 가상 예술관에서 자유롭게 관람할 수 있어 몰입감 높은 경험이 가능하다.

메타버스 세상을 선점하라

02
메타버스 언어 환경에서의 건축 미학

메타버스 개념이 제시되고 VR/AR 기술이 발전함에 따라 미래에는 사람들의 삶이 가상 공간으로 이동할 가능성이 매우 높다. 예를 들어 교실, 박물관, 사무실, 콘서트홀 등이 VR 환경으로 옮겨져 가상 도시의 일부가 될 가능성이 있다. 가상세계에서 이러한 장소의 존재와 활동 전개에는 공간이 필요하다. 이는 곧바로 건축 디자인에 대한 새로운 수요를 제시하면서 수많은 디지털 건축가를 탄생시킬 것이다.

메타버스 관련 기술이 계속 발전함에 따라 현실의 물리적 공간과 가상 공간 사이의 경계가 점차 모호해지고, 둘 사이에 어떤 교차나 중첩이 존재할 수 있다. 이는 곧 인류가 활동할 수 있는 장면이 크게 확장되어 더 많은 공간을 건축 설계해야 한다는 의미이기도 하다. 이러한 배경에서 건축가라는 직업의 함의도 바뀌게 되어 그들의 작업에는 가상 환경을 만드는 것도 포함될 수 있다. 전통적인 건축가가 갖춰야 할 것이 건축학 및 일부 관련 분야의 자질이라면, 가상 건축 설계에 참여하는 건축가는 3D 가시화 등 디지털 기술을 이해하고 이를 설계 과정과 융합하는 능력을 갖춰야 한다. 이로써 가상현실은 단순히 물리적 세계를 모델링하고 가시화하는 도구가 아니라 건물 자체의 구성 요소가 된다는 점이 명백히 드러난다. 앞으로 건축가와 웹디자이너의 직업의 경계가 더 이상 분명하지 않을 수 있다.

메타버스 공간에서 건축가는 자신의 3D 마인드 장점에 의존해 가상 건축물을 설계할 수 있다. 현실 세계에서의 전통적인 건축 설계와 달리 가상 공간에서 건축가는 역학적 공식과 건물 치수 등 건축학과 관련된 전문지식은 물론이고 인체 측정 지식을 갖고 있어야 한다. 설계한 가상 건축물이 가상인물과 비율이 맞아야 하기 때문이다.

또한 가상 건축물을 설계할 때 캐릭터 디자인, 게임 디자인, 콘텐츠 디자인, 사용자 인터랙티브 디자인 등을 그 안에 전부 녹여 넣어 이용자의 몰입형 체험 수요를 만족시켜야 한다.

건축가는 가상 건축 설계 분야에서 장점을 발휘하는 것은 물론이고, 전통적인 게임 시장에서 디자이너들이 하는 건축 모델링 등의 업무도 충분히 소화할 수 있다. 사실상 지금 나와 있는 온라인 게임들 중 일부는 이미 작은 크기의 가상세계라고 볼 수 있다.

「마인크래프트」를 예로 들어보자. 이 게임은 2009년 스웨덴 모장 스튜디오Mojang Studios가 개발한 샌드박스 게임이다. 이용자는 예술품을 창작하거나 건물을 짓는 등 게임 속 3차원 공간에서 자신만의 플레이를 창조할 수 있다. 플레이어 스스로 플레이 방식을 창조하는 데 주안점을 둔 이런 유형의 게임은 새로운 직업을 탄생시키는데, 그것은 바로 '가상도시 건축설계사'다. 가상 건축에 능한 플레이어는 플랫폼에서 제공하는 네모난 블록, 식물 또는 기타 아이템을 이용해 자신만의 작품을 창작할 수 있으며, 다른 플레이어가 이들을 자신의 가상 공간에 초대하여 작품을 만들게 할 수도 있다.

중국 국가건축가 Cthuwork는 가상 건축물 설계에 능숙한 블로거다. 「마인크래프트」에 쯔진청紫禁城(자금성), 주자이거우九寨沟 등 세계 유명 건축물 및 관광 명소를 복원시킬 수 있는 장면들을 만들었다. 그뿐만 아니라, '칭밍상허투清明上河图(청명상하도)' 속의 광경을 3D로 구현하기도 했다.

가상 도시 건축설계사와 같은 직업 형태는 사실상 디지털 자산으로 변모할 수 있다. 구체적인 현금화 과정은, 자신의 재능을 바탕으로 가상 공간에서 창작이나 노동을 한 후 현실 세계에서 그에 상응하는 대가를 받는 것이다. 현실 세계에는 이런 직업 형태가 존재하지 않지만 가상세계의 등장은 새로운 수요를 자극한다. 그리고 그 수요를 기반으로 하는 공급은 새로운 직업 형태를 탄생시킨다. 이와 같은 가상 장면 규모가 커지면 비슷한 이용자 수요도 점차 늘어날 것으로 보인다.

다시 메타버스로 돌아가보자. 이곳에서 건축가의 작업 내용은 사실 게임 장면 디자이너의 그것과 커다란 유사성을 갖는다. 게임 디자이너처럼 컴퓨터 소프트웨어, 디지털 기술 등을 활용해 가상 건축물을 설계하고, 그 안에 있는 세트를 가상 캐릭터 활동에 맞게 설계해야 한다. 따라서 메타버스가 개념 차원을 넘어 구현으로 이어지는 과정에서 건축가의 역할도 점진적으로 전환되어야 한다. 이러한 전환은 단순히 실제 건축물 설계에서 가상 건축물 설계로 넘어가는 것이 아니라, 게임 디자이너도 한 팀의 구성원이 될 수 있을 정도로 건축가의 의미가 확장되는 것을 말한다.

03
미래의 드림메이커: 새로운 직업 개념

메타버스가 발전하면서 건축가의 능력에 대한 요구도 달라질 수 있다. 첨단 기술과 도구의 사용은 사람을 반복적인 일에서 해방시킬 수 있기 때문이다. 이러한 환경에서 건축가는 단순히 다양한 기술에 능숙한 전문 인력일 뿐만 아니라 다양한 설계 도구를 종합적으로 활용할 수 있는 복합적인 인재라고 볼 수 있다.

메타버스 시대를 향한 건축 교육은 3D 가시화 기술, 디지털 미디어 기술 등 건축학 외의 관련 기술을 더 많이 가르치는 데 중점을 두어야 한다. 가상 공간에서의 건축은 사실상 가상 공간의 구성 요소이기 때문이다. 그리고 현실에서 건축 산업이 틀에 박힌 규제를 받아야 하는 것과 달리 가상세계에서 건축은 더욱 큰 활용 공간을 가진 예술적 표현이기 때문이다.

건축과 그 환경을 연구하는 학문인 건축학은 디지털 시대를 맞아 새로운 개념으로 정의될 수 있을 것 같다. 클라우드 컴퓨팅 등의 기술이 적용되면서 도시와 건물은 다양한 '클라우드'에서 관리된다.

건설업계 입장에서 디지털 건축은 막대한 건설 예산, 수년간의 건설 주기, 많은 전문지식이 소요되지 않는 장점이 있다.

건축설계사 입장에서는 자연물리학적 법칙 및 구조역학 등에 구애받지 않고, 실제 공사에서 원가 계산, 에너지 절약, 방수 여부 등을

메타버스 세상을 선점하라

고려할 필요 없이 건축 설계 자체에 더욱 집중할 수 있다.

하지만 현실 세계에 실재하는 건물과 달리 가상 공간에서의 건축물은 쉽게 개조될 수 있다.

예를 들어 관련 코드만 삭제하면 복잡해 보이는 건물은 없어질 수 있다. 또한, 비용이나 주기 문제 등을 고려하지 않고 백그라운드에서 간단한 수정만으로도 건물의 품격을 바꿀 수 있다.

이러한 측면에서 가상 공간의 건축이 가지는 기능적 속성은 크게 약화되고, 그 감상적 속성은 강화된다.

메타버스가 이용자들에게 어필하고 몰입식 경험을 제공할 수 있는 중요한 이유는 방대한 콘텐츠를 보유하고 있기 때문이다. 이용자는 메타버스 공간에 들어가 가상 예술관, 가상 자습실, 가상 영화관, 가상 유원지 등에서 자유롭게 활동하며 현실 세계와는 전혀 다른 관람 경험을 할 수 있다. 이런 공간은 건축가의 유토피아로 더욱 발전할 가능성이 높다. 이들은 물리적인 세계에 구애받지 않고 다양한 건물을 설계할 수 있을 뿐만 아니라 이를 매각해 수익을 낼 수도 있다.

현실 세계에서 건축은 줄곧 지역의 영향을 비교적 강하게 받는 업종에 속했다. 하지만 가상 공간에서 건축가는 지역적 한계를 완전히 벗어나, 전 세계 필요한 모든 이용자에게 디지털 형태의 제품과 서비스를 제공할 수 있다. 이러한 배경을 바탕으로 건축가는 건축 설계 시 제품 매니저나 콘텐츠 크리에이터가 제품을 만드는 것처럼 개성이 뚜렷한 제품을 만들고, 관련 플랫폼에서 고품질의 콘텐츠로 자신의 제품과 서비스를 홍보해 잠재 타깃층을 확보해야 한다.

한편, NFT 기술을 기반으로 건축 등 가상자산도 독보적인 디지털 인증서를 획득하고 거래할 수 있다. 예를 들어 디지털 아티스트 알렉시스 크리스토둘루Alexis Christodoulou 소유의 가상 건물 NFT가 경매에 부쳐진 적이 있고, 크리스타 김Krista Kim의 가상 주택인 마스하우스Mars House가 팔린 것은 가상자산의 가치가 점점 더 많은 사람들에게 인정받고 있음을 보여준다.

현실의 물건에 비해 디지털 제품은 소급성, 희소성 등 다소 독특한 특성을 가지고 있다. 디지털 형태의 건축도 현실 세계 건축과 차별화된 가치를 지녀 미래에는 자산의 일부가 될 전망이다.

PART 5

미래편
SF와 현실의 경계

제15장

원대한 목표: 메타버스에 대한 궁극적 상상

01
영상 작품 속 메타버스 환상

　메타버스라는 개념이 폭넓은 관심을 끌기 전에 이미 많은 영화 작품들이 그것을 다루었다.

■ 「레디 플레이어 원」

　메타버스와 관련된 영상물을 언급할 때, 대부분의 사람들이 가장 먼저 떠올리는 것은 바로 「레디 플레이어 원Ready Player One」일 것이다. 영화는 2045년, 세계가 에너지 위기와 붕괴에 직면하면서 사람들이 위안을 찾기 위해 '오아시스(Ontologically Anthropocentric Sensory Immersive Simulation의 약어)'라는 VR 게임으로 떠나는 모습을 그린다. 이곳은 원래 현실 생활에서 잠시나마 탈출할 수 있도록 도와주는 세상 밖 유토피아였는데 유언장 하나 때문에 격전장이 된다. 창시자가 게임에 설치한 '이스터 에그Easter Egg(게임 개발자가 자신이 개발한 게임에 재미로 숨겨놓은 메시지나 기능)'를 찾는다면 '오아시스'를 넘겨받아 세계 최고의 부자가 될 수 있기 때문이다. 남자 주인공인 웨이드 와츠Wade Watts를 비롯한 수많은 사람들이 이를 위해 모험을 떠난다. 결국 게임에 푹 빠진 주인공 소년은 VR 게임에 대한 이해로 관문 속에 숨겨진 세 개의 열쇠를 찾아 이 통과에 성공하고, 랜선 여자 친구를 얻으며 인생의 최고 순간을 만끽한다.

스토리 자체는 비교적 단순한데 이 영화가 흥미로운 점은 메타버스의 여러 요소를 집대성한 점이다. VR 헤드셋, VR 슈트, 자유로운 경제 시스템, 웅대한 게임 배경, 그리고 비교적 공평한 '금광 캐기' 방식 등 메타버스를 표현한 대표적인 작품으로 꼽힌다.

「레디 플레이어 원」과 자주 비교되는 영화로 숀 레비Shawn Levy 감독의 「프리 가이Free Guy」가 있다. 2021년 8월 개봉한 이 영화는 가상 게임에 처한 자신을 우연히 발견한 은행 접수원이 영웅으로 거듭나고자 결심하고, 인간인 여자 주인공을 도와 가상세계를 보호하게 되는 이야기이다.

이 영화의 장면은 「레디 플레이어 원」에 비해 훨씬 더 초기의 메타버스와 비슷하며, 메타버스 구축의 좋은 예처럼 느껴진다. 따라서 「프리 가이」는 단기간 내 메타버스를 발전시키기 위해 중요하게 참고할 만한 작품으로 볼 수 있는데, 영화 속 가상세계가 어떠한 주체들에 의해 통제되는 것은 일종의 경고로 작용하고 있다. 즉, 메타버스는 반드시 탈중앙화의 원칙을 따라야 하며, 통제와 같은 상황이 발생하지 않도록 해야 한다는 것이다.

■ 「매트릭스」

「레디 플레이어 원」, 「프리 가이」와 비교하면 「매트릭스Matrix」가 더 고전적이다. 「매트릭스」 3부작은 매번 개봉할 때마다 엄청난 센세이션을 불러일으켰다. 인터넷이 아직 발달하지 않았던 시기에 「매트릭스」는 로봇과 인간의 대전에서 인간이 하늘을 가려 로봇의 태양광 공급을 차단하려다 실패하는 장면을 설정했다. 그러자 로봇은 인간을 용기 안에 심는 방식으로 키웠고, 인간은 뇌에 연결된 케이블을 통해 세상과 연결할 수 있었는데 그것은 로봇이 만든 가상세계였다. 메타버스와 비교했을 때, 이 설정은 다소 극단적으로 보인다. 그러나 어떤 측면에서 보면 「매트릭스」는 은유적인 메타버스로, 인간이 결국 인공지능과 인간의식이 공존하는 시대로 나아갈 것임을 예고하는 듯하다.

사실 곰곰이 생각해 보면 일부 모바일 앱은 '매트릭스'의 축소판 같다. 사람들은 앱을 켜기만 하면 통제 없이 그 속에서 시간을 보낸다. 많은 사람들이 아직 이러한 변화를 크게 감지하지 못할 뿐, 메타버스가 가져온 의식 변화임에는 틀림없다.

■ 「13층」

「매트릭스」와 같은 시기에 개봉한 또 다른 영화 「13층The Thirteenth Floor」은 두 과학자 홀Hall과 풀러Fuller가 컴퓨터로 실제 1973년의 LA를 시뮬레이션하고, 가상 세상에 뛰어들어 그 안에서 실제의 삶을 경험하는 것으로 시작한다. 그러던 어느 날 밤, 풀러가 갑자기 누군가에게 살해당하고 홀이 범인이라는 여러 가지 증거가 나타나는데 홀은 하필 그날 밤의 기억을 잃어버린다. 사건의 진실을 밝히기 위해 홀은 풀러가 남긴 실마리를 따라 가상세계로 들어가 결국 진실을 밝혀내는 것으로 이야기는 끝난다.

이 영화에서는 현실 세계와 가상세계가 서로 겹쳐져 있어서 인간이 두 세계를 자유롭게 넘나들 수 있다는, 메타버스와 현실 세계의 설정과 잘 맞아떨어진다. 미래에 메타버스가 정착되면 우리도 이 영화 속 주인공처럼 가상과 현실을 넘나드는 삶을 경험할 수 있을 것이다.

■ 「하드코어 헨리」

2015년 개봉한 「하드코어 헨리Hardcore Henry」는 현재 생활에 더 가깝다. 영화는 주인공 헨리가 전쟁에서 살아남은 뒤 슈퍼전사로 개조돼 러시아 군인으로부터 아내를 구하면서 자신의 정체가 발각되지 않도록 고군분투하는 내용이다.

영화 전체가 1인칭 시점으로 전개되어 마치 '카운터 스트라이크 Counter-Strike'와 같은 게임을 즐기는 것처럼 스릴 넘치는 몰입감을 느낄 수 있다. 관람객이 VR/AR 헤드셋을 이용해 이 영화를 본다면 몰입감은 훨씬 더 강해진다. 어쩌면 이와 같은 아이디어의 1인칭 영화가 미래 영화 발전의 한 방향이 될 수도 있을 것이다.

■ 「웨스트월드」

「웨스트월드West World」는 인류가 첨단 과학기술을 이용해 '델로스Delos'라는 성인랜드를 만들어냈다는 내용의 SF 드라마다.

사람들은 일정 비용만 지불하면 마음대로 델로스에 들어가 로봇이 제공하는 서비스를 즐길 수 있고, 로봇에게 어떤 일을 해도 벌을 받지 않는다. 하지만 로봇이 주체의식과 사고를 갖게 되면서 인간에게 저항하기 시작하고, 게이머들을 공격해 낙원을 지옥으로 만든다. 그러나 낙원과 지옥의 개념은 인간의 관점에서 말하는 것이고, 로봇에게는 이 두 개념이 정반대일 수 있다.

이 드라마의 주제는 앞에서 언급한 영화 「프리 가이」의 주제와 매우 유사하다. 사람들은 메타버스 시대에 앞서 반드시 자신의 메타버스 속 역할에 대해 진지하게 생각해 보고 정확한 포지셔닝을 해야 한다는 것을 경고한다.

■ 「블랙 미러」

3부작 미니시리즈 「블랙 미러Black Mirror」는 매회 독립된 이야기로 구성되어 있다. 에피소드마다 각기 다른 배경과 다양한 사회 현실을 반영하지만, 공통적으로 현대 과학기술의 인간 이용, 재구성, 파괴에 대한 이야기를 다룬다. 그중 시즌 1의 '핫샷(15 Million Merits)'이란 제목의 에피소드가 흥미롭다.

주인공은 모든 것이 가상화된 세상에서 사방이 고해상도 디스플레이로 채워진 방에 살고 있다. 날마다 헬스장 같은 곳에서 자전거를 타며 마일리지에 따라 가상화폐를 벌고, 그 가상화폐로 일상용품과 가상 제품을 구매한다. 주인공은 그 밖에 다른 활동이 없고 다른 일에 종사할 수 없어 나날이, 해가 거듭될수록 지루하기 짝이 없는 삶을 살아간다는 내용이다.

이 드라마는 비록 과학기술이 우리의 삶에 막대한 편리함을 가져다주었지만, 그 대가로 우리의 일상이 틀에 박혀 있는 것은 아닌지 생각해 보게 한다. 미래의 메타버스가 이런 형태로 발전한다면 그 속에 있는 인간은 과연 후회할 것인가 아닌가?

■ 「업로드」

「업로드Uproad」는 아마존이 출품한 10부작 SF 드라마다. 2033
년, 인간은 첨단 과학기술을 이용해 육체가 죽은 후 자신의 의식을 가
상세계에 올릴 수 있게 되며 실제 자신과 전혀 다를 바 없는 디지털
몸이 생성된다. 이 몸은 감각적이고 촉각적이며, 배고픔도 느낄 수 있
다. 매일 아침 이 가상세계의 사람들은 모두 햇빛이 가득한 호텔에서
깨어나 자신이 원하는 대로 창 밖의 경치를 조정하고 계절을 바꿀 수
있다. 하지만 식사, 독서, 커피 등 디지털 바디가 누리는 모든 것은 데
이터로 구매해야 한다. 만약 당신에게 충분한 데이터가 있다면, 이 가
상세계에서 영생을 얻을 수 있다.

메타버스에 대한 상상이 가득한 동시에 죽음에 대해 생각하게 만
드는 드라마다.

02
문학 작품 속 메타버스 환상

메타버스에 관한 많은 영화들이 문학 작품을 바탕으로 각색되었는데, 작가들의 상상 속에서 메타버스의 세계는 더욱 다채롭다. 다음은 메타버스를 다룬 문학 작품 몇 편을 간략히 소개하고자 한다.

■ 『특이점이 온다: 기술이 인간을 초월하는 순간 (The Singularity Is Near: When Humans Transcend Biology) 』

인공지능의 급속한 발전은 미래 세계에 대한 상상력을 풍부하게 한다. 많은 사람들의 상상 속에서 인공지능은 삶을 더 풍요롭고 편리하게 만들어준다. 하지만 인공지능과 물질문명이 최고 수준에 이르면서, 인간 수명도 그 한계를 돌파하면 세상은 어떻게 될까? 이 책은 인공지능에 대해 사회학, 철학, 심리학, 신경생리학적으로 토론한다. 또한 인공지능을 실제 업무나 일상 등에 적용했을 때 세상에 미칠 영향을 파헤쳐 첨단 과학기술이 만들어 갈 미래의 삶을 보여준다. 예를 들면, 인공지능과 같은 기술의 지원으로 『해리 포터Harry Potter』속 어떤 장면이 현실화될 수 있다. 즉, 가상 환경에서 '퀴디치Quidditch'[24] 경기를 하거나

---

24 해리 포터 시리즈에 등장하는 가공의 스포츠. 빗자루를 타고 날아다니며 4개의 공을 사용하는 구기종목이며 마법사 세계에서 최고로 인기 있는 스포츠다. – 옮긴이

사람 또는 물체를 다른 형태로 바꾸는 행위가 충분히 가능하다. 그때 사람들은 책 속의 마법에 대해 완전히 새롭게 인식하게 될 것이다.

저자는 이 책에서 세상을 바꾸는 생각의 힘이 성장을 가속화한다고 주장한다. 현재, 메타버스에 대한 모든 상상은 기존의 과학기술 위에 세워져 있고, 과학기술 자체는 끊임없이 발전하고 있다. 어쩌면 미래의 메타버스가 만들어낼 일상, 삶이 가져다 줄 변화는 사람들의 상상을 훨씬 뛰어넘을지도 모르겠다. 결과야 어찌됐든 한 가지 사실만은 분명하다. 미래의 메타버스는 다양한 방식으로 고속 발전하고 있는 과학기술의 산물이라는 점이다.

그 밖에도 미래에는 인간이 기계와 결합한다는 또 하나의 관점을 제시한다. 즉, 인간의 뇌에 저장된 지식 및 노하우가 스마트 제품(역시 인간이 만들어낸)과 결합한다는 것이다. 인류의 지식이 계속 증가함에 따라, 결국에는 계획적인 우주 창조의 신기원을 열게 될 것이다.

■ 『뉴로맨서』

『뉴로맨서Neuromancer』는 사이버펑크 SF 문학의 시초라 불리는 동시에 여러 가지 논란이 있어 왔다. 긍정적인 평론가는 이 작품이 매우 고전적이며, 휴고상, 네뷸러상, 필립 K. 딕상 등 SF계의 주요 상들을 싹쓸이한 성과는 지금까지 누구도 따를 수 없는 대단한 것이라고 극찬한다. 반면, 비판적인 평론가는 이 소설이 광적이고 기괴한 세계를 묘사한 탓에 다 읽고 나면 모골이 송연해진다고 평가절하한다.

이 소설에서 작가 윌리엄 깁슨William Gibson은 뛰어난 상상력으로 미래 세계를 그려내고 있다. 주인공은 사람들의 뇌신경을 네트워크에 접속시켜 정보를 빼내고, 그것을 팔아 생계를 꾸리다가 검은 세력의 노여움을 사 신경을 훼손당한다. 신경 복구를 위해 그는 일본으로 가서 '아미타지Armitage'를 만나 강제로 인공지능을 해방시키는 임무를 수행하게 된다. 그런데 전체 사건의 최종 기획자라고 여겼던 '아미타지'의 정체는 사실 또 다른 인공지능인 '윈터뮤트Wintermute'가 조종하는 꼭두각시임이 밝혀진다. 슈퍼 인공지능 '윈터뮤트'는 의식이 생긴 이후 20년에 걸쳐 이 일을 기획해 왔던 것이다.

깁슨은 이 소설을 통해 비록 볼 수는 없지만 실재하는 '리얼' 공간이 있다는 사실을 사람들에게 알려주고 싶었다고 한다. 이 공간은 인간의 생각뿐만 아니라 인공지능과 가상현실이 함께 만들어낸 결과물도 담고 있다. 이것이 바로 일부 비평가들이 비정상적이며 기괴한 소설이라고 폄하하는 이유일 수도 있지만, 어쩌면 메타버스가 가져올 수 있는 일종의 변화일지도 모른다. 사이버펑크와 메타버스에 대해 알고 싶어 하는 독자들에게 이 소설은 고전이다.

■ 『엔더의 게임』

『엔더의 게임Ender's Game』은 인간과 외계 종족의 전쟁을 다루고 있다. 어느 날 외계종족 '포믹Formics'이 갑작스럽게 지구를 침략하여 사람들을 죽인다. 가까스로 살아남은 사람들은 인류를 구하고 외계종족의 침입을 막기 위해 우주함대를 설립한 후, 세계 각지에서 재능이 뛰어난 소년을 찾는다. 이때 선량하고 의연하며 인내력이 높은 엔더

위긴Ender Wiggin이 두각을 나타내고, 엄격한 훈련을 거쳐 먼 행성에 있는 사관학교에 입학한다. 일찍이 외계종족을 물리쳐 인류를 구원한 경험이 있는 지휘관 메이저 래컴Mazer Rackham의 훈련을 받으며 엔더 위긴은 점차 훌륭한 지휘관으로 성장한다. 그리고 마침내 동료들을 이끌고 가상 시뮬레이션 전투에서 적군에 대항한다.

얼마 후 그라프Graff와 래컴은 외계종족이 몇 주 후에 새로운 공격을 개시할 것이라 확신하고, 엔더가 우주함대를 이끌고 지구를 방어할 충분한 능력이 있다는 것을 증명하기 위해 마지막 집중 훈련을 시킨다. 이 모의전투에서 엔더의 함대는 큰 타격을 입지만, 결국 외계종족이 사는 행성을 파괴하여 인류는 최후의 승리를 거둔다. 그리고 전쟁이 끝난 후에야 엔더는 이 최종 테스트가 게임이 아니라 실제 전쟁이었음을 알게 되고, 외계종족과 인간의 싸움이 반드시 어느 한쪽의 승리로 끝나야만 하는가에 대해 고민하기 시작한다.

이 문제는 작가의 궁극적인 질문이자, 다른 많은 공상과학 소설들이 다루는 문제이기도 하다. 물론 인간과 외계종족의 관계 이외에도 이 소설에 묘사된 미래 과학기술은 실제 과학기술의 발전에 많은 영향을 미쳤다. 작가는 엔더의 심리 게임이나 모의전투 모두 매우 박진감 있게 묘사하여 독자들의 오감을 고루 만족시키는 가상 공간을 만들어냈다. 미래에는 과학기술이 끊임없이 발전하면서 소설 속 환상적 장면들이 현실에서 벌어질지도 모른다.

03
게임 속 메타버스 환상

■ 「헤비 레인」, 「비욘드: 투 소울즈」, 「디트로이트: 비컴 휴먼」

「헤비 레인Heavy Rain」, 「비욘드: 투 소울즈BEYOND: Two Souls」, 「디트로이트: 비컴 휴먼Detroit : Become Human」이 세 게임은 모두 인터랙티브 시네마 게임에 속한다. 인터랙티브 시네마 게임이란 쉽게 말해 영화와 게임이 서로 어우러진 새로운 장르이다. 미래에는 영화가 1인칭 시점인데다가 관객마다 다른 선택을 할 수 있다면 결과적으로 어떤 결말을 맺을지 한번 상상해 보자. 사실 이런 상황은 게임 속에서 자주 나타난다. 영화를 게임에 접목하고 하드웨어 장비를 활용해 몰입감을 증폭시킨다면 어떤 효과를 낼 수 있을까?

현재까지 인터랙티브 시네마틱 게임 분야에서는 프랑스의 게임사 퀀틱 드림Quantic Dream이 「헤비 레인」, 「비욘드: 투 소울즈」, 「디트로이트: 비컴 휴먼」 등 세 편을 제작한 바 있다. 이 세 작품은 지금까지 250여 건의 상을 받았다.

인터랙티브 시네마 게임은 전통 영화나 게임에 비해 상호작용이 강하여 플레이어에게 강한 참여 의식과 몰입감을 갖게 하고, 메타버스 창조를 위한 새로운 아이디어와 경로를 제공한다. 구체적으로 세 작품의 독특한 시각과 표현 방식은 메타버스 개발자들이 배우고 참고할 만하다.

■ 「이브 온라인」

아이슬란드 CCP 게임즈가 개발한 「이브 온라인EVE Online」은 하드 SF 요소를 융합하여 가상의 우주 샌드박스 세계를 창조한 PC 온라인 게임이다. 이 게임에서 플레이어는 자유롭게 돌아다니며 채굴, 고고학 연구, PVP/PVE 전투 참여, 과학 연구, 산업 제조 및 금융 무역 등을 할 수 있다. 이 게임의 특별한 점은 플레이어의 캐릭터가 시스템에 의해 설정되는 것이 아니라 자신이 펼치는 활동에 의해 결정된다는 것이다. 가령 플레이어가 채굴을 선택하면 광부가 되고, 상선을 약탈하면 세계적인 해적이 되고, 해적들을 추격하면 현상금 사냥꾼이 되는 식이다. 이 게임의 룰은 현실 세계와 매우 흡사해 게이머들에게 극강의 몰입감을 선사한다.

그 밖에도 이 게임은 아이슬란드의 한 경제학자가 정교하게 고안한 경제모델이라는 찬사를 받는다. 완전한 경제 시스템과 거래 시장을 갖추고 있으며, 실시간으로 대량의 상품 가격 동향을 보여준다. 게이머 입장에서 우주선은 중요한 개인 자산에 속한다. 만약 비행선이 파괴된다면, 플레이어는 영원히 이 자산을 잃게 될 것이다. 「이브 온라인」은 『맨큐의 경제학(Principles of Economics)』에 현실 세계와 매우 흡사한 경제 시스템이라고 수록될 정도로 온라인 게임의 고전적인 경제학 사례가 되었다. 이 게임에는 현실과 비슷한 설정이 많다.

예를 들어, 게이머들이 자체적으로 상인회, 군단, 풀백fullback 등 다양한 단체를 조직할 수 있다. 현실과 너무나 흡사하기 때문에 게이머들은 자신의 역할에 집중할 수 있다. 그들에게 게임을 하는 과정은 하나의 라이프 스타일을 경험하는 것이다. 메타버스에서도 이런 경험을 충분히 즐길 수 있을 것이다.

■ 「스타 시티즌」

「스타 시티즌Star Citizen」은 실제 체험과 동일하게 깊은 몰입감을 선사하는 새로운 차세대 우주 SF 샌드박스 온라인 게임이다. 게임 제작자인 크리스 로버츠Chris Roberts는 탄탄한 기술력과 독특한 흥행 포인트로 「윙 커맨더Wing Commander」, 「프리랜서Freelancer」를 제작한 바 있는데, 「스타 시티즌」은 2021년 현재까지 크라우드 펀딩 금액이 가장 높은 게임이다. 충분한 자금 덕분에 꼼꼼한 디테일이 가능해져 게이머들은 더욱 강렬한 몰입감을 느낄 수 있다. 「스타 시티즌」의 몰입감은 주로 경제모델에서 비롯되고, 게이머들은 게임 내에서 다양한 역할을 맡아 거래 활동을 펼칠 수 있다. 또한 몰입감은 게임을 하는 동안 실제 세계와 비슷한 피드백을 받는 데에서도 확실히 나타난다. 예를 들어, 현실에서 비행기를 조종하려면 많은 버튼을 제어하고 데이터를 주시해야 하는데, 게이머가 「스타 시티즌」에서 우주선을 조종할 때도 역시 마찬가지다. 매우 리얼하게 우주선을 조종하는 느낌이 든다. 메타버스가 이 게임처럼 리얼할 수 있다면 틀림없이 색다른 경험을 선사할 것이다.

■ 「마인크래프트」

「마인크래프트Minecraft」는 1인칭 시점의 3D 샌드박스 게임이다.

플레이어가 1인용 모드나 멀티모드를 선택한 후 서로 다른 종류의 블록을 만들거나 파괴해 나만의 세계를 만들 수 있다. 이 게임의 핵심 세계관은 바로 '플레이어 각자가 자신의 창조주'라는 것이다.

「마인크래프트」를 메타버스 관련 대표 게임물로 분류한 이유는 메타버스의 핵심 요소 즉, 게이머가 게임 속에서 타인과 상호작용하며 자신만의 세계를 창조할 수 있다는 취지가 녹아 있기 때문이다. 「마인크래프트」에서 플레이어는 원하는 색깔 코드를 선택해서 자신만의 개성을 나타낼 수 있으며, 광산과 동굴을 왔다갔다 할 수도, 모래 속에서 수영을 할 수도 있다. 플레이어의 상상력이 충분하기만 하다면 모든 활동이 이 게임에서 이루어질 수 있고 미래의 메타버스도 이와 같을 것이다.

■ 「심즈」

「심즈The Sims」는 생활 시뮬레이션 게임이다. 플레이어는 이 게임에서 자신의 성별, 외모, 성격을 설정할 수 있으며, 토지 구입, 집 짓기, 집 꾸미기, 직장 출근, 친구 사귀기, 모임 등을 할 수 있다. 이 게임은 게이머들에게 50여 가지 직업을 제공해 소셜로서의 기능을 유감없이 발휘한다. 「심즈」에서 플레이어가 사랑을 얻고 비즈니스에 성공하려면 반드시 실생활과 같은 방식으로 타인과 관계를 맺어야 하며, 그 관계를 유지하고 발전시켜 나가야 한다. 이 게임은 메타버스가 현실 세계를 모방하는 콘셉트와 매우 유사하여, 인생을 미리 경험할 수 있다는 점에서 매력적이다. 아마 미래의 메타버스에서는 누구나 가상으로 미리 '시뮬레이션 인생'을 경험할 수 있을 것이다.

04
애니메이션 속 메타버스 환상

'메타버스' 개념이 과학기술계의 이목을 끌기 시작한 지 얼마 되지 않았고, 개념부터 구현까지 수많은 기술적 난제와 규제의 한계를 극복해야 하지만 일부 애니메이션에서는 메타버스와 관련된 구상이 이미 오래전부터 등장하고 있었다.

■ 「조니 퀘스트」

1964년 워너브라더스Warner Bros가 제작한 애니메이션이다. 원래 이름은 「조니 퀘스트Jonny Quest」였으나 1996년 다시 제작되어 '조니 퀘스트의 모험The Real Adventures of Jonny Quest'로 이름이 바뀌었다. 이 애니메이션에는 주인공 조니의 아버지 퀘스트 박사가 개발한 가상세계 퀘스트월드가 등장한다. 특수 제작된 안대를 착용하기만 하면 그곳에 들어가 악당과 싸움을 벌일 수 있다는 내용이 인기를 끌었다. 출품 시기, 기술적 한계 등으로 제작이 부실하고 콘텐츠에도 허술한 점이 많지만 메타버스의 핵심 내용과 유사한 부분이 꽤 있다.

■ 「소드 아트 온라인」

『소드 아트 온라인Sword Art Online(刀劍神域)』은 2002년 11월부터 2008년 7월까지 일본 작가 가와하라 레키川原礫가 자신의 개인

홈페이지 '워드기어WordGear'에 연재한 웹소설이다. 2016년 8월, 미국 할리우드 제작사 스카이댄스Skydance가 「소드 아트 온라인」 전 세계 실사 영상화권을 획득했다고 발표하면서 본격적인 실사화 프로젝트에 착수한다.

「소드 아트 온라인」은 가상세계와 현실 세계의 경계가 허물어지는 이야기다. 스토리 속에서 2022년 인류는 현실 세계와 가상세계를 융합하고, 한 게임사는 '소드 아트 온라인'이라는 온라인 게임을 개발한다. 게임에 입성한 플레이어들은 '아인크라드Aincrad'라는 강철의 부유성(浮游城)을 누빌 수 있다. 이곳은 생활, 비즈니스, 탐험 등이 가능한 100층 테마별 구역으로 이루어져 있다. 그런데 플레이어들이 한창 가상 도시에 빠져 있을 무렵, 게임을 로그아웃할 수 없다는 사실을 알게 된다. 알고 보니 게임의 개발자가 설정을 통해 플레이어를 게임에 가둔 것이다. 이때 게임 개발자가 등장해 플레이어들에게 자유로워지려면 아인크라드의 100층 전체를 이겨야 한다고 말한다. 그는 또한 게임 내에서 사망하거나 게임 밖에서 헬멧을 강제로 벗는 사람은 실제 죽음을 겪을 것이라고 말한다. 결국 소수의 클로즈베타 플레이어였던 남자 주인공 키리토Kirito는 게임 내내 경험을 쌓으며 슈퍼 플레이어가 되고, 게임의 난국을 타개하여 모든 플레이어를 게임에서 구해낸다. 「소드 아트 온라인」이 묘사한 내용에서 가장 공포스러운 점은 가상 공간 속 이용자의 생명이 실제 생명과 밀접하게 연관되어 있다는 데 있다. 이런 상황에서 사람들은 가상세계에서의 체험을 진정한 삶으로 받아들일 수밖에 없다는 설정이 독특하다.

■ 「액셀 월드」

「액셀 월드Accel World」 역시 가와하라 레키川原礫가 쓴 소설로, 2009년 2월 10일부터 시작해서 현재까지 완결되지 않았다.

이 작품은 머지않은 미래에 사람들이 '뉴럴링크Neural Link'라는 단말기로 연결되고, 생활 속 대부분의 시간을 가상세계에서 보낸다는 설정을 하고 있다. 이때 가상세계는 현실 세계와 거의 동기화되어 사람들은 눈으로 가상 공간에 있는 다양한 인터페이스를 직접 볼 수 있고, 손가락으로 정보를 주고받거나 여러 가지 조종을 할 수 있다. 심지어는 특수 제작된 케이블 장비를 통해 서로 다른 개체와 사고를 공유할 수도 있다.

이런 상황 속에서, 뚱뚱한 몸매로 괴롭힘을 당하던 중학생 아리타 하루유키有田春雪는 현실 생활에 불만을 품고 가상세계에서 스쿼시 게임을 연습하며 대부분의 시간을 보낸다. 그러던 어느 날 하루유키가 다시 괴롭힘을 당하자 우메사토 학생회 부회장 흑설공주가 그를 구해준다. 그리고 '브레인 버스터Brain Buster'라는 프로그램을 통해 현실 세계를 천 배 빠른 속도로 관찰할 수 있는 '버스터 링커Buster Linker'가 되어 묘한 경험을 하게 된다.

「액셀 월드」는 가상세계와 현실 세계를 마음대로 바꿀 수 있다면 현실 세계에서는 가상 공간이 가져다주는 인간관계를 어떻게 다뤄야 할지 고민해 보게 만든다. 메타버스가 널리 보급되면 분명 우리 현실 생활에 적지 않은 영향을 가져다 줄 것이다.

05

엔터테인먼트 작품 속 메타버스 환상

1985년, 미국의 미디어 문화 연구자이자 비평가인 닐 포스트만 Neil Postman이 저서 『죽도록 즐기기(Amusing Ourselvest to Death)』를 출간했다. 이 저작은 텔레비전의 소리와 영상이 책 속의 언어를 대체하는 과정에 국한하여 이야기하고 있지만, 기술이 진보하는 과정에서 사람들의 오락성에 대한 추구는 확실히 계속될 것이다.

그 예로, 메타버스가 실제로 나타나기 이전부터 몇몇 오락물에는 메타버스에 대한 사람들의 구상이 들어 있었다.

■ 가상 오디션

대중은 일반적으로 역사, 문화, 미적 기준 등을 근거로 확고부동한 편견을 벗어나기 어렵다. 예를 들어 한 가수에 대한 평가는 작품뿐 아니라 피부색, 국적 등에 영향을 받는 경우가 많다.

지난 2017년 유명 힙합 가수 와이클리프 진Wyclef Jean이 경찰에 체포돼 옥고를 치렀는데, 그가 부당한 대우를 받은 주된 이유는 바로 그의 피부색 때문이었다. 그래서 많은 창작자들이 이런 굴레에서 벗어나 관객들이 자신의 작품에만 집중해 관심을 갖길 원한다. 2021년 9월, 폭스Fox사는 특별한 노래 경연대회 '얼터 에고Alter Ego'를 개최하였다.

이 대회 참가자는 누구나 무대에서 자유롭게 자신의 모습을 드러낼 수 있으며, 원하는 대로 자신의 이미지를 만들 수 있다.

아무리 노력을 기울여도 실제 참가자를 대상으로 하는 오디션은 사실상 다른 요인의 영향을 받게 된다. 반면 가상 오디션은 그런 고민 없이 참가자가 아바타 형태로 관객 앞에 나타날 수 있다. 첨단 기술이 더해져 참가자가 울고 웃는 등 다양한 표정을 지을 때 아바타도 그것을 포착해 정교하게 표현할 수 있다. 가상 오디션 장면에서 심사위원과 관객들이 메타버스 활동에 동참하며 몰입감을 얻는 셈이다.

■ 가상 아이돌

팬덤 경제가 부상함에 따라 점점 더 많은 가상 아이돌이 대중의 시야에 들어오고 있다. 실제 아이돌에 비해 가상 아이돌은 대중의 취향에 따라 이미지가 설정될 수 있고, 더 많은 재능을 가질 수 있다. 심지어는 시간이 지나도 나이, 외모가 달라지지 않는 '완벽함'을 지닌다.

예를 들어 인스타그램에서 수백만 명의 팔로워를 거느린 혼혈 소녀 미켈라 소사Miquela Sousa의 경우, 단순히 인기 있는 패션 블로거일 뿐만 아니라 트럼프와 함께 미국 '타임Time'지가 선정한 그 해의 '인터넷에서 가장 영향력 있는 25인'에 오른 바 있다.

중국에서는 CCTV 예능 리얼리티 쇼 '상시엔바! 화차이사오니엔上线吧！华彩少年' 프로그램에 등장한 가상 아이돌 링翎 역시 많은 시청자의 사랑을 받았으며, '나이쉐더차奈雪的茶' 등 유명 브랜드와 협업했다. 수많은 가상 아이돌의 탄생은 놀라운 기술력에 감탄을 금치 못하게 만들 뿐만 아니라 다가올 메타버스의 모습에 대해 많은 생각을 하게 한다.

가장 인지도가 높은 가상 아이돌을 꼽자면 하츠네 미쿠Hatsune Miku를 들 수 있고, 비슷한 캐릭터로 MEIKO, KAITO, 뤄톈이洛天依, 위에정링乐正绫 등이 있다. 이들은 미래 음악 탐구에 무한한 가능성을 제공할 뿐만 아니라 메타버스의 발전에도 긍정적인 역할을 할 것이다.

■ 리그 오브 레전드 K/DA

2018년, 리그 오브 레전드 월드 챔피언십 S8 기간 중 가상의 K-POP 걸그룹 구상이 발표되었고, 2020년 K/DA라는 이름으로 공식 출범했다. K/DA는 기존의 리얼 걸그룹과는 전혀 다른 가상 걸그룹으로 리더 겸 메인보컬인 아리Ahri, 메인댄서 카이사Kai'Sa, 메인래퍼 아칼리Akali, 리드보컬 이블린Evelynn, 그리고 객원멤버 세라핀Seraphine까지 다섯 멤버가 리그 오브레전드 콘서트의 주역이자 스킨으로 활약한다. 그뿐만 아니라 리그 오브 레전드 플레이어들은 걸그룹 캐릭터를 게임 세계에서 마음껏 조작할 수 있어 더욱 강력한 참여감과 몰입감을 얻을 수 있다.

리그 오브 레전드는 방대한 이용자를 보유한 온라인 게임으로 더 게임 어워드The Game Awards가 선정한 '올해의 최고 e스포츠 게임'에 수년째 이름을 올리며 나름의 경기 문화를 형성하고 있다. 리그 오브 레전드 속 가상 아이돌의 참여는 메타버스에 더 많은 상상의 공간을 만들어준다.

메타버스는 어떤 단일 기술의 혁신이 아니라 미래 생활방식에 대한 탐색에 가깝다. 텔레비전의 소리와 영상이 책 속의 언어를 대신하는 과정에서 '죽도록 즐기기' 현상이 일어났듯이, 메타버스도 여러 가지 문제에 직면할 수 있다. 그러나 사회 문명 진보와 시민 의식 변화에 발맞춰 메타버스는 틀림없이 인류 사회 발전에 무한한 기회를 제공할 것이다.

제16장

특이점: 기술, 문명 그리고 인류의 미래

01
메타버스와 포스트휴먼 사회

디지털 자산 연구원 학술 및 기술 위원회 위원장인 주쟈밍朱嘉明 교수에 의하면 메타버스가 지니는 의의는 다음과 같다.

첫째, 정보 혁명, 상호접속 혁명, 인공지능 혁명, VR, AR, ER, MR, 게임 엔진 등 가상현실 기술 혁명의 성과를 흡수하여 전통적인 물리 세계와 평행한 홀로그램 디지털 세계의 가능성을 인류에게 제시한다. 둘째, 정보과학, 양자과학, 수학, 생명과학의 상호작용을 유발하여 과학 패러다임을 변화시킨다. 셋째, 전통적인 철학, 사회학, 나아가 인문과학 체계에까지 새로운 전환점을 마련한다. 넷째, 블록체인 기술, NFT 등 디지털 금융 성과를 융합하여 디지털 경제 전환 모델을 다양화시킨다. 이로써 메타버스는 인간 사회가 궁극적으로 디지털 전환을 실현할 수 있는 새로운 경로를 제시하고, '포스트휴먼 사회'와 전방위적으로 결합하여 대항해 시대, 산업혁명 시대, 항공우주 시대에 버금가는 위대한 역사적 새 시대를 열 것이다.

다음은 메타버스의 혁명적 의미를 기술, 응용, 철학, 이 세 가지 관점에서 살펴보기로 한다.

■ 기술적 측면: 포스트모던 시대를 열다

인류가 도구를 만든 이래 사회 발전은 언제나 기술의 진보를 동반

했다. 특히 1차 산업혁명 발생 이후 기술 발전 속도가 갈수록 빨라지면서 급속도의 성장세를 보이고 있다. 일정 수준의 기술에 도달하자 인류는 현실 세계와 완전히 동일한 가상세계를 만들 수 있게 되었고 드디어 '메타버스' 시대로 접어들었다. 디지털 경제가 발전함에 따라 만약 현실 세계의 여러 장면들이 양자화 파라미터 지표로 전환될 수 있다면, 인류는 컴퓨터를 이용하여 현실 세계를 본떠 가상의 디지털 세계를 창조할 수 있다.

디지털 세계는 현실 세계와 상응하는 평행한 세계라고 볼 수 있으며 어쩌면 현실 세계보다 우수할 수도 있다. 이 평행한 가상세계에서는 현실 세계가 해결할 수 없는 많은 문제를 기술적 수단을 이용하여 해결할 수 있기 때문이다.

예를 들면, 정보 비대칭으로 인한 계층 분화와 빈부 격차 해소, 자연재해가 생산과 생활에 미치는 피해 방지, 병고와 사망 감소 등이다.

■ 응용적 측면: 디지털 경제 발전의 궁극적인 형태

현 단계에서 가상현실, 3D 기술은 엔터테인먼트 분야에서 이미 널리 활용되고 있다. 물론 이것은 메타버스의 초보적인 형태일 뿐 아직 인류 사회의 발전에 큰 영향을 끼치지 못했다. 그러나 발전 성숙 단계에 이르면 디지털 경제와 정보기술 발전의 궁극적인 형태가 될 것이며, 현실에서 상상을 초월하는 역할을 할 것으로 전망된다.

최근 디지털 트윈 기술 개발에 주력하는 기업이 많아지고 있다. 쉽게 말해 디지털 트윈은 모델링 방식을 이용해 현실 세계를 본떠 가상세계를 만드는 것이다. 현재 디지털 트윈은 혁신 설계 및 실험 분야에 주로 사용되며 제반 비용을 획기적으로 절감할 수 있다.

예를 들어 비교적 높은 수준의 항공기 조종 시뮬레이션 시스템은 다양한 가상 시나리오에서 비행 자세를 시뮬레이션하여, 긴급 상황을 만들거나 추락 상황을 재구성하는 데 드는 실험 비용을 크게 절감할 수 있다. 인간이 디지털 트윈 기술을 활용해 현실의 도시를 본떠 하나의 가상 도시를 똑같이 만들 수 있다면, 바로 그곳에서 도시 계획과 설계를 통해 보다 양질의 생활 경험을 선사할 수 있을 것이다.

■ 철학적 측면: 메타버스 세상에서의 '디지털 영생'

인간이 세상을 감지하는 방식은 중추신경계를 통해 전신 곳곳에서 오는 전기적 신호를 수신하는 것이다. 아울러 현실 세계의 다양한 정보는 보고, 듣고, 냄새 맡고, 만지는 등의 방식을 통해 서로 다른 전기 신호로 바뀔 수 있고, 인체의 중추신경계가 이를 수신하면 뇌에서 감지된 정보를 해석해낸다.

뇌 인터페이스 기술이 발전하면서 가상세계의 정보도 전기 신호로 변환돼 인체의 중추신경계에 전달될 수 있다. 이렇게 되면 인간은 가상세계 속에서 현실 세계 전반을 감지할 수 있게 된다. 감각적인 측면에서 볼 때, 현실 세계와 가상세계는 완전히 동일하며, 양자는 뚜렷한 차이가 없다. 그리고 가상세계는 현실 세계가 해결할 수 없는 많은 문제들을 해결할 수 있기 때문에 현실 세계보다 가상세계가 더 나은 경우도 있을 수 있다. 현실 세계를 바꾸는 것은 어렵지만, 가상세계를 바꾸는 것은 파라미터 설정만 수정하면 되기 때문에 매우 간단하다. 게다가 인간은 현실 세계에 없는 것들을 가상세계에서 창조할 수 있다. 이런 상황에서 누군가 가상세계에 영원히 남기를 원할 수 있고, 심지어 그곳을 현실 세계로 간주하여 '디지털 영생'을 실현하고자 할 수도 있다.

가상세계 구축은 이제 막 걸음마 단계이고 게임 차원에 머물러 있으므로 완벽한 가상세계를 구상하기까지는 아직 많은 시간이 필요하다. 그러나 메타버스라는 개념은 이미 광범위한 관심, 특히 자본의 관심을 끌었다. 예를 들어 중국 내 게임업계는 전통적인 게임업체든 신흥 게임업체든 메타버스 분야에 적극 진출해 있다.

기술적 측면에서는 인공지능, 인터랙티브 디바이스, 인프라 등의 분야가 전망이 좋고 클라우드, 5G 통신 등 분야의 기업들도 실적 성장 목표를 설정한 단계다. 비즈니스 분야에서는 게임, 소셜, 소비 등의 산업이 전통적인 비즈니스 모델을 제치고 새로운 비즈니스 모델로 떠올라 기업의 미래 성장을 견인할 것이다.

02
제3차[25] 생산력 혁명의 도래

　인터넷이 가져온 변혁은 과거 산업혁명이 일으킨 변혁과 마찬가지로 수많은 기술이나 응용의 정착 과정을 동반하고 있다. 인터넷이 지금과 같은 단계로 발전하면 다음 변혁의 방향은 바로 메타버스다. 큰 변혁을 겪을 때마다 한 시대에 획을 그어 사람들의 삶, 체험, 가치 인식을 뒤엎고 인류 사회는 더 나은 발전을 향해 나아간다.

　한번 상상해 보자. 전혀 다른 공간에서 우리는 현실 세계의 제약을 전혀 받지 않는 방식으로 존재한다. 더 빨리 달리고, 더 높이 뛰어오를 수 있으며, 심지어 자유롭게 날 수도 있다. 거리에 들어서면 그곳에는 여전히 우리와 같은 사람들이 있고, 그들도 거리 곳곳을 즐기고 있다. 또한, 우리는 자신의 이미지를 마음대로 설정한 후, 다양한 창작물을 통해 수입을 얻고, 좋아하는 가상 차량을 타고 다니며, 땅을 사서 집을 지을 수 있다. 영화 「레디 플레이어 원」처럼 스마트 기기를 착용하기만 하면 현실 세계와 완전히 다른 공간에 들어가 실감나는 몰입형 경험을 할 수 있다.

---

25 저자는 농업 생산, 산업 생산에 이은 디지털 생산을 제3차 생산력으로 간주하고 있다.
　 - 옮긴이

메타버스 세상을 선점하라

메타버스 초기 단계임에도 불구하고, 한 가지 분명하게 말할 수 있는 점은 메타버스가 현실 세계와 가상 공간이 상호작용하는 방식을 근본적으로 바꿀 수 있다는 것이다. 메타버스는 다양한 기술의 융합을 통해 개방적이고 포용적인 공유 온라인 공간이 될 수밖에 없다.

진정한 메타버스 시대가 오기까지 아직 많은 시간이 필요하겠지만, 그 과정은 모바일 인터넷 발전의 그것과 매우 흡사하다. 사람들은 항상 아이폰 3G를 모바일 인터넷 발전의 변곡점으로 꼽는다. 그런데 사실상 아이폰 3G 뒤에는 앱스토어 등의 생태나 웹사이트, 3G 칩, 무선 인터넷 서비스 사업자, 모바일 인터넷 인프라, 자바Java, Html, 유니티Unity와 같은 소프트웨어 개발 도구처럼 매우 복잡한 기술과 고리들이 숨어 있다.

인류 사회는 이미 메타버스 시대 과학기술의 발전과 응용이 반복 순환하는 소용돌이 속으로 진입했다. 즉, 기반 기술의 발전은 응용과 소프트웨어의 변혁을 촉진하고, 시장은 수요로 기반 기술에 보답하며 기술을 발전시키고, 기술 발전은 다시 응용과 소프트웨어의 변혁을 촉진하는 식의 순환이다. 기술과 응용의 상호작용 논리가 무엇이든 간에 한 시대의 발전 초기에는 응용이나 소프트웨어가 과학기술 발전의 촉매제 역할을 한다.

현재 메타버스의 발전에 대해 정확한 예측을 할 수도, 명확하게 정의할 수도 없지만, 발전 방향 정도는 대략적으로 예측해 볼 수 있다. 모바일 인터넷 시대의 발전 경험을 거울삼아, 메타버스의 발전 방향과 발전 과정에서 직면할 수 있는 문제를 토론하는 것이 더욱 중요하다.

전통적인 인터넷 시대에는 고정된 장소에서 PC 유선 네트워크를 사용하여 인터넷에 접속할 수 있었다. 이후 모바일 인터넷은 공간을 크게 확장시켰고, 사람들은 언제 어디서나 스마트 단말기를 사용하여 인터넷에 접속할 수 있게 되었다. 메타버스 시대에 들어서면 인터넷은 반드시 100% 보급될 것이며, 사물 간 상호 접속에 관한 사람들의 구상이 현실화되어 인터넷을 24시간 사용할 수 있게 될 것이다.

메타버스는 제3차 생산력 혁명이다. 막강한 컴퓨팅 파워 시대를 맞아 생산력에 질적 변화가 일어났다는 중요한 징표로 세 가지를 꼽을 수 있다.

첫째, 주체가 변한다. 둘째, 인공지능이 핵심 노동력을 대체한다. 셋째, 기계가 생산력의 가치를 창출한다. 물론 이를 구현하려면 인공지능이 일정 수준까지 발전해야 한다. 인공지능의 발달은 끊임없는 학습과 훈련을 필요로 하는데, 현실 세계와 마주하는 메타버스가 홀륭한 장소를 제공한다. 주체의 변화에는 사람과 사람, 사람과 기계, 기계와 기계가 소통할 수 있는 기본적인 환경 조성이 필요하다. 이 환경이 가상세계와 현실 세계의 융합 및 상호작용을 가능하게 한다. 따라서 인공지능 기술의 발전은 물론, 저변 데이터와 정보의 상호작용도 메타버스의 발전을 뒷받침하고 있으며, 그것이 필연적인 추세임을 입증하고 있다.

03
메타버스가 바꿀 우리의 미래

증기기관 시대, 전기 시대, 정보화 시대를 거치면서 정보기술이 산업 변혁을 촉진하는 인더스트리 4.0 시대가 도래했다. 인터넷과 여러 산업의 융합은 온라인 만능 시대를 낳았고, 스마트화 시대의 도래는 온라인 세계와 오프라인 세계의 융합을 앞당겼다. 교육, 의료, 제조, 금융 등 각기 다른 분야에서 온라인 세계와 오프라인 세계의 상호 연결은 이미 돌이킬 수 없는 발전 흐름이 되었다.

가상현실 분야의 경우, 인도 리서치업체 모도 인텔리전스Mordor Intelligence의 통계 및 분석에 따르면 2020~2026년 글로벌 가상현실 분야 지원 자금이 170억 달러에서 1840억 달러로 증가한다. 기술력, 이용자 수요 등의 영향 외에도 코로나19 사태는 원격 접속 상품 개발을 어느 정도 가속화하고 있다. 결론적으로 메타버스의 탄생은 내·외부 요인이 복합적으로 작용한 것이다. 그렇다면 메타버스는 우리의 삶을 어떻게 바꿀까? 메타버스는 이미 선도적인 게임 분야 외에도 업무, 쇼핑 등에서 우리 생활에 영향을 끼쳐가고 있다.

■ 가상 오피스: 웨어러블 기기를 활용한 원격 근무

전통적인 근무 방식에서 사람들은 통근에 비교적 많은 시간과 물질적 비용을 들이게 된다. 기존 근무 방식의 단점, 코로나19 등의 영향이 원격 근무 모델 발전에 절호의 기회를 가져왔고, 메타버스는 이에 걸맞는 아이디어를 제공했다.

페이스북은 글로벌 소셜 분야 거대 기업으로 발전하는 과정에서 끊임없이 기술 분야 혁신과 사업 확장을 모색했다. 소셜 등의 분야는 메타버스와 원천적으로 연결돼 있기 때문에 페이스북은 일찍이 메타버스를 미래의 중요한 포인트로 삼았다. 2014년 3월 26일, 페이스북은 몰입형 가상현실 기술 기업 오큘러스 VR을 약 20억 달러에 인수한다고 발표했다. 웨어러블 기기 분야 진출은 사실상 페이스북이 메타버스 사업에 포석을 두는 기반으로도 볼 수 있다. 페이스북은 2021년 8월 19일 자사 웨어러블 기기 기반의 가상현실 작업 공간인 호라이즌 워크룸Horizon Workrooms의 무료 베타 버전을 추가로 공개했다.

페이스북의 구상대로 이용자가 오큘러스 VR 등 스마트 웨어러블 기기를 착용하면 필요에 따라 3D 가상 오피스에 접근할 수 있다. 처음 봤을 때는 호라이즌 워크룸이 줌Zoom과 같은 화상회의 소프트웨어를 가지고 있다고 생각할 수 있지만, 사실 둘은 본질적으로 다르다.

원격 협업 애플리케이션 호라이즌 워크룸의 경우, 이용자가 오큘러스 VR 착용을 통해 가상 오피스 장면에서 가상 이미지를 획득할 수 있을 뿐만 아니라 다른 동료의 가상 이미지와 상호작용할 수 있다. 또한 자신의 가상 이미지를 취향에 따라 변화시킬 수 있고, 마치 정상 업무를 보는 것처럼 자판을 두드리거나 의견을 제출할 수도 있다. 게다가 공간 오디오 기술을 활용하기 때문에 이용자는 해당 공간의 모든 소리를 들을 수 있다. 거의 모든 리얼한 업무 활동을 가상 오피스 시나리오에 복사할 수 있는 셈이다.

인터넷의 발달로 인해 이미 다채로운 가상세계가 구축되고 있지만, 대체로 PC나 모바일 기기에 의존해야 하기 때문에 이용자는 진정한 몰입 경험을 얻기 어렵다. 그러나 웨어러블 스마트 디바이스 기술의 발전으로 이용자 규모가 커지고, 이 첨단 디바이스들 덕분에 현실세계와 가상세계의 경계가 점점 모호해지면서 이용자들은 더욱 '리얼'한 가상 경험을 할 수 있을 것이다.

■ 가상 쇼핑: 메타버스에서의 자유로운 쇼핑 실현

현재 전통적인 쇼핑 패턴은 크게 두 가지이다. 현실 공간에서의 오프라인 쇼핑과 인터넷에서의 온라인 쇼핑이다. 두 가지 쇼핑 패턴은 각각 장단점이 있는데, 예를 들면 온라인 쇼핑은 매우 편리하고 빠르지만 전반적인 상품 정보를 얻기 어렵다. 그러나 메타버스 경제 시스템이 활성화되면 이용자는 그 안에서 쇼핑을 할 수 있으며, 온·오프라인 두 가지 쇼핑 모델의 장점을 기본적으로 종합하여 쇼핑 경험을 극대화할 수 있다.

메타버스의 구상에 따르면, 가상 공간의 어떠한 물건도 NFT화할 수 있다. 독특한 암호화 기술을 바탕으로 메타버스에서의 비즈니스 상품은 어떠한 중간 플랫폼의 제약도 없이 자유롭게 유통될 수 있다.

현재로선 메타버스의 최종 형태나 실제 도래할 시점이 미지수지만, 분명한 것은 가상현실, 암호화폐, 블록체인 등의 기술이 메타버스를 만드는 데 필수적이라는 점이다.

04
이용자 협업, 가상경제, 상호 연결 가속화

사람들은 메타버스 대해 다양한 구상을 갖고 있는데, 저커버그의 생각은 다음과 같다. 즉, 2D 앱이나 웹페이지에서는 할 수 없는 경험(예: 헬스, 엔터테인먼트 등)을 메타버스에서는 현실과 비슷하게 할 수 있어야 한다. 가상현실과 증강현실의 작용으로 메타버스는 사람들에게 존재감을 줄 수 있어야 하며, 이러한 존재감은 사람들로 하여금 더욱 자연스럽게 교류하고 상호작용하게 만든다는 것이다.

이 점에 대해 저커버그 "미래에는 전화 통화로 상호작용을 하는 게 아니라 메타버스를 통해 훨씬 더 자연스럽게 소통할 것"이라며 "단순히 전화 한 통이 아니라 당신이 홀로그램으로 내 소파에 앉거나 내가 당신의 소파에 앉을 수 있게 될 것"이라고 말했다. 저커버그는 메타버스를 인터넷의 다음 계승자로 삼고 있다. 현재 유저 협업, 가상경제, 연결성 가속화 등에서 메타버스는 이미 역할을 하기 시작했다.

■ 이용자 협업 생태 플랫폼

플랫폼은 무엇일까? 빌 게이츠Bill Gates는 "플랫폼이란 그것을 설립하는 회사의 가치보다 그것을 사용하는 개개인의 경제적 가치가 더 크다는 것을 의미한다."라고 말한 바 있다. 또한 에픽게임즈 창업자인 팀 스위니Tim Sweeney는 "사람들이 시간을 보내는 대부분의 컨텐츠

메타버스 세상을 선점하라

가 다른 사람들에 의해 무언가로 만들어질 때, 그 무언가가 바로 플랫폼"이라고도 했다.

이런 의미에서 메타버스는 하나의 플랫폼이다. 전통적인 인터넷 플랫폼과 다른 점이 있다면 이 플랫폼은 이용자가 만들고, 인터넷 플랫폼은 기업이 만든다는 것이다.

메타버스에서 이용자는 설립자이자 유지 보수자로, 생태 시스템을 조성하는 콘텐츠를 통해 수익을 얻고 즐거움을 누릴 수 있다. 미래에는 인터랙티브 방식의 몰입형 가상 플랫폼이 메타버스 소비와 경험의 주요 채널이 될 것이다.

■ 가상경제 개통

가상경제와 현실 경제의 벽을 허무는 것이 메타버스와 현실 세계의 연결을 촉진하는 핵심인데, NFT의 등장으로 그것이 가능해졌다.

가상세계의 아이템, 카드 등이 곧 교환에 사용될 수 있는 '화폐'라는 설정은 메타버스가 게임의 범주에서 벗어나 실제 산업으로 발돋움하게 만들었다. 이 세계에서는 이용자가 가상자산을 창출하고 교환할 수 있다.

중신中信증권 리서치 통계에 따르면 2021년 상반기 NFT 업종의 시장가치는 127억 달러로 2018년 대비 300배 성장했다. NFT의 역할로 디지털 자산과 현실 세계가 서로 연결되어 디지털 자산의 발생, 확정, 가격 책정, 유동, 소급 등이 가능해졌다. NFT가 정착될수록 메타버스 경제 시스템은 더욱 성숙하고 안정될 것이다.

■ 상호 연결을 가속화하는 인터넷

메타버스가 차세대 인터넷이 되기 위해서는 각 플랫폼의 상호운용성과 이식성[26]을 강화하고, 각각의 플랫폼을 자유롭게 드나드는 하나의 통일된 거대 경제권을 형성함으로써 궁극적으로 국경도 땅도 없는 가상국가를 구현해야 한다.

지난 2020년 9월 차이나텔레콤, 한국LGU+, 퀄컴 등의 사업자들이 손잡고 '글로벌 XR 콘텐츠 텔코 얼라이언스Global XR Content Telco Alliance'를 결성하였다. XR은 '익스텐더 리얼리티Extender Realities'의 약자로 '확장현실'을 의미하며, 컴퓨터 기술과 웨어러블 기기를 통해 실제 세계와 가상세계를 상호작용시켜 인간-컴퓨터 상호작용(human-computer interaction)이 가능한 환경을 만든다. XR의 역할로 완전한 가상세계를 만들 수 있을 것으로 기대하고 있기 때문에, 현재 관련업계는 가치관과 기준을 통일하여 응집력 있고 소통 가능한 가상사회를 만들기 위해 노력하고 있다.

'확장현실'은 '미래에 속하는 참신한 기술', '인간 상호작용 방식의 궁극적 형태'라는 호평을 얻으며 높은 기대감을 불러일으키고 있다. 사실 기술적인 측면에서 '확장현실'은 가상현실(VR), 증강현실(AR), 혼합현실(MR)의 집합체다. 컴퓨터를 이용한 3차원 공간 시뮬레이션부터 실제 공간에 가상 콘텐츠를 심고 현실과 가상세계를 통합한 후

---

26 이식성(portability, 移植性)이란 애플리케이션이 하나의 플랫폼에서 다른 플랫폼으로 옮기는 것이 쉬운 정도를 말한다. – 옮긴이

새롭게 가시화되는 환경까지, 메타버스가 필요로 하는 기술에 대해 보다 많은 연구가 이루어져야 한다. 이러한 연구는 더 나아가 바이오 닉bionic 상호작용 방식으로까지 발전하게 될 것이다.

이 밖에도 메타버스가 발전하려면 전체 플랫폼(상호 연결된) 경제 가 개방되고 여러 기관이 상호 연동하면서 통일된 표준을 개발할 수 있어야 한다. 메타버스 시대에는 가상 이미지를 비롯하여 수없이 다 양한 디지털 자산이 인정된다. 따라서 플랫폼 간 자산이 서로 원활히 유통되어야 하고, 개발자와 크리에이터의 모든 활동은 특정 프레임과 표준을 준수해야 한다. 또한 어떠한 이미지나 자산도 서로 다른 플랫 폼 간에 장애 없이 전송될 수 있도록 보장해야 한다. 메타버스에 있어 상호운용성과 표준화는 커다란 도전이다.

인터넷은 탄생 이후 지속적으로 인류 사회에 영향을 미쳐 왔다. 이미 사람들이 생산하고 생활하는 모든 분야에 깊숙이 파고들어 사회 의 빠른 발전을 이끌고 있다. 이와 동시에 인류에게 더 많은 상상 공 간을 부여하고 있다는 측면에서 메타버스는 인터넷의 궁극적인 모습 일 수 있다.

제17장

이미 도착한 미래:
메타버스의 디지털 경제 시스템 재구축

01
로우코드 개발과 디지털 변혁

메타버스가 구축한 가상 공간은 현실 세계를 반영하면서도 상호 평행하고, 또 한편으로는 현실 세계로부터 독립하여 존재한다.

미래의 구상에 따르면 사람들은 메타버스에서 사교, 토지 매입, 건축 등 다양한 활동을 마음껏 즐길 수 있다. 이를 통해 메타버스 인지에 대한 경계가 넓어지는 동시에 메타버스가 담고 있는 콘텐츠는 더욱 풍성해질 것으로 보인다. 하지만 가상세계인 메타버스의 발전은 사이버 범죄율 상승 등 부정적인 영향 또한 가져올 수밖에 없다. 일부 불순한 의도를 가진 사람들이 가상 공간의 허점을 이용해 저지르는 범죄, 인터넷 분야에서 흔히 볼 수 있는 악성 바이러스 유포, 인터넷 사기 등이 이에 해당한다.

이용자가 필요에 따라 자유롭게 인터넷 세계와 현실 세계를 넘나드는 것이 가장 이상적이지만, 실제로 일부 사람들은 둘 사이의 경계를 쉽게 구분하지 못해 심각한 악영향을 받기도 한다. 따라서 이용자가 가상 공간에서 가상자산을 거래하는 등의 활동을 할 때 자체 감지력을 높여야 한다. 아울러 관련 규제 당국도 모니터링, 홍보 등을 통해 이용자의 사이버 보안 인식을 강화시킬 필요가 있다.

메타버스는 다양한 분야에 발전 기회를 가져다주었을 뿐만 아니라 기술 개발의 문턱을 낮춰 '로우코드 애플리케이션 플랫폼(Low-

메타버스 세상을 선점하라

code and No-code Application Platform, LCAP)'을 탄생시켰다. 비주얼 스캐폴딩Visual Scaffolding이나 드래그 앤드 드랍 툴링Drag-and-drop Tooling 등 고급 프로그램 툴이 기존의 프로세스, 논리, 응용에 쓰였던 수동 코드 작성 방식을 대체하는 플랫폼을 말한다.

지금까지 응용개발 기술 분야는 다양한 데이터 엔드포인트 정보의 수집, 프로그램의 보안성 보장, 워크플로우의 배치 등으로 인해 기술 난이도가 높았을 뿐만 아니라 응용 프로그램 개발자들이 많은 시간을 투자해야 했다. 하지만 로우코드 개발 플랫폼은 자동화 작업이 가능하기 때문에 관련 기술 작업의 효율성을 극대화할 수 있다.

세계적인 정보 리서치 및 분석업체인 미국의 가트너Gartner는 2023년까지 전 세계 대기업의 절반 이상이 로우코드 개발 플랫폼을 시스템 운영에 적용할 것으로 전망한 바 있다. 로우코드 개발 플랫폼 관련 기술과 응용이 활발하게 추진되면서 고급 코드 작성의 문턱도 낮아질 수 있다는 점은 메타버스 발전에 힘을 실어줄 것이다.

로우코드 개발 플랫폼처럼 하이테크가 요구되는 제품들은 주로 대기업이나 소규모 사업 아이템에 서비스되는 것으로 인식된다. 하지만 꼭 그렇지만은 않다. 하나의 제품이 보급되는 과정에서 먼저 다수의 이용자에게 받아들여지면 그 이후에 기업의 응용 분야로 진출하는 경우도 많다. 유명한 편집 및 디자인 소프트웨어 어도비Adobe가 바로 그러한 예다. 메타버스가 빠르게 발전함에 따라 그와 관련된 다양한 유형의 응용 플러그인들이 생겨날 것이다.

02
신종 스마트 테크놀로지 붐

음성 인식, 이미지 인식, 인공지능 등의 기술 발전은 점점 더 많은 인공지능 제품을 탄생시키고 사람들의 업무와 일상에 편리함을 가져다준다. 하지만 기술적 한계로 많은 인공지능 제품들이 진정한 의미의 지능화에 이르지 못하고 있다.

메타버스 개념이 나오면서 인공지능의 응용 장면도 크게 확장될 것으로 보인다. 수집된 정보를 기술 개발자에게 코드 형태로 제공하면 사람들의 일상에 보다 큰 도움을 줄 수 있다. 이때 지능화 업그레이드를 거친 기기는 더욱 '인간화'되어 로우코드 개발 플랫폼과 연계하여 서비스 구축에 동참하는 한편, 인간과 보다 깊이 소통하는 것도 가능하여 인간의 표정, 동작 인식은 물론 행동 예측, 심지어 인간의 뉴런까지 자극할 수 있다. 인터넷 발전 초기에 컴퓨터 등의 설비는 부피가 컸을 뿐만 아니라 기능에도 비교적 한계가 있었다. 하지만 기술의 발전으로 스마트 제품의 기능은 점점 더 고도화되고 휴대가 편리해지고 있다. 예를 들어 페이스북이 내놓은 오큘러스Oculus VR 헤드셋은 인체에 매우 잘 맞을 뿐만 아니라, 사용자의 지시에 따라 그에 걸맞는 반응을 할 수 있다. 가까운 미래에는 테크놀로지 기업들이 스마트 콘택트렌즈까지도 출시해 사용자가 렌즈를 끼고 가상 장면에 들어가 몰입형 홀로그램을 경험할 수 있을 것으로 보인다.

기술의 발전으로 스마트 기기는 단순히 '알아보기'와 '알아듣기'에 그치지 않고, 사용자 자신보다 더 사용자를 '이해'할 수 있으며, 궁극적으로 사람들의 행동이나 일상과 하나가 될 수 있을 것이다. 업무 형태, 커뮤니케이션 방식, 대중교통 등에서도 스마트 웨어러블 기기는 사람들의 생활방식을 변화시키는 사회적 변혁을 가져올 수 있다.

이동통신 기술이 진화하는 추세 속에서 초고속, 저지연, 대연결 특성을 가진 5G 기술이 생활 속으로 들어왔다. 1G, 2G, 3G, 4G의 발전처럼 미래 이동통신 기술은 새로운 기술 진보와 세대 간 약진을 거치면서 궁극적으로 인류 사회의 모든 업종과 분야에 자리 잡을 것이다.

메타버스의 작동은 첨단 이동통신 기술로 뒷받침되어야 한다. 이동통신 기술이 네트워크 내 참여자들의 실시간 정보 공유 욕구를 제대로 충족시킨다면 진정한 메타버스의 시대가 도래할 것을 예고하는 것이다. 그럴 경우 네트워크 구축의 초점을 원거리화와 주변화에 맞추어야 한다. 전체 메타버스 공간에서 네트워크는 컴퓨팅 파워가 더 강력할 뿐만 아니라 데이터 통합과 처리 능력도 크게 향상될 것이다.

현재 기본적인 모든 3D 영상의 이미징Imaging은 빛이 물체 표면에서 반사되는 원리에 기초한다. 빛의 활용을 통해 입체적인 영상을 만족스럽게 표현할 수 있을 뿐만 아니라, 영화를 비롯한 다양한 분야의 발전 여지가 넓어진다. 사물이 서로 연결되는 시대가 오면 시각 기술도 고도화되고, 실시간 시각화, 인공지능과의 융합 등을 통해 더욱 다양한 메타버스를 구축할 수 있을 것이다.

03
미래의 개방형 네트워크 커뮤니티

인터넷이 발전 초기에는 고도로 분산되어 있었으나, 관련 기술이 진보하면서 점점 더 규범화, 표준화되고 있다. 메타버스의 발전도 비슷한 단계를 거치면서 앞선 기술과 열린 인터넷 환경에 힘입어 더 민주적으로 변할 것이다.

메타버스가 의존할 수 있는 기술은 다음과 같다.

- WebAssembly: 비 자바스크립트^{JavaScript} 프로그래밍 언어를 사용하여 코드를 작성하고 브라우저상에서 실행할 수 있는 기술 시나리오다. 뿐만 아니라 더욱 차별화된 효과와 새로운 성능이 특징이다.
- Web Graphics Library: 기존 Web 대화형 3차원 애니메이션의 주요 문제점을 완벽하게 해결할 수 있는 3D 그래픽 프로토콜이다.
- WebXR: 렌더링 3D 장면을 가상세계에 구현하는 기술을 지원하고, 앱스토어 밖 애플리케이션의 몰입형 체험 설계에 활용할 수 있다.

WebAssembly 같은 플랫폼은 개방성이 매우 강하기 때문에 잠재 크리에이터의 수를 더 크게 늘릴 수 있을 뿐만 아니라 소프트웨어 프로젝트 간의 협력을 촉진할 수 있다. 리드의 법칙(Reed's Law), 영

메타버스 세상을 선점하라

지식 증명(zero-knowledge proof) 등에 따르면 메타버스는 공동체 설립에 적합한 조건을 만들고 가상 공간이 가진 가치를 크게 끌어올릴 수 있다.

- 리드의 법칙(Reed's Law): 인터넷 접속자 수가 증가하면 그룹을 만드는 네트워크의 가치도 기하급수적으로 증가함을 의미한다. 슬랙Slack, 왓츠앱WhatsApp 등의 발전 과정은 모두 이 리드의 법칙을 어느 정도 증명해 준다. 즉, 하나의 가상 공간에서 커뮤니티를 만들고 자유롭게 소통하게 되면 그 공간의 가치도 함께 상승하게 된다.
- 영지식 증명(Zero-Knowledge Proof): 증명자가 자신이 알고 있는 지식과 정보를 공개하지 않으면서, 그 지식을 알고 있다는 사실을 검증자에게 증명하는 절차를 말한다. 어떤 분야에서는 영지식 증명이 문제를 효과적으로 해결할 수 있다. 예를 들어, 블록체인상에서의 개인정보 보호나 소유권 입증 등에 영지식 증명을 적용하면 좋은 해결책이 될 수 있다.

메타버스는 현실 세계가 반영된 경제 시스템을 포함하고 있기 때문에 그 운영에는 블록체인의 지원이 필요하다. 블록체인이 가진 탈중앙화, 편집 불가능, 전 과정 보존, 소급 가능, 집단 유지 보수, 투명 공개 등은 정보를 안전하고 신뢰성 있는 방식으로 기록할 수 있게 한다.

블록체인 기술의 한 가지 특징은 프로그래머블programmable 경제를 추구한다는 것이고, 이 특성은 스마트 계약이나 이더리움 등과 매우 관련이 깊다. 위에서 언급한 리드의 법칙에 따르면, 네트워크에서 노드node의 수는 그것이 가지는 가치와 정확히 비례한다. 메타버스에서도 가상자산의 유통은 이러한 법칙을 따른다.

메타버스가 본질적으로 가상의 공간이기는 하나, 그 안에서 이루어지는 모든 행위가 자유로운 것은 아니다. 가상 공간의 작동에는 여전히 권한 제한, 심사 등의 규제가 필요하다. 따라서 인터넷 애플리케이션 개발자는 애플리케이션의 원활한 발전이라는 원칙에 입각하여 관련 규제를 잘 살펴보고 주의할 필요가 있다.

로블록스는 가상세계, 캐주얼 게임, 자체 콘텐츠 등을 모두 호환하는 게임이다. 그리고 게임 내 많은 작품은 유저들이 자체 제작하고 있다. 이 플랫폼을 기반으로 3D, VR 등 콘텐츠를 개발하는 청소년 개발자는 2019년 기준 500만 명을 넘어섰다.

로블록스와 같은 개방적인 네트워크 시스템은 일정한 한계를 가지고 있음에도 불구하고, 이용자들이 안정감을 느낄 수 있게 한다. 미래에도 메타버스라는 커다란 틀에서 여러 가지 다른 애플리케이션들로 구성된 초연결 가상세계들이 서로 다른 커뮤니티들을 하나로 연결시켜 줄 것이다.